부동산 약탈 국가

부동산 약탈 국가

강준만 지음

아파트는 어떻게
피도 눈물도 없는
괴물이 되었는가?

'폭력적 약탈'보다
나쁜
'합법적 약탈'

"우리는 가난이라는 생각에 금방 익숙해진다. 악은 시간이 지날수록 당하는 사람에게 더 큰 고통을 주는데도 불구하고 다른 사람에게는 악이 오래 계속되었다는 사실 때문에 고통이 줄어드는 것처럼 보인다."[1]
• 프랑스 사상가 알렉시 드 토크빌Alexis de Tocqueville, 1805~1859

부동산 가격 폭등은 '합법적 약탈'이다. 내 집 마련 해보겠다고 뼈 빠지게 일해 저축한 사람들, 전세·월세 값이 뛰어 살던 곳에서 쫓겨나게 된 사람들의 처지에서 보면 폭력으로 빼앗아가는 약탈보다 나쁜 약탈이다. 폭력적 약탈을 저지른 악한은 그 정체가 분명하고 처벌받을 수 있지만, 합법적 약탈엔 지목할 수 있는 행위 주체마저 없어 '피해자 탓하기'라는 해괴한 일이 벌어진다. 합법적 약탈은 시스템의 문제다. 그 시스템의 관리 책임자인 정부를 약탈의 주범으로 간주할 수도 있겠지만, 이 주범이 처벌받을 수 있는 상한선은 그저 무능하다는 수준의 비판을 받는 것에 불과하다.

한국에서 이런 합법적 약탈은 오랜 역사를 자랑한다. 진보-보수 정권이 번갈아가면서 합동으로 발전시켜온 약탈 체제이기에 정권이 바뀌어도 달라질 건 없다. 한국의 정치판과 고위공직은 주로 이런 약탈 체제의 수혜자들로 구성되기 때문에 약탈의 피해자들에 대한 문제의식조차 없다. 누구 말마따나 "정치는 원칙의 경쟁으로 위장하는 밥그릇 싸움"에 지나지 않으며,[2] 그 싸움의 와중에서 외쳐지는 '정의', '공정', '평등'과 같은 아름다운 말들은 자신들의 '밥그릇'을 키우기 위한 기만적 언어일 뿐이다.

그럼에도 희망은 있다. 그런 합법적 약탈이 일어날 수 없는 아름다운 공간이 있으니, 그게 바로 지방이다. 물론 모든 지방이 다 그런 건 아니지만, 대체적으로 보아 지방에선 부동산 가격 폭등보다는 하락이 주요 이슈가 되는 건 분명하다. 부동산 가격은 일자리 문제와 직결된다. 일자리가 많은 곳의 부동산 가격이 오르고, 적은 곳의 부동산 가격이 내리는 건 초등학생도 쉽게 이해할 수 있는 상식이다. 그런데 정부의 무능은 이 초등 상식을 위반하면서 서울의 부동산 가격을 잡겠다고 큰소리를 쳐왔다는 점에서 문제가 매우 심각하다.

정부가 2019년 발표한 '3기 수도권 신도시' 건설 정책은 국가균형발전에 정면으로 역행하는 것이었다. 역사상 최초로 수도권 인구가 비수도권 인구를 넘어섰는데, 왜 축포를 터트리면서 자축하지 않았는지 궁금하다. 빈말이라도 2년 전 국가균형발전 비전 선포식에서 '지역이 강한 나라, 균형 잡힌 대한민국'을 외쳤던 것에 감사해야 할까? 차라리 솔직하게 국가균형발전은 없으니 헛꿈 꾸지 말라고 말해주는 게 훨씬 더 나은 게 아닐까? 적어도 기만은 없다는 점에서 말이다.

정부만 탓할 일도 아니다. 나는 최근 서울 부동산 가격 폭등에 관한 언론 기사들을 열심히 찾아 읽으면서 한숨을 내쉬지 않을 수 없었다. 맹렬한 비판과 더불어 미시적 분석은 뛰어날망정, 근본적 원인을 규명하는 거시적 분석은 거의 없었기 때문이다. 서울에 일자리와 더불어 한국형 계급투쟁의 최고 관문인 '명문 대학'을 집중시키는 정부의 정책에 대해 문제 제기를 한 적이 있었던가? 아니면 이런 일련의 정책과 서울 부동산 가격은 아무런 관계가 없다고 보는 건가? 서울 부동산 가격 폭등이 일시적으론 주춤할 수 있어도, 앞으로도 계속될 수밖에 없는 구조적 요인을 외면하는 반쪽짜리 분석과 비판을 언제까지 지속할 것인가? 정부와 언론이 이런 부동산 약탈 체제를 계속 고수한다 하더라도, 누구건 진실을 알고 살아야 할 권리는 있는 게 아닌가?

시로 파시즘에 맞서 싸웠던 영국 시인 세실 데이루이스Cecil Day-Lewis, 1904~1972는 "정직한 꿈을 꾸며 살았던 우리가 나쁜 사람들을 더욱 나쁜 사람들과 비교하여 옹호하는 것은 우리 시대의 논리다"고 개탄했다지만,[3] 지금 우리가 바로 그런 시대에 살고 있다. '편 가르기'의 광기가 지배하는 사회에선 정치의 목적은 '반대편 타도'로 전락하고 만다. 잘못된 모든 것은 '반대편 탓'으로 돌리고, 우리 편에 대한 내부 비판은 무조건 '배신'과 '변절'로 매도하는 광란의 수렁에선 합법적 약탈에 대한 문제의식조차 설 땅이 없다.

나는 평소 "전주는 천국이다"는 말을 입에 달고 살아가는 사람이다. 걸어서 출퇴근하는 축복을 누리는 등 그만큼 지방의 삶에 만족한다는 뜻이다. 왜 이런 사적인 이야기를 하는가? 나를 생각해 "지방 이야기 좀 그만하라"고 조언하는 분이 많기 때문이다. 불평불만이 가득 찬 사람처럼 보인다나. 그럼 어떤가. 불평불만을 할 시간조차 없이 전쟁하듯 고되게 살아가는 합법적 약탈의 피해자들을 위해 "이건 정말 아니다"는 말을 누군가는 계속해야 하지 않겠는가.

내가 아무리 떠들어도 달라질 게 없을망정, 나는 약탈의 피해자들이 '자기 탓'을 하는 것만큼은 그만두길 간곡히 호소하고 싶다. 분노해야 마땅한 일에 자기 못난 탓을 하는 사람들이 달라지지 않으면, 이 지긋지긋한 약탈 체제는 결코 끝나지 않는다. 약탈의 기득권자들이 스스로 약탈을 중단하는 법은 없다. 피해자가 워낙 먹고살기 바빠 직접 나서지는 못하더라도 분노는 느낄 수 있잖은가. 그 분노가 모이면 큰 힘이 된다.

이 책은 피해자들의 분노가 모래알처럼 흩어지지 않고 개혁의 동력이 되길 바라는 마음으로 쓴 것이다. 그간 수없이 해온 말을 반복하는 건 내게도 지겹고 힘든 일이기에, 이번엔 책의 형식에 변화를 주는 시도를 해보았다. 굳이 이름을 붙이자면 '에피그래프 에세이'라고 할 수 있겠다. 원래 에피그래프epigraph는 책의 각 장章 서두에 붙이는 명언 등의 인용문을 말하며, 이는 앞으로 말하려고 하는 글의 전체적인 주제나 의미를 독자들에게 예고하거나 시사하는 역할을 하지만, 나는 부동산 약탈 문제 중심으로 직접 에피그래프에 대해 짧은 글로 말하는 역사적 기술 방식을 취했다. 독자들이 비교적 부담 없이 가볍게 읽게끔 하자는 뜻이다. '폭력적 약탈'보다 나쁜 '합법적 약탈'의 종언을 간절히 바라는 마음을 많은 독자와 더불어 나누고 싶다.

2020년 8월

강준만

차례

01.

부동산 약탈을
외면하는
진보좌파는 가짜다

"땅 한 조각도 갖고 있지 않은 사람에게 어떻게 그의 국가가 있다
고 말할 수 있단 말인가."
● 미국 경제학자 헨리 조지Henry George, 1839~1897

미국 필라델피아에서 스코틀랜드 복음주의 목사의
아들로 태어난 헨리 조지는 집안이 너무 가난해 중학교를 마치지
도 못하고 학업을 중단해야 했다. 그는 노동을 하면서 독학으로 공
부를 해 신문기자 겸 경제학자가 되었다. 그는 철도회사들이 농민
들을 총으로 위협해 본래 살던 곳에서 쫓아내는 현실을 보면서 철
도회사를 비롯한 재벌들을 '노상강도'라고 비난했으며, 철도회사

에 투자하는 중산층의 탐욕도 꾸짖었다.

그는 그런 뜨거운 심정으로 2년간 책을 썼는데, 그게 바로 그 유명한『진보와 빈곤Progress and Poverty』(1879)이다. 그는 이 책을 쓴 후 가슴이 벅차올라 눈물을 쏟았지만, 책을 내줄 출판사를 찾을 길이 없었다. 노동자 출신으로 학력도 이름도 없는 사람의 책을 누가 출판해주겠는가. 그는 결국 자비 출판으로 자신의 책을 세상에 내놓았다. 그런데 이 책이 미국과 영국에서 수십만 부나 팔려나가는 '기적'이 일어났다. 토지가 빈곤 문제의 핵심이라는 그의 통찰력이 호응을 얻었기 때문이다.

그는『진보와 빈곤』에서 "임금은 자본이 아니라 노동에서 나온다"고 주장했다. "산업은 자본에 의해 움직이는 것이 아니라 노동에 의해 움직인다. 만약 노동이 없으면, 원료도 없으며 생산은 존재할 수 없다. 이건 자명한 사실인데 종종 망각된다." 그는 부의 근본이 토지이므로 토지세를 통해서 정부에 필요한 자금을 조달해 빈곤 문제를 해결할 수 있다고 주장했다.

"사회가 눈부시게 진보함에도 불구하고 극심한 빈곤이 사라지지 않는 이유 그리고 주기적으로 경제 불황이 닥치는 이유는 토지 사유제로 인해 지대가 지주에게 불로소득으로 귀속되기 때문이며 이 문제를 해결하려면 정부가 지대를 징수하여 최우선적인 세원으로 삼아야 한다."

그는 더 나아가 시민의 정치적 자유주의를 확보하기 위해서는 토지가 공동의 소유로 되어야 한다고 역설했다. 그렇다고 해서 사회주의적 토지 소유를 주장한 건 아니다. 개인 소유 형태에는 손을 대지 않고 지대만 세금으로 거둬 국가 재원으로 사용하는 한편, 다른 형태의 세금은 폐지하는 방법으로 사회적으로 부를 공유하자는 것이다. 그는 평등주의자이면서도 공산주의자들이 말하는 유토피아를 꿈꾸지 않았다. 그래서 그는 자본주의 자체는 부인하지 않은 채 19세기 미국 자본주의에서 명백히 드러난 불평등 문제를 다루었기 때문에 진보주의자들은 물론 많은 중소기업 소유주에게서도 공감을 이끌어낼 수 있었다.[4]

그는 자신의 비전을 실천하고 널리 퍼뜨리기 위해 죽기 직전까지 뉴욕시장 선거에 계속 출마해 강연에 정열을 쏟았다. 1886년 출마 시엔 패배했을망정 근소한 차이여서 그의 주장에 공감한 사람이 많았다는 걸 알 수 있다. 찰스 다윈Charles Darwin, 1809~1882과 함께 진화론을 연구했던 앨프리드 러셀 월리스Alfred Russel Wallace, 1823~1913는 『진보와 빈곤』을 "금세기 출간된 가장 중요한 책"이라고 격찬했다.

『진보와 빈곤』은 레프 톨스토이Leo Tolstoy, 1828~1910와 페이비언 사회주의Fabian Socialism에 큰 영향을 미쳤다. 그러나 20세기 내내 좌우를 막론하고 노동과 자본에만 집착하느라 그의 메시지는 외면당했다.[5] 불행히도 이런 어리석은 일이 21세기 한국에서도 계속 반복되고 있다. 잊지 말자. 이후 계속 이야기하겠지만, 부동산 약탈을 외면하는 진보좌파는 가짜다!

02.

프랑스혁명과
노예해방 혁명보다
위대한 혁명

"이 혁명에 비하면 프랑스의 구체제를 무너뜨린 혁명이나 미국 남부의 노예제도를 타파한 혁명은 아무것도 아니다."
• 미국 경제학자 헨리 조지Henry George, 1839~1897

『사회문제의 경제학』(1883)에서 토지 지대를 징수해서 공동의 이익이 되도록 쓰는 개혁을 하자며 한 말이다. 헨리 조지는 "단순한 세제 개편을 가지고 모든 개혁 중에서 가장 위대하고 가장 큰 영향을 끼칠 개혁이라고 주장하는 것이 터무니없게 보일 것이다"며 "하지만 내가 밝힌 일련의 생각을 잘 따라온 사람이라면 누구라도 이 간단한 제안 속에 가장 위대한 사회혁명이 포함되어 있다는 사실을 이해할 것이다"고 했다.[6] 그의 명언을 3개만 더 감상해보자.

(1) "토지가 싼 신개척지에서는 거지도 없고 생활의 불평등도 거의 없다. 토지가 비싼 대도시에서는 극단적인 빈곤과 사치가 병존한다." 이는 "풍요 속에 고난과 궁핍이 존재하는 모든 곳에는 반드시 토지가 독점되어 있고 토지가 전체 국민의 공동 재산이 아니라 개인의 사유재산처럼 취급되며 노동이 토지를 사용할 때 고액의 사용료를 소득에서 징수당하고 있다"며 한 말이다.[7]

(2) "어떤 상황에서든지 토지를 소유하면 언제나 인간을 소유하게 된다." 왜 그렇다는 걸까? "생산력이 아무리 향상되어도 지대가 꾸준히 상승하여 그 향상분을 또는 향상분 이상을 삼켜버린다. 그리하여 모든 문명국가의 대중의 생활은 자유라는 형식하에 사실상의 노예 상태가 되고 있다. 이것은 노예제도 중에서 아마도 가장 잔인하고 무자비한 유형일 것이다." 그는 옛날 어느 로마 황제도 인식했던 진리라며, 평등의 토대 위에 선 협동을 역설했다. "우리는 협동하도록 만들어진 존재이다. 마치 두 발처럼, 두 손처럼, 두 눈꺼풀처럼, 위아래의 치열처럼."[8]

(3) "내가 주장하는 것은 사유 토지의 매수도 환수도 아니다. 매수는 정의롭지 못한 방법이고 환수는 지나친 방법이다. 현재 토지를 보유하고 있는 사람은 그대로 토지를 가지게 한다. 각자 보유하는 토지를 지금처럼 자기 땅이라고 불러도 좋다. 토지 매매도 허용하고 유증, 상속도 하도록 한다. 속알만 얻으면 껍질은 지주에

게 주어도 좋다. 토지를 환수할 필요는 없고 단지 지대만 환수하면 된다."[9]

이 얼마나 온건한 방법인가. 한국에서는 헨리 조지를 거론하면 '사회주의'라거나 심지어 '빨갱이' 운운해대는 사람들마저 있는데, 그건 뭘 몰라도 한참 모르는 소리다. 부동산으로 인한 불로소득, 그것도 전부도 아닌 일부만 세금으로 받겠다는 것인데, 뭐가 문제란 말인가? 경제학자 이정전은 "기본적으로 헨리 조지는 시장의 원리를 신봉하는 보수 성향의 인물"이라고까지 말한다.[10] 그러니 헨리 조지에 대한 경계심을 풀고 반세기 넘게 한국을 지배해온 부동산 약탈을 끝장낼 수 있는 상상력을 자유롭게 발휘해보도록 하자.

헨리 조지의 영향을 받은 것인지는 알 수 없으나 영국 정치가 윈스턴 처칠Winston Churchill, 1874~1965이 이런 말을 했다는 게 흥미롭고도 놀랍다. "토지 독점은 존재하는 유일한 독점은 아니지만, 단연 최고의 독점이다. 그것은 영원한 독점이며 다른 모든 독점 형태의 어머니다."[11] 조지가 원하는 수준의 혁명엔 전혀 미치지 못하는 것임에도 이런 독점이나마 깨는 게 그리도 어렵단 말인가. 부동산 기득권 세력이 약탈을 하더라도 좀 적당히 하라는 것인데, 이마저 기대하기 어렵다는 건 결코 믿을 수도 없고 용납할 수도 없는 일이다.

03.

"인육을 먹었다는
소문까지
떠돌 정도로"

"배가 고파 못 살겠다."
• 1971년 8·10 광주 대단지 시위 구호

하루가 다르게 서울의 스카이라인을 바꿔놓은 판자 촌은 수출을 국가 종교로 삼은 박정희 정권의 아킬레스건이었다. 서울시는 판자촌과 도시 빈민 문제를 해결하기 위해 신도시(경기 도 광주)를 개발해 빈민들을 이주시키는 정책을 세웠다. 그리하여 서울의 청계천 일대를 비롯한 판자촌을 대거 철거하면서 주민들 을 1969년 5월부터 경기도 광주로 강제 이주시켰다. 그렇게 해서 모인 빈민의 수는 14만 5,000여 명에 이르렀다. 그러나 서울시는 쓰레기 내버리듯 그들을 내팽개쳤을 뿐 아무런 대책도 세워주지 않았다. 광주 대단지는 문자 그대로 황무지였다. 도로도 없고 배수 시설도 없었다. 빈민들은 천막을 치고 살았는데, 더욱 큰 문제는 그들에게 일감이 없다는 것이었다. 그러니 굶을 수밖에.

땅은 어느 곳에서건 미쳐 돌아가고 있었다. 개발 소식이 전해 지면서 광주 대단지 황무지에도 투기꾼들이 몰려들어 그곳마저도 땅값이 뛰기 시작했다. 이런 상황에서 서울시가 당초 약속을 어기고 광주 대단지의 토지 유상 불하와 가옥 취득세 부과를 발표했다. 주민들이 술렁거리는 건 너무도 당연한 일이었다. 내 집, 내 땅을 가지려는 희망 하나로 그간 쓰레기처럼 버려진 삶을 간신히 지탱 해왔는데, 그것마저 연기처럼 사라진다는 건 견디기 어려운 일이 었다.

주민들은 1971년 7월 대책위원회를 구성해 토지 불하 가격과 가옥 취득세 인하를 요구했다. 주민들은 7월 7일 '광주 단지 토지 불하 가격 시정 대책위원회'를 조직했고, 7월 14일 서울시가 애 초의 약속을 어기고 분양지 유상 불하 통지서를 발부하자 주민들 은 이 위원회를 중심으로 여러 차례 서울시에 진정하고 산발적인 시위도 벌였지만 서울시는 묵묵부답이었다. 결국 주민들은 대책 위원회를 '투쟁위원회'로 바꾼 다음 8월 10일을 대규모 시위일로 택했다.[12]

그날 이른 아침부터 '모이자, 뭉치자, 궐기하자, 시정 대열에'라는 제목의 전단이 집집마다 뿌려졌다. '배가 고파 못 살겠다', '토지 불하 가격을 인하해달라', '일자리를 달라', '백 원에 산 땅 만 원에 파는 폭리를 하지 말라'는 내용이 적힌 피켓과 플래카드 3만여 개를 준비했다. 그들의 가슴에는 '허울 좋은 선전 말고 실업 군중 구제하라'고 쓰인 노란 리본이 달려 있었다.

당황한 서울시는 시장 양택식과의 직접 면담을 오전 11시에 주선해주겠다고 제의했다. 오전 10시경 5만여 명의 주민은 성남 출장소 뒷산에 모여 양택식을 빗속에서 기다렸다. 그러나 11시 40분이 되어도 양택식은 나타나지 않았고 주민들은 폭발하고 말았다.[13] 누가 먼저라고 할 것도 없이 파출소와 경찰차에 방화하고 관공서 건물과 차량을 파괴·탈취하는 사건이 잇달아 발생했다. 『신동아』 1971년 10월호에 박기정이 쓴 「광주 대단지」라는 기사는 당시의 한 장면을 다음과 같이 기록하고 있다.

이들 중 일부는 몽둥이를 들고 서울로 향하는 길목마다 막고 서서 택시를 타고 나가는 사람들에게 "우리는 몇 끼니를 걸러 죽을 지경에 이르렀는데 팔자 좋게 택시만 타느냐", "죽어도 같이 죽자. 왜 도망치려 하느냐"면서 온갖 욕설과 위협을 주어 모조리 차에서 내리게 했다. 취재하던 보도 차량도 마찬가지였다. "굶어죽게 된 마당에 신문이 무슨 필요가 있느냐"면서 덤벼들었다. 대단지 일대는 민란의 조짐 같은 무시무시한 기운이 감돌아 마치 공포의 도가니 속 같았다. 경찰관들에게 뭇매를 맞아 뒷머리가 터졌다는 수

진리 김정규 씨(21)는 피투성이가 된 채 "나를 때린 경찰을 죽이겠다"면서 식칼을 휘두르며 날뛰기도 했다. 오후 1시 40분경 서울시경과 경기도경 소속 기동경찰 700여 명이 나타나자 군중들의 흥분은 오히려 가열됐다. "배고픈 우리에게 밥을 줄 생각은 안 하고 몽둥이로 막으려 하느냐"면서 2천이 넘는 주민들은 십여 대의 시영버스에 분승하여 서울로 나가려 했다. 경찰의 저지로 실패하기는 했지만 일부는 걸어서 빠져나갔다. 경찰의 최루탄과 주민의 투석으로 맞선 데모가 한창일 무렵 때마침 참외를 가득 실은 삼륜차가 지나갔다. 데모를 하던 군중들은 남녀노소를 가릴 것 없이 모두 정신없이 차에 달려들어 흙탕에 떨어진 것까지 주워 먹기 시작했다. 순식간에 참외 한 차 분이 없어지고 말았다. 수진리 김모 양(12)은 "배고파 죽겠어요" 울부짖으며 자기 키보다 훨씬 큰 몽둥이를 고사리손에 힘겹게 들고 발악이나 하듯 뛰고 있었다. 난동을 지켜보며 서 있던 한 여인은 "세상에 한창 먹을 어린 것이 몇 끼니씩 굶었으니 저럴 수밖에……쯧쯧" 혀를 차고 있었다.[14]

심지어 "굶주리다 못해 말하기조차 끔찍하게 인육을 먹었다는 소문까지 떠돌 정도로",[15] 그들의 굶주림은 그만큼 심각했다. 사태의 심각성을 뒤늦게 깨달은 서울시장이 주민 요구를 무조건 들어주겠다고 발표한 것이 오후 5시경이었다. 이로써 6시간의 비극적인 드라마가 끝나게 되었다. 이 사건의 내용을 보고받은 박정희의 답은 너무도 간단명료했다. "난동을 부린 폭도들은 전원 즉각 구속해서 처단하라고 알리시오."[16]

이 사건으로 주민과 경찰 100여 명이 부상했고 주민 23명이 구속되었다. 이 사건은 "학생이 아닌 일반인 시위로는 사상 유례없는 대규모 사건"이었으며, 이를 계기로 광주 대단지의 비참한 실상이 사회에 알려지게 되었고 이후 각종 민원성 소요가 폭발했다.[17]

광주 대단지는 1973년 7월 1일 성남시로 승격되었지만, 판자촌 빈민 문제는 여전히 해결되지 않았다. 그로부터 18년 후 성남시 분당구에선 전혀 다른 '난동'이 벌어지게 되는데, 분당 신도시 모델하우스가 일반에게 공개된 1989년 11월 26일 일요일의 풍경을 감상해보기로 하자.

"서울 외곽에는 전쟁이 발발했다. 6·25와 같은 동족 간의 전쟁도 아니고, 중동의 걸프전도 아니었다. 수도권의 주택 전쟁이었다. 신도시 분당으로 가는 행렬은 마치 전쟁 발발 직후 뛰쳐나온 피난민 행렬 같았다. 서로 엉키고 뒤섞인데다 계속 차들이 밀리는 통에 중간에서 오도 가도 못하는 승용차들.······한 시간이 돼도 저만큼 500여 미터 앞도 가지 못해 사람들은 아예 차에서 내려 걷기 시작했다. 뒤에선 차를 길옆으로 비키라며 신경질적으로 울려대는 클랙슨 소리, 칭얼대는 아이를 등에 업고, 초겨울 희미한 햇볕에 땀을 뻘뻘 흘리며, 사람들은 들판을 굽이굽이 넘어 남으로 남으로 내려갔다."[18]

이 '전쟁'에 참전한 사람들 가운데 얼마나 소기의 뜻을 이루었는지는 모르겠지만, '분당의 꿈'은 충분한 근거가 있었던 것으로 보인다. 훗날 성남시 분당구는 부동산 시장에선 '서울 강남권'으로 분류되면서 아파트 한 채 값이 20억 원을 넘는 이른바 '20억 클럽'에 들어가는 부자 동네로 변신하게 된다. 이런 약탈 체제의 수혜자들은 언론에 자주 보도되지만, 피해자들은 그 어디에도 존재하지 않는 '투명 인간'이 되고 만다.

04.

철거민을
쓰레기차에 실어 내다버린
재개발 정책

"이곳만은 손대지 않을 테니 재주껏 살아보시오."
• 서울시장 윤치영(1898~1996)

박정희 정권은 1963년부터 1965년 사이에 서울 후
암동, 대방동, 이촌동 등지에서 철거민을 쓰레기차에 싣고 와 갈대
밭에 버린 일이 있었는데, 당시 서울시장이었던 윤치영이 갈대밭
에 내던져진 철거민들을 향해 한 말이다. 도저히 사람이 살 수 없
을 것 같은 그곳에서 갈대를 뽑고 땅을 고르고 천막을 쳐서 갈대
대신 사람이 뿌리를 내린 곳이 바로 목동이었다.[19] 1970년대엔 아

현동 등에서 쫓겨난 빈민들도 목동에 내버려졌다.

가난하지만 그곳에서 10~20년 넘게 삶을 꾸려가던 빈민들은 1983년 4월 12일 날벼락 같은 소식을 듣게 된다. 서울시가 토지 공영개발 방식을 시도해 신정동과 목동에 신시가지 140만 평을 조성한다고 발표한 것이다. 한 번 쫓겨나 간신히 목동에 정착했던 빈민들을 또 한 번 내쫓길 위기에 처하게 되었으니, 이건 그들에게 죽으라는 소리와 다를 바 없었다.[20]

애초 목동 신시가지 개발 계획은 서민 주택을 값싸게 대량으로 공급하는 것이 그 목적이었다. 그러나 원래 계획은 변경되고 싼 땅에 고급 아파트를 지어 정부가 돈을 벌어 올림픽 재원으로 쓰겠다는 정부 주도의 부동산 투기사업으로 변질되고 말았다. 정부는 이 사업으로 1990년 가격으로 1조 원 이상의 이익을 챙겼다. 대책 마련을 위한 목동 주민들의 모임은 초전박살을 외치는 공권력에 여지없이 산산조각이 났다. 그러자 분노한 주민들은 양화대교를 점거하고 죽기 살기로 싸웠다.[21]

빈민에 대한 아무런 대책이 없이 이루어진 서울시의 목동 공영 개발은 이후 2년간 100여 차례의 크고 작은 주민 시위를 발생케 하는 파국을 초래했다. 그러나 결국 당한 건 빈민들이었다. 1984년 8월 이후 시위와 농성, 당국과의 충돌이 계속되었는데, 특히 여성이 많이 참여한 8월 27일의 목동 철거 반대 투쟁은 '빈민 여성 운동의 가능성과 잠재력'을 표출시켰다.[22]

1985년 1월엔 서울시청 앞 농성으로 9명이 중상을 당하고 수

백 명이 연행당하는 일까지 벌어졌지만, 힘없는 빈민들이 중산층과 투기꾼들과 합세한 당국을 이겨낼 길은 없었다. 1985년 봄 서울대학교 등 일부 대학 캠퍼스에선 목동 철거민에 대한 대책을 주장하는 대자보가 나붙고 구호가 외쳐졌지만, 캠퍼스에만 머물고 말았다. 이 철거 투쟁 과정에서 '도시 빈민 운동'이라는 용어가 처음으로 사용되었다.[23]

정부의 재개발 정책은 늘 빈민들에게 가장 먼저, 가장 큰 불이익을 안겨다주었다. 가난한 사람의 일자리가 도매시장 같은 도심에 많이 분포되어 있는 만큼 그 일자리까지의 접근성이 매우 중요한 의미를 갖는 것임에 반해, 당국은 빈민들을 자꾸 도시 외곽으로만 내몰았던 것이다. 김형국은 이렇게 말한다.

"재개발 정책은 으레껏 도시 미화 등의 이유로 이들을 도시 외곽으로 계속 내몰아왔다. 이를테면 60년대 중반에 청계천 일대의 불량촌을 철거한 뒤 이들을 정착시킨 곳이 상계동인데 80년대 중반에는 그곳을 다시 재개발한다고 세입자의 일부를 다시 포천군으로 옮겨놓는 일이 생겼던 것이다."[24]

재개발의 근간이라 할 강제 이주에 재미를 붙인 전두환 정권은 심각한 공해 문제에 대해서도 그런 방식으로 대처했다. 1986년 10월 울산·온산 공해 지역 이주 계획이 바로 그것이다. 이주 대상자들은 다음과 같이 울부짖었지만, 정부는 마이동풍馬耳東風이었다.

"당국의 시행착오로 20년 동안 두 번씩이나 철거당하고 경제 발전의 뒷전에서 공해로 인해 인체와 재산에 막대한 피해를 입은 우리는 무엇으로, 어떻게 보상을 받아야 합니까. 공해병에 시달리는 것도 억울한데 불과 몇 백만 원의 보상비로 삶의 터전을 떠나라니요. 이 가난하고 힘없는 백성들은 누구를 믿고 의지하며 어떻게 살아야 합니까!"[25]

피를 토하고 죽어도 시원치 않을 빈민들의 이런 억울함과 고통은 훗날 민주화가 된 세상에서도 거의 달라지지 않는다.

05.
서민의 '환한 기쁨'을
박탈하는
'악의 평범성'

"세상은 또 한 고비 넘고, 잠이 오지 않는다 / 꿈결에도 식은땀이 등을 적신다 / 몸부림치다 와 닿는 / 둘째 놈 애린 손끝이 천근으로 아프다 / 세상 그만 내리고만 싶은 나를 애비라 믿어 / 이렇게 잠이 평화로운가 / 바로 뉘고 이불을 다독여준다 / 이 나이토록 배운 것이라곤 원고지 메꿔 밥비는 재주뿐 / 쫓기듯 붙잡는 원고지 칸이 / 마침내 못 건널 운명의 강처럼 넓기만 한데 / 달아오른 불덩어리 / 초라한 몸 가릴 방 한 칸이 망망 천지에 없단 말이냐 / 웅크리고 잠든 아내의 등에 얼굴을 대본다 / 밖에는 바람소리 사정없고, 며칠 후면 남이 누울 방바닥 / 잠이 오지 않는다."
• 시인 김사인 ─────────────●

김사인의 첫 번째 시집 『밤에 쓰는 편지』(청사, 1987) 에 실린 「지상의 방 한 칸」이란 시다. 시인 권순진은 이 시에 대해 이렇게 말했다.

"이 시는 '원고지 메꿔 밥비는 재주'밖에 없는 시인으로서의 자조적 연민이 가득하다. '며칠 후면 남이 누울 방바닥 잠이 오지 않는' 날들을 겪지 않은 사람은 그 설움을 모른다. '둘째 놈 애린 손끝이 천근으로 아프고', '웅크리고 잠든 아내의 등에 얼굴을 대본' 적이 없는 사람은 그 쓰라림 뒤에 집 장만의 감격을 알지 못한다. 살면서 누구든 환희의 날이 없진 않겠으나, 전월세로 떠돌다가 집칸을 장만하여 첫 잠자리에 드는 그 순간만한 환한 기쁨이 어디 있으랴."²⁶

부동산 약탈은 바로 그런 '환한 기쁨'을 박탈한다는 점에서 우리가 가장 경계하고 분노해야 할 악惡인지도 모른다. 그럼에도 우리는 이를 '재테크'로 부르면서 악으로 여기는 데에 믿기지 않을 정도로 둔감하다. '시장'이라는 미명하에 피해와 가해의 직접적인 연결고리가 드러나지 않기 때문일 게다.

미국 정치학자 해나 아렌트Hannah Arendt, 1906~1975는 『뉴요커』라는 잡지의 특파원 자격으로 나치 전범戰犯 아돌프 아이히만 Adolf Eichmann, 1906~1962의 재판 과정을 취재한 후 출간한 『예루살렘의 아이히만Eichmann in Jerusalem: A Report on the Banality of Evil』 (1963)이라는 책에서 '악의 평범성the banality of evil'이라는 개념을 제시했다.²⁷ 아이히만이 유대인 말살이라는 반인류적 범죄를 저지른 것은 그의 타고난 악마적 성격 때문이 아니라 아무런 생각 없이 자신의 직무를 수행하는 '사고력의 결여' 때문이라고 주장한 것이다.²⁸ 부동산 약탈도 바로 그런 '악의 평범성'이라는 관점에서 보아야 하는 게 아닐까?

리투아니아 철학자 레오니다스 돈스키스Leonidas Donskis는 "오늘날 가장 불쾌하고 충격적인 진실은 악이 잘 보이지 않는다는 사실이다"며 "악의 분명한 형태를 띠고 있던 시대는 운이 좋았다. 오늘날 우리는 악이 무엇이며 어디에 있는지 더이상 알지 못한다"고 말한다. 그렇다면 도대체 악은 어디에 있단 말인가?

"오늘날 악은 누군가의 고통에 제대로 반응하지 못할 때, 타인에 대한 이해를 거부할 때, 말 없는 윤리적 시선을 외면하는 눈길과 무감각 속에서 더 자주 모습을 드러낸다."[29]

부동산 약탈 국가의 잔인성을 이해하거나 감지하기 위해선 꼭 경청해야 할 말이다. 우리에게 악은 어느 다른 곳에 살고 있는 것처럼 보이지만,[30] 결코 그렇지 않다. 우리 안에 살고 있다. 우리의 일상에 널리 퍼져 있다. 특히 우리의 다수가 거주하는 아파트가 '악의 온상'이 되고 있다. "고르기 쉽고 다루기 쉽고 자르기 쉽다"는 이유에서 '고다자'로 불리는 아파트 경비원으로 일했던 조정진의 『임계장 이야기』(2020)엔 "아파트 경비원이 '사람'이라고 생각하면, 경비원은 할 수가 없어"라는 말이 나오는데,[31] 선량한 거주자들은 경비원에게 그런 고통이 있는지조차 모르거나 무관심한 채 살아가고 있다. 그렇게 다져진 '멘탈'로 우리는 부동산 약탈 전쟁에 용감하게 참전한다. "남들이 다 그렇게 하니까"라는 이유 하나로 말이다.

06

정부가 주도한
부동산
대사기극

"한국은 합법적으로 부동산 투기가 조장되고 있는 가운데 말 그 대로 투기의 천국이 되고 있다."[32]
• 『한국경제의 뿌리와 열매』(1993)의 저자 박세길

1980년대 말부터 땅값은 미쳐 돌아가고 있었다. 땅 값 상승은 올림픽 직후인 1988년과 1989년에 급격히 상승했 는데, 구체적으로 1989년에는 무려 땅값이 32퍼센트나 올랐다. 이러한 상승률은 1979년 이후 비교적 높은 상승률을 기록했던 1979년의 16.6퍼센트, 1980년의 11.7퍼센트, 1983년의 18.5퍼 센트, 1984년의 13.2퍼센트, 1987년의 14.7퍼센트와 견주어보

면 더욱 두드러진 것이었다. 그런데 이런 수치의 땅값 상승률은 건설부의 기준 시가를 기준으로 작성된 것이어서 실거래 가격을 기준으로 했을 경우 땅값 상승률은 이보다 훨씬 더 높았다.[33]

특히 서울 시내 주택 값은 1988년 이후 폭등했는데, 이런 집값 상승으로 인해 1989년 지방에서 서울로 전입한 인구의 87.6퍼센트가 자기 집을 보유하지 못하고 전세나 월세 등을 살았다.[34] 1988년을 기준으로 단 한 평의 땅이라도 소유하고 있는 사람은 불과 1,090만 명이었는데, 이는 국민 4명당 1명꼴이었다.[35]

반면 재벌은 어떠했던가? 30대 재벌그룹은 1988년 말 현재 10조 원 상당의 부동산을 소유했으며, 지가 상승에 비례해 이들 그룹에 막대한 자산 소득이 돌아갔다. 특히 삼성, 롯데 등 일부 재벌그룹들은 1985년부터 1988년까지 4년 사이에 총보유 부동산의 70퍼센트 이상을 집중 매입했다. 삼성은 이 기간에 기업 투자 2,388억 원의 약 4배인 1조 원 상당의 부동산을 매입해 총보유 부동산의 74퍼센트를 차지했고, 롯데그룹은 기업 투자 1,168억 원의 약 5배인 6,000억 원 상당의 부동산을 사들여 88퍼센트를 차지했다. 그 밖에도 기아, 금호, 두산 등이 각기 기업 투자액의 3~4배에 이르는 수천억 원을 부동산 매입에 사용했다. 자기 돈으로 땅을 산 것도 아니었다. 모두 다 은행에서 빌린 돈이었다.[36]

박세길은 "정부에서는 왜 이렇게까지 투기를 방치해두며 심지어는 조장까지 하고 있는가. 그 이유는 간단하다. 권력을 쥐고 있는 자들 자신이야말로 '투기의 공범자'이기 때문이다. 땅값이 높은 폭으로 오른다고 하여 모든 지역, 모든 땅이 일률적으로 똑같이 오르는 것은 아니다. 사실은 지역과 용도에 따라 땅값 상승의 폭은 엄청난 차이가 있다. 지방 농촌의 절대농지는 땅값이 거의 제자리걸음인데 반해 신도시가 개발되거나 새로 도로가 뚫리거나 하는 지역 땅값은 순식간에 수십 배나 뛰어오른다"며 다음과 같이 말했다.

"이렇듯 땅값 상승은 개발 여부와 밀접한 관련이 있다. 그런데 어떤 형태든지 개발을 결정짓고 그것을 추진하는 주체는 정부다. 문제는 바로 여기에 있다. 권력층이 개발에 관한 정보를 미리 재벌에게 제공해주고 재벌은 개발 예정지의 토지를 값싸게 매입한 뒤 값이 뛰기만을 기다릴 수 있기 때문이다. 개발이 진행된 이후 땅값이 엄청나게 뛰어오름으로써 막대한 투기 이익을 얻게 된 재벌은 당연히 그 답례로서 권력에게 상당한 자금을 바치는 게 기본 상식이다."[37]

정권의 비호하에 재벌들이 앞다퉈 그렇게 '땅 짚고 헤엄치는' 식의 부동산 투기에 앞장섰으니, 1988년 전국 사유지私有地의 보유자 중 상위 5퍼센트가 전체의 65.2퍼센트를 보유하고 있다는 국토개발연구원의 통계 자료는 결코 놀랄 일은 아니었다. 상위권 10퍼센트는 76.9퍼센트, 상위권 25퍼센트는 90.8퍼센트를 차지하고 있는 것으로 밝혀졌다.[38] 지가 상승을 통해 발생하는 불로소득은 1985~1986년에는 국민총생산 대비 15퍼센트를 웃돌았으며, 지가 상승이 컸던 1987년에는 36퍼센트를 초과했다. 이는 그해 900만 근로자들이 일하고 받은 총임금소득의 85퍼센트에 달

하는 것이었다.[39]

토지개발공사 방식에 의해 산출된 1987년 땅값 상승에 의한 불로소득은 98조 7,000억 원이었고, 1988년에는 211조 7,000억 원이었으며, 1989년에는 299조 4,000억 원에 이르렀다. 이 가운데 50퍼센트 이상을 토지 소유자 중 상위 5퍼센트가 차지했다. 구체적으로 살펴보면, 1987년엔 59조 2,000억 원이, 1988년엔 127조 원이, 1989년엔 197조 6,000억 원이 상위 5퍼센트의 주머니로 들어갔다. 참고로 노동자가 1년 동안 뼈 빠지게 일해서 번 임금 총액은 1987년에는 42조 9,000억 원, 1988년에는 50조 1,000억 원, 1989년에는 60조 원에 불과했다.[40]

이건 천민자본주의도 아닌, 대사기극이었다. 재벌들의 주도하에 그런 대대적인 부동산 투기가 벌어져 막대한 이익을 챙기고 있는데, 중소기업들이 무슨 생각을 했겠는가? 열심히 일만 한 기업만 바보가 되는 세상이 되었다.[41] 재벌과 중소기업이 그러는데, 왜 중산층이 가만있어야 한단 말인가? 돈깨나 있는 중산층들까지 부동산 투기에 가세했다.[42] 돈을 번 사람들에겐 '투기의 천국'이었지만, 그로 인해 피눈물을 흘리는 사람들에겐 '투기의 지옥'이었다.

07.

"차라리
공산주의 세상이
더 나은 게 아닌가?"

"차라리 이렇게 사느니 공산주의 세상이 더 나은 게 아니겠습니까. 그래도 당입네 국가입네 하며 껍죽대는 소수 당 관료들만이 잘살고 있는 꼴을 참고 보아줄 수도 있지 않겠습니까."
● 서울의 어느 택시 기사

소설가 안혜성이 『국민일보』(1989년 5월 11일)에 기고한 칼럼에서 소개한 말이다. 그는 "일을 마치고 귀갓길을 서둘러야만 했던 지난주 그날도 나는 미아처럼 거리에 선 채 20분간이나 거리에 서 있어야 했다. 중산층이라고 자부하고 있는 나의 자부심이 허물어지기 시작했을 때에야 나는 겨우 합승 택시에 오를 수 있었다. 그 뒷좌석에 나의 동승객으로 앉아 있던 중년 부인이 강남에 있는 아파트 단지 앞에서 내렸을 때까지도 우리는 모두 침묵을 지킨 채 앉아 있었다. 드디어 나의 동승객이 그녀의 목적지에서 내린 뒤 기사는 입을 열었다."

택시 기사는 안혜성에게 "가만히 앉아서 부동산 투기로 하루에 수백만 원씩, 아니 수억 원씩 벌어서 챙겨먹는 주부들과 부동산 투기자들이 망해서 죽어가는 꼴을 보곤 난 뒤에야 내가 발 뻗고 죽을 겁니다"라고 말했다. 안혜성은 "나는 느닷없이 거의 저주에 가까운 원망의 정을 털어놓는 운전기사의 섬뜩한 얘기에 놀라지 않을 수 없었다. 적어도 그의 곁에 앉아 있는 그의 손님인 내가 부동산 투기 여인네로 보이지 않았다는 사실로도 자족할 수는 없었지만 어떻든 나는 침묵할 수밖에 없었다. 그는 내 옆얼굴을 힐끗 바라본 뒤 그의 사연을 막무가내로 털어놓기 시작하는 것이었다"며 다음과 같이 말했다.

"천삼백만 원 방 두 개가 있는 지하실 전셋집에서 부부와 두 아이가 살고 있는 그들 가족의 꿈은 내 집 한 칸 마련하는 것이라는 것. 그러나 날로 치솟는 집값 앞에서 그들은 절망하지 않을 수 없다는 사연을 서리서리 풀어놓는 기사의 좌절감을 향해 나는 고개를 주억거리지 않을 수 없었다.……절대적인 빈곤 상태는 극복했으나 부당하게 잘사는 자에 대한 상대적인 빈곤감이 팽배해져가고 있는 우리 사회의 단면을 나는 택시 기사의 얘기 속에서 확연히 목격할 수 있었다."[43]

소설가 박완서도 『한겨레신문』(1989년 5월 11일)에 기고한 칼럼에서 비슷한 이야기를 했다. 그는 "어디 산다고 말해야 할 때 이미 쭈뼛쭈뼛해지는 것도 나의 못 말릴 소심증이다. 지난 일 년 사이에 곱절이나 값이 뛴 아파트에 살고 있기 때문이다. 가만히 앉아서 불로소득한 액수까지 계산하면 내가 속한 사회가 미쳐도 단단히 미쳐가고 있다는 위기의식에 사로잡히게 된다"며 다음과 같이 말했다.

며칠 전 집 앞에서 택시를 탔을 때의 일이다. 전철 정류장까지 가 달라고 했더니 기사가 벌컥 화를 내면서 지금 거기엔 승객은 없고 택시만 여남은 대나 늘어서서 손님을 기다린다고 했다. "그럼 내릴까요?" 했더니 그렇다는 말이지 누가 내리라고 했냐고 또 화를 낸다. 그는 8백 원 요금의 거리를 가는 동안 잠시도 쉬지 않고 화를 냈는데 주로 욕이었다. 욕도 보통 욕이 아니라 주로 '죽일 놈'이었다. 정치하는 사람, 돈 많이 번 사람 순으로 죽이다가 맨 나중엔 국민학교도 안 간 어린이만 빼고는 다 죽어야 이 세상이 조금 달라질 수 있을 거라고 했다. 국민학교만 가도 벌써 못된 물이 든다는 그의 단죄는 차라리 광기였다. "내가 화 안 나게 됐습니까? 운전대 잡은 지 10년에 아직도 다섯 식구가 10만 원짜리 월세방에 삽니다. 근데 또 5만 원을 올려 달래요. 한꺼번에 5만 원씩이나요."……비단 소심증이 아니더라도 우리는 다 같이 그들의 억압된 불평불만, 철저히 막힌 살 길에 대해 두려움을 가져야 할 줄 안다.[44]

오늘날의 한국 사회가 1989년보다는 한결 나아졌다고 말할 수 있을까? 무주택자의 관점에서 보자면 달라진 게 거의 없을 뿐만 아니라, 고성장 시대가 끝나면서 고통은 더욱 커졌다고 보아야 하지 않을까? "부자는 자기가 원하는 곳에 살고, 가난한 사람은 자신이 살아야 하는 곳에 산다"는 말이 있지만,[45] '살아야 하는 곳'에서마저 내쫓길 위기에 처한다면 과연 어찌 해야 하는 걸까?

08

허공으로
날아간
토지공개념

"만약 토지공개념을 도입하지 않으려다가는 혁명이 일어난다."
● 청와대 경제수석 문희갑

1988~1989년의 부동산 가격 폭등이 워낙 심해 대규모 폭동이 일어난다 해도 전혀 놀랍지 않을 상황이었다. 토지의 개인적 소유권은 인정하되 이용은 공공복리에 적합하도록 하자는 '토지공개념'이 적극 거론되기 시작했다. 이는 대통령 노태우의 대선 공약이기도 했다. 청와대 경제수석 문희갑은 '토지공개념은 사회주의적 발상'이라며 저항하던 기득권의 반발을 "재산권의 행

사는 공공복리에 적합하도록 하여야 하고, 공공 필요에 의한 재산권의 수용·사용 또는 제한이 법률로 가능하다"는 헌법 제23조와 여론의 지지에 힘입어 제도를 추진했다.

1989년 6월 16일 여러 번의 좌초 위기를 겪다가 토지공개념 3법인 '택지소유상한제', '토지초과이득세제', '개발이익환수제'가 국회에서 통과되었다. 그러나 이 법이 시행되기도 전에 정부가 재벌들에게 골프장 건설을 허가하고, 정치권에서는 연달아 토지공개념을 약화시키는 발언이 나오는 등 수상한 일들이 벌어졌다. 이에 시민단체, 대학가, 교수들이 시국선언과 시위를 하며 토지공개념의 이행을 촉구하고 나섰다.[46] 시민단체인 경제정의실천시민연합(경실련)이 탄생한 것도 바로 이때였다. 경실련은 1989년 7월 8일 발표한 발기문에서 다음과 같이 선언했다.

"우리 사회의 경제적 불의는 더이상 방치할 수 없는 상태에 이르렀다. 우리의 공동체는 와해 직전의 위기에 처하여 있다. 이 중에서도 부동산 문제의 해결은 가장 시급한 우리의 당면 과제이다. 인위적으로 생산될 수 없는 귀중한 국토는 모든 국민의 복지 증진을 위하여 생산과 생활에만 사용되어야 함에도 소수의 재산 증식 수단으로 악용되고 있다. 토지 소유의 극심한 편중과 투기화, 그로 인한 지가의 폭등은 국민 생활의 근거인 주택의 원활한 공급을 극도로 곤란하게 하고 있을 뿐만 아니라 거대한 투기 소득의 발생 등을 초래함으로써 현재 이 사회가 당면하고 있는 대부분의 경제적, 사회적 불안과 부정의 가장 중요한 원인으로 작용하고 있다."[47]

불행 중 다행히도 청와대 경제수석 문희갑은 "만약 토지공개
념을 도입하지 않으려다가는 혁명이 일어난다"고까지 경고했다.
노태우는 1990년 1월 연내 토지공개념을 시행하겠다고 밝혔으며,
2월 28일 국무회의에서 토지공개념 시행령이 채택되어 3월 2일
부터 본격 시행되었다. 하지만 이는 '부동산 약탈'엔 아무런 영향
을 미치지 못했다. 왜 그랬을까? 이동연은 이렇게 말한다.

"대한민국의 기득권층이 누구던가. 조선 사대부터 시작해
꼼수의 천재들 아니던가. 경제 민주화의 포돌이라 생각했던 토지
공개념이 막상 뚜껑을 열고 보니 그저 귀여운 새끼 고양이에 불과
했다.……그나마 이런 제도마저 이후 반대 세력들에 의해 차례차
례 무력화된다."[48]

그런 사회적 분위기 탓이었는지는 몰라도 헌법재판소는 1994년
7월 29일 토지초과세법에 대해 '헌법 불합치'라는 결정을 내렸
고, 택지소유상한법은 외환위기를 만난 1998년 부동산 수요 촉
진이라는 명분으로 폐지되고, 다음 해인 1999년 4월 헌법재판소
의 위헌 판정을 받았다. 마지막 남은 개발이익환수법은 부담금을
계속 낮추고 부과율 적용 대상을 점차 줄이면서 흐지부지되다가
2003년 말 효력이 자동 정지되었다. 이에 대해 이동연은 "무기력
한 통치력으로 '물태우' 소리까지 듣던 노태우 대통령이 토지공개
념을 과감하게 추진했고, 이 법안이 개혁 정권이라는 김영삼·김
대중 대통령의 집권 시절에 폐기되었다는 것도 의미심장하다"고
했다.[49]

훗날 진보학자인 서강대학교 교수 손호철도 한 강의에서 "역대 정부에서 가장 진보적인 경제 정책을 추진한 지도자는 노 대통령이다"고 했다. 여기서 말하는 노 대통령은 노무현 전 대통령이 아닌 노태우 전 대통령이다. 허공으로 사라졌을망정 '토지공개념 3법'이 노태우 정부에서 추진된 아이러니에 대한 이야기다.[50] 이후에도 그런 아이러니는 계속된다.

09.

"시골 고향에서
살아갈 수만
있었다면"

"아니야, 우리가 어느 날 도망치듯 빠져나온 시골의 고향 마을에
서도 우리 네 식구 단란하게 살아갈 수만 있었다면……아니, 여
기가 우리처럼 가난한 사람들에게도 축복을 내리는 그런 나라
였다면……아니, 여기가 엄마, 아빠도 주인인 그런 세상이었다
면……엄마, 아빠! 너무 슬퍼하지 마 이건 엄마, 아빠의 잘못이
아냐 여기 불에 그을린 옷자락의 작은 몸둥이, 몸둥이를 두고 떠
나지만 엄마, 아빠! 우린 이제 천사가 되어 하늘나라로 가는 거야
그런데 그 천사들은 이렇게 슬픈 세상에는 다시 내려올 수가 없
어 언젠가 우린 다시 하늘나라에서 만나겠지 엄마, 아빠! 우리가
이 세상에서 배운 가장 예쁜 말로 마지막 인사를 해야겠어 '엄마,
아빠……엄마, 아빠……이제, 안녕……안녕…….'"
● 정태춘의 노래 〈우리들의 죽음〉

　　1990년 3월 9일 서울 망원동 연립주택 지하에 세
들어 살던 어느 맞벌이 부부의 어린 자녀가 비극적으로 숨진 사건
에 얽힌 사연을 담은 노래다. 가사를 음미하는 것만으로도 눈시울
이 붉어지는, 아니 눈물이 터져 나오는, 그런 처절한 이야기다. 앞
에 소개한 끝부분을 빼고, 사건의 전말을 담은 가사 내용을 그대로
소개한다.

맞벌이 영세 서민 부부가 방문을 잠그고 일·나간 사이 지하 셋방에서 불이 나 방 안에서 놀던 어린 자녀들이 밖으로 빠져나오지 못하고 질식해 숨졌다. 불이 났을 때 아버지 권 씨는 경기도 부천의 직장으로 어머니 이 씨는 합정동으로 파출부 일을 나가고 있었으며 아이들이 방 밖으로 나가지 못하도록 방문을 밖에서 자물쇠로 잠그고, 바깥 현관문도 잠가둔 상태였다.

연락을 받은 이 씨가 달려와 문을 열었을 때 다섯 살 혜영 양은 방바닥에 엎드린 채 세 살 영철 군은 옷더미 속에 코를 묻은 채 숨겨 있었다. 두 어린이가 숨진 방은 3평 크기로 바닥에 흩어진 옷가지와 비키니 옷장 등 가구류가 타다 만 성냥과 함께 불에 그을려 있었다.

이들 부부는 충남 계룡면 금대 2리에서 논 900평에 농사를 짓다가 가난에 못 이겨 지난 88년 서울로 올라왔으며, 지난해 10월 현재의 지하방을 전세 4백만 원에 얻어 살아왔다. 어머니 이 씨는 경찰에서 '평소 파출부로 나가면서 부엌에는 부엌칼과 연탄불이 있어 위험스럽고, 밖으로 나가면 길을 잃거나 유괴라도 당할 것 같아 방문을 채울 수밖에 없었다'면서 눈물을 흘렸다. 평소 이 씨는 아이들이 먹을 점심상과 요강을 준비해놓고 나가 일해왔다고 말했다.

이들이 사는 주택에는 모두 6개의 지하방이 있으며, 각각 독립 구조로 돼 있다. 젊은 아버지는 새벽에 일 나가고 어머니도 돈 벌러 파출부 나가고 지하실 단칸방엔 어린 우리 둘이서 아침 햇살 드는 높은 창문 아래 앉아 방문은 밖으로 자물쇠 잠겨 있고 윗목에는 싸늘한 밥상과 요강이 엄마, 아빠가 돌아올 밤까지 우린 심심해도 할 게 없었네.

낮엔 테레비도 안 하고 우린 켤 줄도 몰라. 밤에 보는 테레비는 남의 나라 세상. 엄마, 아빠는 한 번도 안 나와 우리 집도, 우리 동네도 안 나와 조그만 창문의 햇볕도 스러지고, 우린 종일 누워 천장만 바라보다 잠이 들다 깨다 꿈인 줄도 모르게 또 성냥불 장난을 했었어.

배가 고프기도 전에 밥은 다 먹어치우고 오줌이 안 마려운데도 요강으로 우린 그런 것밖엔 또 할게 없었네. 동생은 아직 말을 잘 못 하니까 후미진 계단엔 누구 하나 찾아오지 않고 도둑이라도 강도라도 말야. 옆방에는 누가 사는지도 몰라, 어쩌면 거긴 낭떠러지인지도 몰라. 성냥불은 그만 내 옷에 옮겨 붙고 내 눈썹, 내 머리카락도 태우고 여기저기 옮겨 붙고 훨, 훨 타올라 우리 놀란 가슴 두 눈에도 훨, 훨 엄마, 아빠! 우리가 그렇게 놀랐을 때 엄마, 아빠가 우리와 함께 거기 있었다면…….

방문은 꼭꼭 잠겨서 안 열리고 하얀 연기는 방 안에 꽉 차고 우린 서로 부둥켜안고 눈물만 흘렸어 엄마, 아빠 엄마, 아빠……우린 그렇게 죽었어. 그때 엄마, 아빠가 거기 함께 있었다면……아니, 엄마만이라도 함께만 있었다면……아니, 우리가 방 안의 연기와 불길 속에서 부둥켜안고 떨기 전에 엄마, 아빠가 보고 싶어 방문을 세차게 두드리기 전에 손톱에서 피가 나게 방바닥을 긁어대기

전에, 그러다가 동생이 먼저 숨이 막혀 어푸러지기 전에, 그때, 엄마, 아빠가 거기에 함께만 있었다면…….

당시 이 사건에 큰 충격을 받았던 손낙구는 '진보 운동가'에서 '진보적 부동산 전문가'로 변신했다. 그는 『부동산 계급사회』(2008)에서 이 사연과 노래를 소개하면서 "지하 셋방이나 비닐하우스에서 자라다가 채 인생의 꽃을 피워보지도 못하고 불에 타 죽어야 하는 아이들 앞에서 명색이 노동운동과 진보운동에 몸담아온 사람으로서 스스로에게 묻지 않을 수 없었다"고 했다. "그 15년 동안 나는 과연 무엇을 했던 말인가."

그는 "2002년부터 부동산 가격이 폭등하기 시작해 서민들 한숨 소리가 천지를 울리는데도 정작 국회나 정치권에서는 서민의 자리에서 부동산 문제를 진단하고 실효성 있는 대책을 세우는 데 실패했다"며 다음과 같이 말했다.

"부유층을 대변해온 한나라당이나 스스로를 개혁 세력이라 칭한 당시 여당은 물론이고, 이들을 비판하는 진보 세력조차도 서민들의 부동산 고통에 대해 무심했고 무능력하기는 마찬가지였다. 이 점에서 필자 역시 하나도 다를 게 없었다. 그로부터 지난 4년간, 필자는 부끄러운 마음으로 국회도서관과 관계부처 자료를 이 잡듯이 뒤지며 부동산 문제에 파고들었다. 부동산 문제와 관련된 것이라면 무엇이든 찾아 읽고, 메모하고, 분석했다. 부동산 귀신이 되어서라도 어떻게든 문제의 원인과 구조를 밝히고 대안을 만들어야 한다고 생각했다."[51]

그는 고된 연구의 과정에서 놀라운 사실을 발견했다.

"지난 수십 년 동안 부동산 소유에 대한 통계는 거의 국가 기밀 취급을 받아 통계 자체가 발표되지 않았다. 부자들이 땅을 얼마나 많이 독차지하고 있는지, 집 부자들이 집을 몇 채나 소유하며 얼마나 떼돈을 벌고 있는지는 철저히 베일에 싸여 있었다."[52]

그렇다. 정부는 부동산 약탈 세력과 공모 관계였고, 사회는 그런 정부와 공모 관계였던 것이다. 그는 "흔히 부동산 투기를 나라 망치는 '망국병'이라고 한다. 그런데 자세히 관찰하면 이 병은 10년에 한 번씩 발작을 일으키는 고질병이다"고 했다.[53] 앞으로 소개하겠지만, 이 고질병을 고치려는 의사로 나선 손낙구 덕분에 우리는 부동산 약탈에 대해 많은 것을 알게 되었다. 이제 우리에게 남은 건 분노와 더불어 행동이다.

10.
전셋값이
한 달 새 3배나 뛴
부동산 투기 광풍

"폭등하는 부동산 가격에 내 집 마련의 꿈은 고사하고 매년 오르는 집세도 충당할 수 없는 서민의 비애를 자식들에게는 느끼게 하고 싶지 않다."
• 1990년 4월 일가족 자살을 한 어느 무주택 가족의 유서

1990년 서울 인구는 1,000만 명을 넘어섰다. 전체 인구에서 차지하는 비중도 24퍼센트로 높아졌다. 1970년 543만 명(18퍼센트), 1980년 836만 명(22퍼센트)이던 인구가 20년 만에 거의 2배로 늘어난 것이다.[54] 인구 증가에 투기까지 가세해 땅값은 미친 듯이 뛰기 시작했다. 광풍狂風이었다. 1989년의 부동산 가격 폭등이 고스란히 세입자에게 전가된데다 주택임대차보호법 개정

으로 임대 기간이 1990년부터 1년에서 2년으로 연장되어 집주인이 전세금을 미리 크게 올려 받는 바람에 전셋값이 폭등해 서민들이 고통을 받았다.

서울에선 전셋값이 한 달 새 3배나 뛰는 곳까지 생겨났다. 전세 입주자들이 아무리 열심히 저축해도 급등하는 전셋값을 감당할 수 없어 평수를 줄여 변두리나 서울 근교 위성도시로 이주하는 사례가 속출했으며, 심지어 맞벌이 부부가 오른 전셋값을 마련하지 못해 직장 부근에 각각 방을 얻어 자취 생활을 하기도 했다.[55] 1990년 4월 폭등한 전세·월세 값을 감당할 수 없어 자살을 한 세입자가 17명이나 나왔다. 그중에는 다음과 같은 유서를 쓰고 일가족이 자살한 사건도 있었다.

"폭등하는 부동산 가격에 내 집 마련의 꿈은 고사하고 매년 오르는 집세도 충당할 수 없는 서민의 비애를 자식들에게는 느끼게 하고 싶지 않다.……집을 비워달라는 얘기를 들은 후부터 하루도 마음 편할 날이 없었다.……하나님 아버지! 이 죄 많은 인간 처자식을 동반하여 생을 끝맺으려 합니다. 제 부모님을 불쌍히 여겨주시옵소서. 정치하는 자들, 특히 경제 담당자들이 탁상공론으로 실시하는 정책에 가난한 사람들의 목이 더이상 조이지 않게 하소서."[56]

1990년 3월 대통령 경제수석 보좌관에 기용된 김종인은 강력한 재벌 개혁론자였는데, 훗날 그는 당시의 경제 상황은 부동산 투기를 잡지 않고서는 아무것도 할 수 없는 분위기였다고 회고했다. "땅 장사로 쉽게 떼돈을 벌 수 있는데 누가 힘들여 제조업을 하려

하겠습니까. 근로자들도 폭등하는 전셋값 속에 열심히 일할 리 없는 거구요. 물론 6공이 출범한 이래 토지공개념 법 등 세제 차원에서 부동산 정책을 강화해왔습니다만, 세금으로 투기를 잡는 데는 한계가 있다는 게 내 판단이었습니다. 그래서 정부가 재계의 협조를 구해 보다 적극적인 대책을 마련해야 한다고 대통령에게 건의했지요. 대통령도 같은 생각이었습니다."[57]

5월 7일 "기업이 생산 활동보다 부동산 투기를 통해 이익을 챙기는 풍조를 뿌리 뽑겠다"는 요지의 대통령 특별담화에 이어 5월 8일 정부의 부동산 규제 조치가 나왔다.[58] 그러나 이미 재벌에 길들여진 관료 사회는 잘 움직이지 않았다. 이를 폭로하고 나선 이가 바로 감사원 감사관 이문옥이었다. 이문옥의 제보를 받은 『한겨레신문』은 5월 11~12일에 23개 대기업의 비업무용 부동산 취득 실태가 업계 로비에 밀려 감사가 중단되었으며, 이들 재벌 계열사의 비업무용 부동산이 전체 보유 부동산의 43.3퍼센트로 추정되어 은행감독원의 공식 발표 수치인 1.2퍼센트와 엄청난 차이를 보이고 있다고 보도했다. 5월 15일 대검 중앙수사부는 이문옥을 공무상 비밀 누설 혐의로 구속했다.[59]

5월 19일 경실련(공동대표 변형윤 교수 등 4명)은 서울 종로구 파고다공원에서 시민 300여 명이 참가한 가운데 '재벌 토지 투기 은폐 기도 규탄 및 이문옥 감사관 석방 촉구 시민대회'를 열고 이문옥 석방과 재벌의 부동산 보유 실태의 전면 공개 등을 촉구했다. 집회를 마친 뒤 시민 100여 명은 파고다공원에서 롯데백화점 앞까지 "투기 재벌 비호하는 정부는 각성하라" 등의 구호를 외치며 2킬로미터가량 거리 행진을 벌였다. 경실련은 이날 집회에서 "이번 사건은 재벌 땅 투기를 봉쇄하겠다는 정부 의지가 대국민 무마용일 가능성이 높다는 점과 현 집권 세력이 재벌들을 비호하고 있다는 의혹을 사실로 입증한 또 하나의 증거"라고 주장했다.[60] 물론 이후 역사는 경실련의 주장이 맞았다는 걸 말해주었다.

11.
중산층의
이기주의와
허위의식

"하룻밤 자고 나니 1천만 원 벌었다."
•1991년 초 강남 압구정동 현대아파트 주민들

1988년 2월 25일에 발표된 노태우 정권의 '주택 200만 호 건설' 정책에 따라 1989년 4월 27일 분당·일산 신도시 계획이 발표되었다. 이에 따라 1기 신도시인 성남, 분당, 고양, 일산, 안양, 평촌, 군포, 산본, 부천, 중동 신도시 등이 건설 전쟁에 들어갔다.[61] 당시 여의도 아파트를 다 합해봐야 약 8,600가구에 지나지 않는 것에 비추어 '주택 200만 호 건설' 정책은 놀라운 계획이었다. 더욱 놀라운 건 목표 연도인 1992년보다 1년 앞선 1991년 말까지 214만 호 건설을 완료했다는 점이다. 이에 대해 손정목은 "1989~1991년으로 이어지면서 주택 200만 호 건설의 현장은 단 한 곳의 예외도 없이 모두가 전쟁터 그 자체였다"며 "아마 주택 200만 호 건설은 노태우 정권이 이룩한 업적 중 첫 번째일 것이다"고 했다.[62]

그러나 공급 확대가 부동산 가격을 안정시킨 건 아니었다. 아파트값은 오를 대로 올랐다. 1991년 초까지 3년 동안 서울 지역의 아파트값은 평균 2.6배나 뛰었다. 1988년에는 1억 원으로 40평짜리 대형 아파트를 살 수 있었으나, 3년 후에는 15평짜리 소형 아파트도 사기 힘들어졌다. 1991년 초 압구정동의 80평형 현대아파트는 평당 2,000만 원을 호가했는데, 이 지역 주민들은 "하룻밤 자고 나니 1천만 원 벌었다"는 말을 인사말처럼 주고받았다.[63]

이는 1990년대가 이념 투쟁 대신 땅과 아파트 투쟁, 그에 따른 인정투쟁으로 점철될 것임을 예고하는 사건이었다. 구별 짓기가 맹위를 떨치면서 중산층 의식은 허위의식으로 치닫게 되었다. 1990년 '중산층의 삶'을 다룬 소설이 쏟아져나오기 시작했다. 이 소설들은 대개 중산층의 이기주의와 허위의식 등을 꼬집었다.[64]

강철규는 『동아일보』(1991년 7월 6일)에 기고한 글에서 "길 가는 사람 아무에게나 '당신은 중간층이요'라고 물으면 10명 중 6~7명은 '그렇다'고 대답한다. 오늘날 한국인의 대부분은 스스로 중간층에 귀속된다고 생각한다. 그도 그럴 것이 지난 수년 사이에 그들의 경제생활이 크게 달라졌기 때문이다. 과거에는 피아노·컬러TV·냉장고·전화를 갖고 있는 것이 중간층의 상징이었으나 80년대 중반 이후부터는 자동차·전자레인지·에어컨·골프·개인교사에 의한 자녀 과외 수업을 할 수 있는 층이 중간층의 상징으로 바뀌고 있다"고 했다.[65]

그랬다. 다만 죽어나는 건 그런 '게임'에 참여하지 못한, 아니 처음부터 참여할 수 없는 조건에 처해 있는 사람들이었다. 그런 사람들은 조직화의 필요성을 느꼈다. 그래서 1989년 11월 11일 '전국노점상연합회', '서울시철거민협의회', '일용건설노동조합 결성추진위원회' 등이 중심이 되어 '전국빈민연합(전빈연)'을 결성했다.[66] 그러나 실질적이건 심리적이건 중산층이 등을 돌리는 한, 빈민이 할 수 있는 일은 많지 않았다. 아니 거의 없었다. 언론은 철저하게 중산층의 매체로서 자신들의 정체성을 분명히 했거니와 언론은 그걸로도 모자라 '좀더 높은 곳을 향하여', 달리 말해 '좀더 많은 돈을 향하여' 때로는 중산층까지 배반하는 모습을 보이게 되었다. 빈민이 설 땅은 점점 더 좁아져갔다.

1997년 11월에 터진 이른바 'IMF 환란 사태'는 부동산 투기 중심의 기업 활동과도 무관치 않았다. 우성, 건영, 진로, 삼미, 기아, 동아건설 등 여러 그룹이 땅 때문에 부도를 냈는데, 바로 이런 비정상적인 기업 활동이 "자승자박의 자산 디플레이션 현상을 일으켜 수치스런 IMF 사태를 불러온 것"이었다.[67]

IMF 사태는 '믿을 수 없는 정부와 공공 영역'이라는 한국인의 기존 신앙을 강화시켰고, 기존 가족주의를 심화시키는 결과를 초래했다. IMF 난국을 돌파하기 위한 과정에서 기존 빈부 격차는 더욱 심해진 가운데 '내 새끼 위주의 무한 경쟁 체제'가 가속화되었고,[68] 또 그래서 내 자식을 잘 교육시켜야 할 필요성과 더불어 부동산 투기 또는 투자의 허들을 넘어야만 입성할 수 있는 서울 강남의 가치는 더욱 커졌다.

12

아파트가
인간의 품격을 말해주는
시대

"당신이 사는 곳이 당신이 누구인지 말해줍니다."
●롯데건설의 '롯데캐슬' 아파트 광고

2001년부터 시작된 이 광고 슬로건은 이후 수년간 큰 인기를 누리면서 아파트가 곧 인간의 정체성을 대변해주는 '아파트 정체성'의 시대를 활짝 열어젖혔다. 김민섭은 "이 시기에 아파트를 분양받은 사람들은 어디에 사느냐는 질문에 '○○동 래미안', '○○동 자이', '○○동 힐스테이트' 하고 대답하게 되었고, 그것은 그들의 특별함을 증명하는 수단이 되었다"며 다음과 같이 말한다.

"아파트의 브랜드가 개인의 품격을 담보하는 시대가 찾아온 것이다. 물론 이전부터 이러한 천박함은 늘 있어왔지만, 적어도 이처럼 노골적으로 드러난 일은 없었다. 같은 단위의 지역에서도 이제는 어느 아파트의 단지에 사는지가 중요해졌다. 아파트의 브랜드가 개인의 품격을 담보하는 것은 아니지만, 거기에 입주한 구성원들은 스스로 자신의 단지 주변에 성곽을 쌓아나갔다. 그것은 같은 단지의 아이들끼리만 어울리게 한다거나, 입주민이 아니면 출입을 금지한다거나, 하는 움직임으로 나타났다."[69]

당연히 품격 높은 강남의 명문대 진학률도 월등히 높았다. 2000년도 서울대학교 정시 모집에서 서울 출신 합격자 1,000여 명 중 강남 8학군 출신은 50.6퍼센트였다.[70] 이덕규는 『한국일보』(2002년 9월 13일)에 쓴 「아줌마 일기」에서 "서울대엔 그 어느 때보다 강남 아이들이 득실댄다고 한다. 전여옥은 서울대에 강연 갔다가 여기는 장동건, 저기는 고수, 이쪽은 원빈, 저쪽은 지성 식으로 훤칠한 미남들만 가득해 놀랐다고 『대한민국은 있다』에서 털어놓고 있다. 이제 향토 장학금으로 공부하는 '개천에서 난 용'들의 시대는 갔다고 그녀는 한숨짓는다. 이제 서울은, 아니 대한민국은 강남 주민과 비강남 주민으로 크게 구분되는 시대를 살고 있다"며 다음과 같이 말했다.

"'영어도 강남 아이들이 강북 아이들보다 잘하고', '세금은 강남 사람들이 훨씬 적게 내며' 심지어 '추석 선물 택배도 고급품은 강남으로 몰린다'고 매스컴은 떠들어댄다. 하지만 강남도 강북도 사람이 사는 곳이다. 강남 사람들은 이렇고 강북 사람들은 저렇다고 줄을 긋는 것 자체가 어불성설이다. 선배 따라 강남 가지 않은 내 친구나 여전히 후배들만 보면 '강남 좋아, 빨리 와서 가깝게 살자'고 부추기는 선배나 모두 건전한 서울 시민들이다. 〈개그콘서트〉박성호 버전으로 마무리. '정부는, 아니 매스컴은 서울시를 전부 강남시로 개명하라, 아니면 비강남 사람들이 자존심 상하지 않고 강남에서 살지 않을 권리를 인정하라, 인정하라. 민족봉숭, 대동단결!!!'"[71]

자식을 강남으로 진출시켜야 할 가장 큰 이유는 명문대 입학을 위해서였다. 2002년 11월 동국대학교 사회학과 교수 조은은 수능 점수에 따른 대학의 서열은 거의 학부모의 사회적 지위와 같이 가고 있기 때문에 웬만한 사회학자는 대학의 순위에 맞춰 학부모들의 직업과 소득, 학력, 거주지까지 어느 정도 맞힐 수 있다고 말했다.[72] "명문대에 입학하는 길은 우편번호에 달렸다"는 말이 실감 나는 세상이 전개되었다.

우편번호로 사람을 평가하고 판단할 수 있는 이른바 '우편번호 정체성'은 날이 갈수록 심화되고,[73] 이런 토양에서 자란 아이들은 이 세상 모든 걸 서열 체제로 인식해 대학의 서열을 줄줄 읊어대면서 자신보다 낮은 서열자에 대해선 차별을, 자신보다 높은 서열자에 대해선 굴종을 실천하는 서열 중독자로 세상을 살아가게 된다.

B.

"친북좌파보다 못한
일부 강남 부자들"

"임대 아파트 애들이랑은 놀지 말라며 문둥병자 취급하는 부모
들 중에 박사며 교수며 의사가 있었다."
• 김윤영의 단편소설 「철가방 추적작전」(2002)

다음과 같은 말끝에 한 말이다. "강남의 외딴섬, 또
는 강남의 음지로 불리는 수서의 임대 아파트 단지는 그 큰 규모
에도 불구하고 여전히 인근 주민들의 눈엣가시였다. 우리 학교는
그렇다 쳐도 수서갑중학교에 배정되는 일반 단지 애들은 꼭 한 번
씩 난리를 치곤 했는데 기어이 전학을 시키거나 강남교육청을 고
소하는 일도 있었다. 집값 떨어진다고 하는 정도는 불평 축에도 못

졌다."[74]

　이렇듯 차별을 내면화한 사람들의 극악스러움은 날이 갈수록 심해졌다. 주공아파트가 '저소득층'이 사는 곳이란 인식이 번져 '주공 거지'라는 말까지 등장하자, 한국토지공사는 주공아파트를 2006년 '휴먼시아'라는 이름으로 바꾸었다. 그러자 이번에는 '휴거(휴먼시아 거지)'라는 말이 생겨났다. 휴먼시아는 5년을 못 버티고 사라졌다. 현재는 'LH'라는 브랜드로 통일되었지만, 전국 곳곳에 지어진 휴먼시아에 사는 사람들은 지금도 '휴거'라는 비아냥에 시달리고 있다.[75]

　2006년 여름 이를 보다 못한 보수 논객 조갑제가 나섰다. 그는 자신의 홈페이지 '조갑제닷컴'을 통해 일부 강남권 부자들의 오만함과 비겁함을 질타했다. "임대 아파트가 옆에 들어서면 주거·교육 환경이 나빠지고, 아파트값이 떨어진다며 건축 반대 운동을 벌이고 있는 부자들이 있기 때문에 좌파들이 득세하고 노무현 대통령의 '양극화 선동'이 먹히는 것이다"며 다음과 같이 말했다.

　"임대 아파트 입주자를 마치 백인이 흑인 보듯이 하면서 합법적인 건축을 방해하는 이런 부자들이야말로 한국 사회를 계급적으로 분열시키는 사람들이며 도덕적으로 평가해도 친북좌파보다 못한 존재다. 임대 아파트가 들어선다고 용감하게 억지를 부리는 부자들일수록 평소엔 호화판 생활을 즐기면서 애국 운동을 기피하고, 투표일엔 외국 여행을 나가는 경우가 많다. 좌파 도전에 대한 위기의식도 거의 없는 이들이 자신들의 자유와 재산은 그 누군가가 대신 지켜줄 것이라 착각한다."[76]

그러나 강남만 그런 건 아니었고, 그런 못된 짓은 전국으로 퍼져나갔으니, 일부 강남 부자만 나무랄 일은 아니었다. 2015년 1월 경북 안동의 한 초등학교는 신입생 예비소집 때 임대 아파트에 사는 학생과 분양 아파트에 사는 학생을 따로 분류했다가 학부모들의 거센 항의를 받았다. 이 사건을 계기로 같은 해 3월 거주 형태에 따른 차별을 금지하는 내용의 국가인권위원회법 개정안이 발의되었지만, 이 법안은 19대 국회의 문턱을 넘지 못하고 폐기되었다.

"여기는 가난한 사람들이 사는 곳이야. 만지지 마." 2018년 초 경기의 한 주공아파트 엘리베이터에서 한 아이가 층 버튼을 누르려 하자 엄마가 이렇게 말하며 아이의 손을 쳤다는 사실이 인터넷 카페를 통해 알려졌다. 함께 엘리베이터를 타고 있었던 사람의 제보였다. 이 제보자는 "그들이 방문객으로 보였다"면서 "내 아이가 커서 이 얘기를 들으면 상처를 받을까 걱정된다"고 했다.[77] 날이 갈수록, 아이들이 아니라, 부모들이 극악스러워지는 이런 현상은 '휴거' 이후 '빌거'라는 말을 유행시켰다. 2019년 11월 사회비평가 박권일은 다음과 같이 개탄했다.

"작년으로 기억한다. 어느 초등학교 옆을 걸어가다 들었다. '야, 걔 빌거잖아. 차도 엄청 구림.' '진짜?' 그 뒤로도 뭔가 재잘댔지만, 잘 기억나지 않는다. 다만 '빌거'란 말이 유리 조각처럼 콕 박혀서, 종일 관자놀이가 지끈거렸다. '빌거' 또는 '빌거지'는 '빌라 사는 거지'다. '월거지'는 '월세 사는 거지'다.……한국 사회에서 계급은 신분을 넘어 인종적 표지가 되었다. 영화 〈기생충〉의 '반지하 냄새'는 그렇게 '자연화'된 계급 차별에 대한 하이퍼-리얼한 묘사였다. 가난한 이에 대한 차별과 모욕은 이미 인종차별처럼 벌어지고 있다."[78]

부모의 소득을 기준으로 누군가는 '벌레'로 불리는 일도 벌어졌다. 예술사회학 연구자 이라영은 "혐오 발화는 '요즘 초등학생들'의 문제가 아니라 지금을 살아가는 어른들이 쌓아올린 흉물스러운 초상이다. 사는 집을 놓고 이러쿵저러쿵하는 어른의 언어가 아이들에게도 닿기 마련이다. 아파트 브랜드로 사람의 격을 따지려 드는 많은 사람의 모습이 어린아이들의 입을 통해 흘러나왔을 뿐이다"며 다음과 같이 말했다.

"이런 소식을 들을 때 누군가는 더욱 위축될지 모른다는 생각을 떨칠 수 없다. 현재 월세로 살고 있는 나는 세입자라는 신분에 개의치 않고 살지만, 만약 내가 자식이 있다면 상당한 공포를 느낄 것이란 생각이 들었다. 결국 내 자식이 낙인의 대상이 되지 않게 하려고 내 집 마련을 위해 발버둥칠지 모른다. 나는 그럴 리 없다고 감히 장담하는 건 위험하다. 바로 그런 식으로 평범한 사람들이 '어쩔 수 없다'며 이 차별적 구조에 가담한다. 거지나 벌레가 되지 않기 위해."[79]

어린아이들의 입에 '거지'와 '벌레'가 오르내리게 만든 그 못된 부모들이 악인惡人은 아닐 게다. 그들은 "이러면 안 되는데 그래도 부모 입장에서 어쩔 수 없다"는 자세를 취하면서 거주지에 따라 아이들의 인간관계를 분리하게 만든 자신의 언행을 합리화한다.[80]이런 사람들이 정부의 나쁜 정책 때문에 그리 되었다고 할지라도, 부동산 약탈 체제에 대해선 결코 정부만 탓할 일은 아니라는 걸 시사해주는 게 아닐까?

14.
"우리 집이
무너지게 생겼다고
경축하는 요지경 세상"

"경축, ○○아파트, 안전진단 통과!! - 21세기형 주거공간, ○○○."
● 강남의 어느 아파트 앞에 내걸린 플래카드

2003년 가을 김은식은 강남의 어느 아파트 앞을 지나가다가 그런 플래카드가 휘날리고 있는 걸 보았다며 "안전진단을 통과했다면, 안전성이 입증되었다는 말일 텐데, 그게 그렇게 경축까지 할 일인가? 그건 그렇고 건설회사는 뭐가 좋다고 자기네가 짓지도 않은 아파트에 경축 플래카드를 걸어놓은 것일까?"라는 질문을 던졌다.

67

"아하, 그러고 보니 그게 아니었다. 안전진단 통과란, 합격이 아니라 불합격을 의미하는 말이었다. 다시 말해, 이 아파트가 안전하다는 것이 입증되었다는 것이 아니라, 매우 안전하지 못하다는, 그래서 어서 허물고 다시 지어야 한다는 것을 의미하고 있는 것이었다. 안전진단 불합격을 놓고, 통과라는 말을 붙여가며 아파트 입구에 경축 플래카드를 붙인 것은, 그 아파트 주민들이 드디어 재건축 프리미엄을 붙여서 아파트를 비싸게 팔 수 있게 되었기 때문이었다. 그리고 그것을 허물고 다시 짓는 일을 맡게 된 건설회사는, 또 그 틈에 일거리를 맡아 돈을 벌게 되었기에 경축을 하고 있었던 것이다. 우리 집이 무너지게 생겼다고 경축하는 풍경. 지은 지 한 이삼십 년 지났으면 대충 무너져줘야만 서로서로 득이 되는 요지경 같은 세상 이치를 드러내주는 풍경."[81]

이런 풍경에 화답하듯, 아파트 반상회와 부녀회는 탐욕의 경연 대회로 전락했다. 반상회는 1980년대 후반 민주화와 더불어 아파트 생활의 보급으로 쇠퇴하다가 2002년 부동산 광풍 이후 집값 담합 등 이익 집단화의 수단으로 활용되기 시작하면서 부흥기를 맞아 '무서운 반상회'로 거듭났다. 반상회에선 통장의 주도 아래 주민들이 담합해 아파트값을 올려야 한다는 결의가 이루어지고, 좋은 일 하자며 아파트를 싼 가격에 거래되도록 주선한 경비원은 개인 재산권 침해라는 이유로 해고당하기도 했다.[82]

서울 강남을 중심으로 아파트 붐이 불기 시작한 1980년대에 본격적으로 생겨나기 시작한 아파트 부녀회는 수많은 잡음을 만

들어내고 있었다. 초창기부터 아파트 부녀회들이 힘을 쏟은 분야 중 하나도 '아파트 매맷값 올리기'였다. 부녀회뿐만 아니라 아파트 주민들의 인터넷 동호회도 집값 담합을 위한 모의 장소로 활용되었다. 이곳에서 오가는 대화의 대체적인 귀결점은 '아파트값'이었고, 이에 대해 이견을 제시하거나 딴죽을 거는 사람은 심하게 매도되는 분위기였다.[83]

2008년 3월 서울 영등포구 문래동의 한 아파트 입구에는 최근 '우리 아파트는 평당 1,600만 원이 적정 가격입니다'라고 적힌 현수막이 내걸렸다. 또 광교 신도시 건설 인근 지역인 수원 매탄동의 한 아파트에는 '한 집이라도 건설교통부의 실거래가보다 낮게 내놓으면 우리 모두는 망한다'는 벽보가 나붙었다. 벽보에는 막혀 있는 아파트 일부 출입문을 개방해 아파트값을 올리자는 내용도 포함되어 있었다. 경실련 시민감시국 윤순철 국장은 "참여정부 시절에는 가격 짬짜미를 하는 강남 아줌마들을 탓했지만 이제는 강북 아줌마들도 행동에 나선 양상"이라며 "규제 완화를 통해 개발 정책을 추진하려는 이명박 정부의 신호를 읽은 주민들이 본격적으로 움직이기 시작했다고 볼 수 있다"고 말했다.[84]

아파트 가격 담합은 날이 갈수록 공격적인 양상을 보였다. 2015년 1월 서울 송파구 한 주상복합 아파트에서는 부녀회가 "아파트를 25억 원 이하로는 팔지 않겠다"는 각서를 쓰라고 주변 부동산 중개업소들에 요구한 사실이 드러났다. 이 아파트 부녀회 간부들은 "부동산 업소 두 곳이 아파트값을 떨어뜨리고 있다"며 해당 업소 '퇴출'을 위한 동의서를 받다가, 1년 전 내놓은 아파트를 처분하지 못하고 있는 '반대 주민'과 폭행 시비가 붙어 경찰 조사까지 받았다.[85]

그러나 이는 예외적으로 드러난 사건이었을 뿐, 주민들끼리의 단순 담합은 처벌할 수 없으며, 주민들이 중개사 업무를 방해할 경우 처벌이 가능하다 해도 현실적으로는 일어나기 어려운 일이었다. 김지현이 잘 지적했듯이, "주요 고객인 지역 주민들을 대상으로 중개 업무 방해를 고발할 간 큰 중개사가 몇 명이나 존재할까".[86] 우리 집이 무너지게 생겼다고 경축하는 요지경 세상이 아닌가 말이다.

<u>15</u> .

부자의 80퍼센트 이상이
부동산으로
부자가 된 나라

"부자들 중 80% 이상이 부동산으로 부자가 되었다고 보면 틀림
없다."
• 서울의 한 증권사 부장

2004년 4월에 출간된 김상헌의 『대한민국 강남특
별시: 부와 교육 1번지 강남의 모든 것』에 인용된 말이다. "나이가
50대 후반을 넘는 부자들"이라는 단서를 달긴 했지만, 80퍼센트
가 아니라 '거의 대부분'이라고 생각할 사람이 많을 게다. 김상헌
은 "예나 지금이나 대부분의 부자들이 투자 대상 1순위로 부동산
을 아무런 주저 없이 꼽는다"며 연 매출액 200억 원대의 중소기

업을 운영하는 김모 사장의 말을 이렇게 소개한다. "지난 15년 동안 사업을 해서 번 돈을 증식시키기 위해 여러 가지 방법을 써봤다. 결과적으로 가장 큰 수익을 안겨준 것은 역시 부동산이었다."[87]

2006년 3월, 현금 자산 20억 원 이상을 소유한 30~40대 젊은 부자 681명에 대한 설문·인터뷰 조사를 근거로 쓰인 『한국의 젊은 부자들』이 출간되었다. 이 책에 소개된 부동산 고수들의 조언이 인상적이다. 정부 정책을 믿지 말라는 거다. 아니 정책의 이면에 숨은 뜻까지 간파해 적극 이용하라는 거다. 다음과 같은 조언에 감히 누가 이의를 제기할 수 있겠는가.

"대한민국 정부 수립 이래 부동산 투기 근절 대책을 내놓지 않은 정부는 한 번도 없었다. 하지만 수십 년간 근절 대책이 계속해서 발표된다는 것은, 역대 어느 정부도 부동산 투기를 잡지 못했다는 반증이다. 거시적으로 봤을 때 정부 정책대로 시장이 움직인 적은 단 한 번도 없었다.……한국 사람이라면, 부동산 투자를 어떤 경우에도 포기해서는 안 된다."[88]

손낙구는 『부동산 계급사회』(2008)에서 "(2000년대 초반) 6년 동안 집값이 올라서 발생한 불로소득 648조 중 87퍼센트가 아파트값이 올라서 생긴 것이다"며 "한국의 아파트, 대단한 불로소득 생산 공장이다"고 말한다.[89] 물론 이후에도 이 공장은 계속 호황을 누렸다. 『경향신문』(2017년 3월 6일)은 "지난 30년 동안 임금이 6배 오르는 동안 아파트값 상승액으로 대표되는 '불로소득'은 임금 상승치의 43배로 뛰었다"며 다음과 같이 말했다.

"30년 땀의 대가가 2,400만 원 늘었을 때 서울 강남 집값은 10억 원 넘게 올랐다. 구조조정, 명예퇴직으로 밀려나 자영업에 뛰어든 이들의 숨통을 죄는 건 단지 옆 가게들만이 아니다. 바로 월 200만~300만 원을 호가하는 임대료다. 이런 '현대판 소작료' 탓에 장사가 되는데도 문 닫는 곳이 늘고 있다. 경제가 성장하면 살림살이가 나아질 것 같았으나 정작 늘어난 건 부동산 자산 가치였다. 지금처럼 1% 프로선수(자산가) 쪽에만 유리하게 '기울어진 운동장'에서 뛰어야 하는 아마추어(무주택자)가 처한 상황은 바꿀 필요가 있다."[90]

아무려면 바꿀 필요를 못 느껴서 그간 이런 약탈 체제가 지속되어왔겠는가? 분노와 행동 이외엔 답이 없다는 걸 분명해 해둘 필요가 있겠다. 부동산 약탈 체제를 방치하거나 강화하면서 외치는 개혁에 더는 속아 넘어가선 안 될 일이다. 각자도생各自圖生하기에도 바쁜 데 무슨 수로 세상을 바꿀 수 있단 말인가? 미국 인류학자 마거릿 미드Margaret Mead, 1901~1978가 남긴 말에서 희망의 불씨를 찾아보자. "생각하는 시민들의 작은 모임이 세상을 바꿀 수 있다는 점을 의심하지 마십시오. 지금까지 세상을 바꿔온 것은 전부 그런 사람들이었습니다."[91] 단, 조건이 하나 있다. 특정 인물을 숭배하는 '빠' 문화를 배격하면서, 부동산 약탈 체제의 종식이라는 이슈에만 충실해야 한다.

<u>16</u>.

부동산 문제에선
진보는
'수구 세력'

"(주택공사도) 장사하는 것인데 10배 남는 장사도 있고 10배 밑지
는 장사도 있지, 시장을 인정한다면 원가 공개는 인정할 수 없는
것입니다. 아파트 분양 원가 공개 반대는 경제계나 건설업계의
압력이 있어서가 아니라 내 소신입니다."[92]
● 대통령 노무현(1946~2009)

2004년 6월 9일, 민주노동당 의원들과 만난 자리에
서 "아파트 분양 원가 공개는 개혁이 아니"라며 한 말이다. 이 발언
은 많은 지지자에게 큰 충격을 안겨주었다. 열린우리당은 4·15 총
선 공약으로 분양 원가 공개를 내세웠으며, 총선 직후인 4월 20일
KBS-1 라디오 여론조사에서 86.9퍼센트가 분양 원가 공개에 찬
성한 것으로 나타났기 때문이다. 그러나 그 이전에 이런 논란이 있

었다. 2003년 12월 3일 서울시장 이명박은 "고분양가 논란이 일고 있는 서울 상암지구 7단지의 아파트 분양 원가를 공개하겠다"고 선언했지만, 정부는 분양 원가 공개를 반대하고 나섰다. 이런 정치적 복잡성과 그에 따른 정략 때문이었는지는 알 수 없지만, 노무현의 발언은 분양 원가 공개 공약을 뒤집은 것이었기에 그 충격파는 컸다.

그럼에도 노무현은 6월 11일에 아예 한 걸음 더 나아가 공공 부문의 분양 원가 공개를 주장한 한나라당에 대해 "경기가 나쁘다고 탄핵을 추진한 한나라당이 경기를 죽일 수 있는 이런 규제를 만들자는 것이냐"며 "본질적인 문제를 가지고 제발 이랬다 저랬다 하지 말아줬으면 좋겠다"고 맹비난했다. 친노 의원들은 노무현의 발언을 적극 옹호하고 나섰다.[93]

6월 12일 『한겨레』 여론조사에서 대통령 노무현의 지지율은 37.8퍼센트로 뚝 떨어진 것으로 나타났다. 6월 14일 열린우리당 의원 김근태는 노무현의 아파트 분양 원가 공개 불가 방침에 반발하면서 "계급장을 떼고 논쟁하자"고 주장했지만, 친노 의원들의 공세에 밀려 무릎을 꿇고 말았다.

친노 의원들의 대표 주자는 단연 유시민이었다. 그는 6월 15일 인터넷 매체 『프레시안』과의 인터뷰에서 "원가 공개는 개혁이고, 원가 연동제는 반개혁이라는 식의 논란은 집값 안정에 아무런 도움이 안 된다"고 주장하면서 분양 원가 공개를 요구하는 야당을 싸잡아 비난했다. 흥미롭게도 이즈음 조중동은 노무현을 격찬하

고 나섰다.[94]

박태견은 노무현이 다수 국민의 생존권이 걸린 주택 문제를 "10배 남는 장사도 있다"는 논리로 합리화한 데 대한 국민의 분노는 민심 이반에 결정적이었다고 했다. 이후 노무현과 열린우리당의 지지율은 급락하기 시작했다.[95] 나중에 여론조사에서 '서민을 위한 정당'으로 열린우리당보다는 한나라당을 지목한 비율이 높게 나타난 결과엔 바로 이 '아파트 분양 원가 공개' 논란이 미친 영향이 컸다.

2005년 2월 28일 국회의원 294명의 재산 변동 사항 공개 시, 열린우리당이 1억 원 이상 증가자가 31명으로 전통적으로 재력가들이 모인 한나라당(29명)을 앞선 것도 흥미로운 일이었다.[96] 부동산 문제에 관한 한 한국의 진보는 '수구 세력' 노릇을 하는 현상은 이후로도 계속된다.[97] 부동산 약탈 체제의 수혜자나 적어도 피해자가 아닌 사람이 진정한 진보의 가치에 충실하는 게 불가능한 일은 아닐망정 매우 어렵기 때문에 빚어지는 현상으로 이해하는 게 좋을 것 같다.

17.
서울은
'부동산 약탈 도시'

"세계 어느 나라에서도 그토록 한 도시에 심각하게 집중하는 현상은 본 적이 없다."
• 국제 컨설팅 기업 베인앤컴퍼니 코리아 대표 이성용

2004년 10월에 출간한 『한국을 버려라: 한국, 한국인이 살아남을 수 있는 길!』에서 한 말이다. 재미교포로 그간 세계 각국의 수백 군데 기업을 컨설팅했던 이성용은 "내가 미국에 있었을 때는 사업상 미국 전역을 여행할 기회가 잦았다. 고객이나 공급업자들과 간단한 인터뷰를 하려 해도 각각 다른 도시들을 찾아다녀야 했기 때문이다. 일주일에 5일 정도는 길에서 보냈다고 해도 과언이 아니다. 그러나 한국에 오고 난 뒤, 국내 여행 횟수는 거의 제로에 가까워졌다"며 다음과 같이 말했다.

"모든 것이 서울에 위치해 있고 모든 비즈니스들이 서울에서 행해진다. 아주 드물게 고객의 공장이 있는 울산을 찾아가는 것을 빼면, 필요한 정보들 대부분은 서울에서 쉽게 이용할 수 있다. 실제로 한국의 대기업 중에서 본사를 서울 외곽에 둔 곳은 하나도 없다. 50대 기업 중에서 어느 한 곳도 서울을 벗어나지 않는 것이다!……서울 과다 집중 현상은 이미 위험수위에 다다랐고, 수많은 사회적 문제들을 낳고 있다."[98]

어이없다 못해 재미있는 건(너무 어이가 없어 재미있다는 뜻이다), 많은 한국인이 "다른 나라들도 다 서울처럼 그런다"는 터무니없는 미신을 믿고 있다는 점이다. 한 번 심심풀이 삼아 '서울 집중' 문제나 '지방' 관련 기사들에 달린 댓글들을 살펴보라. 어김없이 이런 주장이 여러 개 올라온다. 아마도 어디선 읽은 건 있어서 이른바 '네트워크 효과'에 의한 '대도시 집중화의 이점이나 강점'을 말하는 것 같은데,[99] 이때 딱 맞는 말이 "선무당(엉터리 무당)이 사람 잡는다"는 속담이다. 서울은 그런 이점이나 강점을 볼 수 있는 수준을 넘어서도 한참 넘어섰으니 말이다.

심지어 지식인이나 언론인들까지 서울 초집중화를 옹호하거나 그로 인한 문제를 가볍게 여기니 참으로 기막힌 일이다. 예컨대, 『중앙일보』 사회 에디터 김창우는 「지방으로 보내면 해결되나」라는 칼럼에서 '개개인의 삶은 팍팍해'지지만 '대도시는 효율적'이기 때문에 서울 집중은 불가피하다는 논리를 전개하면서 "지금은 전국으로 사람을 흩어버릴 방안보다는 모인 사람들이 조금이라도 편안하게 살 방법을 고민할 때다"고 말한다.[100] 선의의 주장임을 이해하지 못하는 건 아니지만, 왜 이렇게 답답한 말씀을 하시는 걸까? 서울은 역대 모든 정권의 '정책'에 의해 인위적으로 비대해진 도시인데, '순수한 시장 논리'를 들어 서울 집중의 불가피성을 역설하는 게 말이 되는가?

지금과 같은 서울 초집중화로 인한 문제와 부작용을 일일이 열거하는 것조차 짜증이 날 정도니 그건 접어두자. 지방민을 문화적으로 모멸하는 수준까지 이르렀다는 것 하나로 충분하다. 온라인에 들어가보라. '지방충'이라는 말이 널리 쓰는 상용어가 된 지 오래다.[101] '지방충'들만 당하는 것도 아니다. 지금과 같은 서울 초집중화를 그대로 두고선 "(서울에) 모인 사람들이 조금이라도 편안하게 살 방법"이 없으며, 편안하게 살 수 있는 사람은 기존 부동산 약탈 체제의 수혜자들뿐이라는 주장에 대한 반론을 제시해야 하는 게 아닌가 말이다. 이런 오해나 착각을 예방하는 데 도움이 된다면, 앞으론 서울을 '거대 도시'라고 부를 게 아니라 전형적인 '부동산 약탈 도시'라고 불러야 하는 건가?

18.

"투기 방조당,
투기 조장당,
투기 무관심당"

"열린우리당은 '투기 방조당', 한나라당은 '투기 조장당', 민주노
동당은 '투기 무관심당'이다."
● 경제정의실천시민연합 대표 김성훈

2006년 11월 25일 경제정의실천시민연합(경실련),
전국철거민협의회(전철협) 중앙회, 인터넷 모임인 아파트값 거품
내리기 모임(아내모) 등으로 구성된 아파트값 거품 빼기 국민행동
(국민행동)'의 주최로 서울 광화문 네거리에서 열린 '1차 시민행
동' 집회에서 한 말이다. 김성훈은 "정부는 전 국토의 균형발전을
얘기하는데, 발전의 균형이 아니라 투기의 균형을 이뤘다"고 비판

했다. 신민철 아내모 대표는 "개혁 열망으로 노무현 대통령을 당선시키고, 역시 개혁 열망으로 탄핵에서 노 대통령을 극적으로 구출했다"며 "그러나 노 대통령의 '분양 원가 공개' 대선 공약은 말뿐이었다. '시장 원리에 안 맞는다'며 약속을 뒤집었다"고 비판했다.[102]

이 집회에서 연설한 열린우리당 의원 최재천은 "사실 여당 의원으로서 저라도 나가서 매를 맞아야겠다는 심정으로 여러분 앞에 섰습니다. 대통령께서 '10배 남는 장사도 있고'라는 발언을 하기 전까지만 해도 우리당 내에서는 분양 원가 공개와 후분양 제도에 대해 상당한 정책 검토가 있었습니다. 그런데 대통령께서 그 말을 하고 난 뒤에 의원 총회에 갔더니 저와 다른 한 사람만 원가 공개에 찬성하는 것이었습니다. 우리당 지지율이 10%가 못 미치게 되는 결정적 증거 아니겠습니까"라면서 다음과 같이 말했다.

"토지공개념을 도입해야 합니다. 헌법재판소에서 토지공개념에 대해 위헌 결정을 내린 것으로들 알고 있는데, 헌재는 '개발 이익 환수 기준이 불분명하다'고 했을 뿐이지 토지공개념 그 자체에 대해서는 단 한 번도 위헌이라고 결정을 내린 적이 없습니다. 토지공개념은 좌파적 발상이 아니라, 좁은 땅에서 많은 인구가 살기 위해서 실현해야 하는 토지 정의, 경제 정의를 실현하자는 것입니다. 땅을 골고루 나눠 갖는 것이 우리 헌법 정신입니다.……이번 정기 국회에 토지공개념 관련 법안이 통과되지 못할 것이 확실합니다. 저는 대통령께 긴급 재정·경제명령권을 발효할 것을 건의합니다. 토지공개념, 분양 원가 공개, 후분양제를 실시해줄 것을 강하게 요구합니다."[103]

생각해보면 참 이상한 일이었다. 행정수도 이전 공약과 혁신도시 등 서울 초집중화에 가장 큰 문제의식을 보였던 노무현 정권마저 '균형발전을 이야기하면서 수도권 규제를 완화하는 모순'을 저질렀으며,[104] 이로 인해 우석훈에게서 이런 평가를 받을 정도였으니 말이다. "중앙과 지방을 막론하고 토지를 가진 사람들에게 최대한의 편의가 주어진 상황에서 그렇지 못한 대부분의 사람들이 수탈당한 시기."[105]

'투기 방조당', '투기 조장당', '투기 무관심당' 가운데 누가 가장 나쁠까? 국민들이 거는 기대에 비춰보자면 모두 다 똑같은 한통속으로 보는 게 옳지 않을까? 14년 후, 열린우리당의 후신이라 할 수 있는 더불어민주당은 '투기 방조당'에서 '투기 조장당'의 지위를 누리게 된다. 2020년 7월 7일 경실련은 서울 여의도 더불어민주당사 앞에서 기자회견을 열고 "민주당이 여당이 된 이후 3년 동안 서울 아파트값이 52% 올랐다. 그동안 여당은 대체 뭘 했는지 묻고 싶다"며 "민주당은 '투기 조장당'이고 미래통합당은 '부동산 투기 방조당'"이라고 비난했다.[106] '방조범'에서 '조장범'으로 승격한 걸 축하해야 할까?

19.
왜 진보는
부동산 약탈에
무관심할까?

"집값이 오르면 얼마나 열불 납니까. 그런데 명색이 서민 정당인
민주노동당이 당 지도부부터 당원까지 관심은 딴 데 있어요."
• 민주노총 대변인 출신으로 심상정 의원 보좌관인 손낙구 ━━━━━━━●

2007년 3월에 출간된 경향신문의 『민주화 20년의
열망과 절망』에서 한 말이다. "부동산 문제에 대해서는 그냥 멍한
상태죠. '무관심당'이 아니라 '무심당'이에요. 전대협·한총련 출
신 그룹은 통일 운동, 민주노총 출신 그룹은 기업별 노사 활동에
주력하지 부동산은 관심 밖입니다. 한국의 진보는 아직도 추억 속
에서 벗어나지 못하고 있어요."

시민단체도 마찬가지였다. 그나마 경실련의 활동이 눈에 띌 뿐, 참여연대 안에는 부동산 문제를 전담하는 기구도 없었다. 『민주화 20년의 열망과 절망』은 "오히려 경실련과의 경쟁을 의식, 경실련의 제안에 물타기를 했다는 비판을 받기도 했다"며 다음과 같이 말했다.

"2004년 분양 원가 공개 요구가 뜨겁자 정부는 학계와 업계, 시민단체 등으로 구성된 주택 공급 제도 검토 위원회를 만들어 이를 논의한 바 있다. 여기에 참여연대도 참여했는데, 이 위원회는 분양 원가 공개가 사회적 혼란을 유발할 가능성이 높다며 분양가 상한제 적용에 손을 들어줬다. 참여연대는 지금 원가 공개를 주장하고 있다."

뒤늦게 조직된 토지정의시민연대의 정책부장 고영근은 "민중연대 등 소위 진보 단체서는 FTA, 재벌 문제 등 정치적 이슈에만 매달리고 있다"면서 "부동산 문제에 대한 외면은 그들이 대변해야 할 사람들의 삶을 외면하는 것이나 다름없다"고 말했다.

특히 민주노총은 조합원의 근로 조건이 조금만 위협받아도 파업을 운운했지만, 정작 집값 상승으로 노동자의 삶이 나락에 빠져드는데도 그 흔한 성명 하나 낸 적이 없었다. 도무지 이해할 수 없는 그런 작태가 너무 답답했던 경실련 아파트값 거품 빼기 운동본부 본부장 김헌동은 다음과 같이 말했다.

"몇 번 민주노총 고위 간부들을 만나 부동산 문제에 대해 설명한 적이 있어요. 그런데 다들 '너무 어렵다'는 표정만 짓더군요. 정말 어려워서 침묵하는 건지, 보수 언론이 말하듯 가난한 노동자들의 실상을 모르고 이념적 구호만 외치는 '귀족 노동자'여서 입을 닫는 것인지 알 길이 없었습니다."[107]

도대체 왜 그랬던 걸까? 그들은 추억에 사로잡혀 현실을 보는 눈을 잃었던 걸까? 아니면 '노동 귀족'으로서 자기 집은 갖고 있기 때문에 문제의 심각성을 전혀 느끼지 못했거나 집값 오르는 게 나쁠 게 없다는 생각을 했던 걸까? 그 어느 쪽이건, 한국의 진보는 '가짜 진보'라는 말을 들어도 억울해할 건 없으리라.

20.
진보 지식인의
부동산에 대한
무지와 무관심

"진보 지식인들은 주택이나 부동산 문제에 대해 깊이 있게 알지
못하며 깊이 알려고도 하지 않았다."
• 경실련 아파트값 거품 빼기 운동본부 본부장 김헌동

2007년 5월에 출간한 『문제는 부동산이야, 이 바보
들아』에서 한 말이다. 부동산 투기 광풍에 대해 진보 지식인들이
침묵하는 것이 이상해 개인적으로 만나서 이야기해보고 알게 된
사실이라며, 김헌동은 이렇게 말했다. "결국 이 분야를 아는 사람
들은 아는 사람들끼리 마피아 조직처럼 얽히고설켜서, 대한민국
에서 부동산 투기라는 지탄받을 행위를 하면서도 그것이 지탄받을

일이 아니라는 이상한 논리를 시장 원리, 자유 시장경제 체제 등으로 포장해 진보개혁적인 사람들과 일반 시민을 속였던 거죠."[108]

진보 지식인의 무지와 무관심은 혹 '거대담론 증후군' 때문이었을까? 거대담론巨大談論, metadiscourse은 철학이나 언어학을 비롯한 인문학에서 사용되는 개념으로 어떤 담론의 구조나 체계에서 상부 단계나 포괄적 단계에 속한 담론을 뜻하지만,[109] 구체적인 현실 문제에 너무 거대한 담론으로 대응하는 경향을 냉소적으로 일컫는 말로도 쓰인다. 그런 경향을 가리켜 '거대담론 증후군'이라고 한다.

거대담론 증후군은 한국형 '맥시멀리즘Maximalism(최대주의)'의 산물이다. 맥시멀리즘은 미니멀리즘과는 정반대로 "더 많은 것이 더 많다" 또는 "큰 것이 아름답다"는 심미적 원칙에 기초를 두고 있는 예술적·사상적 경향을 말한다.[110] 한국인은 워낙 통이 커 체질적으로, 사상적으로 맥시멀리즘을 사랑하는 경향이 강하다.

안재홍(1891~1965)이 좌우 합작을 시도한 신간회의 해소를 주장하는 급진 사회주의자들을 겨냥해 "조선의 운동은 걸핏하면 최대형의 의도와 최전선적 논리에 집착해 과정적 기획 정책을 소홀히 한다"고 비판한 건 일제강점기 시절인 1931년이었는데,[111] 지금까지도 그 습속은 여전하다.

권재원은 노무현 정부의 가장 큰 문제는 싱크탱크의 현실감각 결여였다고 말한다. 노무현도 처음에는 운동권 출신들을 중용했으나 그들의 뜬구름 잡는 소리에 나중에는 역정을 냈다는 것이다.

노무현의 주문은 "아주 작은 것이라도 뭘 어떻게 할지 좀 제시하라"는 것인데, 운동권 출신 인사들은 한결같이 "지금 진행 중인 사안은 이러저러한 문제점이 많다"며 큰 방향을 제시하는 걸로 끝내더라는 것이다.[112]

그렇다고 해서 모든 진보 지식인이 부동산에 대해 무지하거나 무관심한 건 아니라는 점을 분명히 해둘 필요가 있겠다. 사회적 차원에서만 무지하거나 무관심할 뿐 그들 중엔 자신의 '똑똑한 한 채'를 챙기는 데엔 대단히 똑똑한 사람이 많으니까 말이다.

21.
한국의
대표 미녀들을 앞세운
아파트 광고

"아파트 광고는 마약 광고보다 더 나쁘다."
• 성균관대학교 교수 김태동

아파트라고 해서 다 같은 아파트가 아니기 때문에 아파트를 향한 꿈은 늘 더 높은 곳을 향해 계속 나래를 펴고, 그 꿈을 인도하기 위해 한국의 대표 미녀들이 총출동한다. 문화평론가 김종휘는 2005년 이렇게 말했다. "획일적인 주거 형태를 가진 아파트끼리 무슨 대단한 문화적 차이가 있는지, 여성 연예인의 이미지를 내걸고 품격을 다투는 노릇이 단연 상종가 화제다. 고현정 아파트, 이영애 아파트, 김남주 아파트, 최지우 아파트, 채시라 아파트, 김현주 아파트, 송혜교 아파트, 장진영 아파트, 김희애 아파트, 신애라 아파트, 김지호 아파트, 한가인 아파트……그들의 이름은 더 있고 앞으로 더 많아질 것이다."[113]

김대중 정부에서 대통령 경제수석을 지낸 김태동은 2007년 5월에 출간한 『문제는 부동산이야, 이 바보들아』에서 연예인들에게 이렇게 호소하고 싶다고 했다. "당신들이 하는 아파트 광고는 마약 광고보다 더 나쁜 겁니다. 소비자들이 광고의 메시지에 영향을 받을수록 우리나라의 아파트 가격은 적정 수준보다 높게 거품이 낄 것입니다. 그만큼 무주택자의 삶을 짓밟고 내 집 마련의 꿈을 빼앗는 것이며, 자라나는 신세대까지 노예화하는 극악의 결과를 가져오는 것입니다. 마약은 본인에게만 피해를 주지만, 아파트 광고에 나오는 일은 수십만, 수백만 명에게 큰 피해를 줄 수 있습니다."[114]

이에 대해 『중앙일보』 논설위원 이훈범은 "출연 연예인들이 들으면 소름 돋을 얘기다. 소비자를 현혹하는 과장 광고에 나온 연예인의 이미지가 나빠질 수는 있겠다. 광고가 거품 형성의 한 원인이라는 것도 틀린 말은 아니다. 하지만 집값 상승이나 서민 경제 파탄의 책임을 광고 출연 연예인에게 돌리는 것은 아무래도 지나치다"며 다음과 같이 말했다.

"그보다는 우리네 서민 금융이나 부동산 정책이 어쩌다 연예인들에게 비난이나 호소하는 것 말고는 달리 대책이 없는 지경에까지 왔는지 참으로 딱하다. 그들이 그만둔다고 뭐가 나아질까. 주거 품질보다 브랜드 이미지에 기대는 건설업체의 장삿속이 먹히고, 배보다 배꼽이 더 큰 고리대금업이 허용되는 현실에서 광고 출연 희망자들이 왜 줄을 서지 않겠느냔 얘기다. 그들을 상습범이라 비난하며 도덕적 우위를 점하기보다는 그런 광고가 효과가 없는 환경을 만드는 데 머리를 맞대고 고민해야 할 때가 아닌가 해서 푸념 한 번 해봤다."[115]

22.
나는 현대에 살고,
너는 삼성에 사는
나라

"도대체 어느 나라 사람들이 어디 사냐고 물으면 '나는 현대에
살고, 너는 삼성에 살며, 그 친구는 대우에 살며, 저 친구는 우성
에 산다'고 말할 수 있단 말인가."
• 건축가 정기용(1945~2011)

2008년 2월에 출간한 『사람 건축 도시』에서 한 말
이다. 정기용은 "동네가 아니라 대기업체의 이름 속에 당당하게
살기 시작하면서 우리는 각자의 삶을 살기보다는 (집이라는) 상품
을 소비한다고 말할 수밖에 없다"고 개탄했다.[116] 그래서 같은 지
역, 같은 평형이라도 아파트 브랜드에 따라 값이 2배까지 차이가
나기도 했다.[117] 급기야 지방 중소업체들이 대형업체들의 유명 브

랜드와 비슷한 이름을 붙이는 '짝퉁'도 나타났다. 대우건설의 '푸르지오'와 비슷한 '푸르지요', 삼성물산의 '래미안'을 흉내낸 '라미안' 등이 등장한 것이다.[118] 아파트 입주민들 사이에선 "아파트 이름 바꿔 떼돈 벌어보자"는 운동이 맹렬하게 전개되었다.[119]

서울의 도시적 정체성은 혼란스러웠지만, 아파트 거주자들의 정체성은 확실했다. 그들의 정체성은 그렇듯 아파트를 지은 재벌 로고로 표현되었다. 발레리 줄레조Valérie Gelézeau는 "현대, 삼성, 대우의 마크가 찍힌 건물들은 때로 '주식회사 한국'이라는 유명 기업이 세워놓은 대형 광고처럼 보이기도 한다"고 했다.[120] 그 재벌 로고의 서열에 따라 거주자들의 신분도 결정되는 방식이었다.

사정이 그와 같았으니, 2003~2007년의 5년 사이 부동산 중개업소가 3만 510곳이 늘어 하루 평균 16.7개꼴로 새로 생긴 것도 우연은 아니었다. 이를 지적한 서울대학교 지리학과 교수 김용창은 "한국 사회가 노동력과 자원 배분을 이렇게 해서 미래 창조의 동력을 확보할 수 있을까?"라는 의문을 제기했다.

"실용주의 노선이 효과를 발휘하고, 활력이 넘치는 사회를 꿈꾼다면 단순한 재산 거래 차익에 기반하여 부를 쌓는 것을 장려하기보다는 마땅히 노동 윤리를 신성시하고, 미래지향적 직업 창출 기반을 굳건히 해야 한다. 부동산 세제 완화에 몰두하지 말고 새로운 경제 구상과 실천 전략을 창안하는 것이 미래지향적 실용성에 부합하는 것이다."

이어 그는 "한국 사회는 부동산이 많은 사람이 상류층이고 여론 주도층이라는 데 문제가 있다"고 했다. "부동산세의 문제를 일반 서민의 무차별 세 부담 문제로 둔갑시키고 있다. 6억 원 이상의 주택 거래에서 나오는 양도소득세나 종합부동산세의 문제로 고민해야 하는 '서민'이라면 얼마나 좋을까? '부동산 재산가 서민'이라는 말, 듣기만 해도 좋다!"[121] 이후 한국에선 '부동산 재산가 서민'들이 진보 행세를 하는 희한한 일이 광범위하게 전개된다.

23.
한국의
6개
주택 계급

"1,083-819-577-521-476-471-412-405-403-341."
• '최고 집 부자' 상위 10명이 각각 소유한 주택 숫자

2005년 8월 12일 기준으로 행정자치부가 내놓은, 개인 명의로 집을 가장 많이 소유한 '최고 집 부자' 상위 10명이 각각 소유하고 있는 주택 숫자를 나열한 것인데, 이들 10명이 보유한 집만 모두 5,508채에 이르렀다. 이들의 정반대편 끝에 동굴이나 움막에 사는 사람들이 있었다. 대부분의 사람들은 이 양극단의 중간 어디쯤에서 살아가고 있었다. 이 수치를 제시한 손낙구는

2008년 8월에 출간한 『부동산 계급사회』에서 한국의 주택 계급을 크게 6개로 분류했다.

제1계급은 집을 2채 이상 가진 105만 가구(전체의 6.6퍼센트)였다. 이들이 소유한 주택 수는 총 477만 채로, 가구당 집을 평균 5채씩 소유했다. 제2계급은 집을 1채 소유하고 그 집에서 현재 살고 있는 1가구 1주택자 769만 가구(48.5퍼센트)였다. 제3계급은 대출을 받는 등 무리를 해 어딘가에 집을 마련해놨지만 이자 등 금융 비용 때문에 자기 집은 세를 주고 남의 집을 옮겨다니며 셋방살이를 전전하는 계급이었다. 전체 가구의 4.2퍼센트인 67만 가구가 여기에 속했다.

상위 3개 계급이 유주택자인 반면, 하위 3개 계급은 무주택자로 채워졌다. 전세나 월세 보증금이 5,000만 원이 넘는 가구는 제4계급, 사글세·보증금 없는 월세·보증금이 5,000만 원 이하인 월세를 사는 사람은 제5계급이었다. 전체 가구의 6.2퍼센트에 이르는 95만여 가구가 제4계급으로, 30.3퍼센트에 이르는 481만 가구가 제5계급으로 각각 분류되었다. 마지막으로 지하방, 옥탑방, 판잣집, 비닐집, 움막, 업소 내 잠만 자는 방, 건설 현장 임시 막사 등에 사는 주거 극빈층이 있었다. 심지어 동굴·움막에 사는 이들도 있었다. 전체 가구의 4.3퍼센트인 68만 가구, 인구수로는 162만여 명이 이렇게 '제6계급'으로 살아가고 있었다.

이대로 좋은가? 손낙구는 "일단 집을 2채 이상, 평균 5채 갖고 있는 제1계급은 사회발전을 위해 해체해야 할 대상이다. 집은 거주 목적 이외에 투기 목적으로 소유할 수 없도록 하는 게 나라 살리는 길이다. 집값이 계속 오르니 이들은 매매 차익을 통한 투기 이익과 임대 소득 등 두 가지 이익을 얻고 있다. 이런 불로소득은 마땅히 사회화해야 한다"고 말했다.

그는 "1가구 1주택자인 제2계급은 보호해야 할 대상이다. 이들 중에는 집은 겨우 샀지만 식구가 많고 집은 낡고 위험해 최저 주거 기준을 충족하지 못하는 사람들도 있다. 가족과 안심하고 살 수 있을 만큼 주거 환경을 개선할 수 있도록 지원해줘야 한다. 또 제3계급인 '유주택전월세' 가구는 자기 집에 들어가 살 수 있도록 지원 대책을 마련해야 한다"며 다음과 같이 말했다.

"제4계급은 집값이 현재의 절반 또는 3분의 2 수준만 돼도 돈을 좀 융통해 몇 년 안에 내 집 마련의 꿈에 도전해볼 만한 사람들이다. 이들이 내 집 마련의 꿈을 이룰 수 있도록 주택 정책이 마련돼야 한다. 전형적인 셋방살이 인생인 제5계급은 스스로의 힘으로 내 집 마련의 꿈을 이룰 수 없다. 공공임대주택을 많이 확보해 30년 이상 자기 집처럼 싼값에 살 수 있도록 지원해줘야 한다. 마지막으로 162만여 명에 이르는 제6계급 대책이 가장 급하다. '지하방'으로 상징되는 부적절한 주거 공간, 동굴과 움막으로 상징되는 처참한 주거 공간에서 탈출할 수 있도록, 주거의 상향 이동을 지원하는 '사다리 정책'이 필요하다."[122]

격세지감隔世之感이다. 『History and Class Consciousness』라는 책이 있다. 헝가리의 마르크스주의자인 죄르지 루카치Georg

Lukács, 1885~1971가 1923년에 출간한 책이다. 이 책은 한국에서 어떤 제목으로 번역되었을까? 당연히 『역사와 계급의식』으로 번역되어야 했지만, 1980년대 초엔 '계급'이라는 단어를 쓸 자유조차 없었다. 그래서 번역자는 『역사와 학급의식』으로 번역할 수밖에 없었다. 거짓말 같은 실화다.[123] 우리는 '계급'이란 말을 자유롭게 쓸 수 있는 세상에 살게 되었음을 감사하면서 살아가야 할까? 제1~3계급은 그럴 수 있을지 몰라도 제4~6계급은 결코 그럴 수 없을 게다.

24.
'부동산 계급사회'의
'투기 테러리즘'

"부동산 투기는 테러다."
•『경향신문』(2008년 8월 16일) 기사 제목

　　진보적 부동산 전문가 손낙구의 『부동산 계급사회』
에 대한 서평 기사다. 손낙구가 「'투기 테러리즘'과 집을 잃어버
린 한국인」이라는 소제목하의 글에서 한 다음 말을 좀 세게 표현
한 것으로 이해하면 되겠다. "인간이 세계에 발 딛고 설 수 있는 보
금자리를 뺏고 '돌아갈 그곳'을 투기라는 폭력적 수단으로 빼앗아
이익을 본다는 점에서 인간의 거주에 대한 테러에 비유되기도 한

다."[124] 그런데 진보는 그런 테러에 왜 그리 무관심했던 걸까? 손낙구는 다음과 같은 부드러운 고언으로 책을 끝맺는다.

"정치운동과 사회운동이 먼저 바뀌어야 한다는 게 필자의 생각이다. 지하실이나 적절하지 못한 주거 조건에서 살아야 하는 가난한 사람들의 처지에서 볼 때, 그간 정치운동과 사회운동은 추상적이었다. 주거를 비롯한 가난한 사람들의 먹고사는 문제를 해결할 수 있는 실질적 운동으로 나아가야 한다. 많은 희생을 치르고 민주화를 진전시켜왔음에도 불구하고 그 성과가 서민 생활의 개선으로 나타나지 않는 문제야말로 정치운동과 사회운동이 풀어야 할 큰 과제이기에 더욱 그렇다."[125]

손낙구는 2010년 2월에 출간한 『대한민국 정치사회 지도』에선 전국에 걸쳐 1,186개 읍면동의 주거 형태 등과 투표율, 정당 지지율 등을 비교해 한국 정치의 계급 투표 경향을 입증해냈다. 예컨대, 투표율 높은 동네의 84퍼센트가 집 가진 사람인데 투표율이 낮은 동네는 26퍼센트밖에 안 된다는 것이다. 그는 민주노동당이나 진보신당의 지지율이 계급과 무관한 것으로 나타난 것에 대해 다시금 다음과 같이 진보정당의 각성을 촉구했다.

"한나라당은 자신들의 지지자들을 투표장에 불러낼 유인을 제공한다. 진보정당도 거대담론이 아니라 삶의 영역으로 내려가야 한다. 집 있는 사람들이 집값 올려줄 정당을 지지하는 것처럼 집 없는 사람들을 위한 정책을 내놓아야 한다. 누구나 자신의 이해관계에 따라 투표한다. 이기적인 동기, 그게 바로 현실정치다. 민주노동당과 진보신당이 쇠락하고 있는 건 이들에게 아무런 동기부여를 하지 못하고 있기 때문이다."[126]

진보정당들은 그들이 가장 큰 관심을 기울여야 할 사람들은 먹고살기 바빠 정치에 아무런 관심이 없다는 이유로 그들보다는 이미 조직화되어 있는 노동 세력이나 정서적으로만 진보인 고학력층에만 매달리는 정치를 하고 있다. 멀리 내다보지 못하는 이런 조급증은 문자 그대로 소탐대실小貪大失이다. 부디 손낙구 같은 인물이 진보정당 대표가 되면 좋겠다. 그래야 진보정당이 엉뚱한 정치적 이슈들에 힘 빼는 대신에 가장 근본적인 불평등의 문제라고 할 수 있는 부동산 약탈 체제에 정면 도전할 수 있지 않겠는가.

<u>25</u>.
대학 입시도
부동산이
결정한다

"서울대 합격은 아파트 가격 순이다."
● 진보적 부동산 전문가 손낙구

2008년 8월에 출간한 『부동산 계급사회』에서 한 말이다. 손낙구가 2004~2006학년도 동안 '서울 시내 일반계 고등학교 졸업생 1,000명당 서울대학교 합격자 수'와 2007년 1월 1일 국토해양부 공시가격 기준 '서울시 구별 공동주택 평균 가격' 통계를 비교해 얻은 결론이다. 그의 연구 결과에 따르면, "8억대 아파트에 살면 서울대에 28명이 합격하고, 7억대 아파트에 살면 22명,

5억대 아파트에 살면 12명이 합격한다. 4억은 9명, 3억은 8명이 합격한다".[127]

이런 추세는 날이 갈수록 굳어지고 있다. 일반 가정 대비 고소득층의 서울대학교 입학 비율은 1985년에는 1.3배에 그쳤지만, 2000년에는 16.8배로 확대되었다. 고소득 직군 아버지의 자녀가 서울대학교에 입학하는 비율은 다른 그룹보다 20배가 넘었다. 건강보험 납부액을 바탕으로 2007년 서울대학교 신입생들의 가구 소득 수준을 조사한 결과, 소득 수준 상위 10퍼센트에 해당하는 신입생은 전체의 39.8퍼센트였고, 20퍼센트에 속하는 학생은 전체의 61.4퍼센트였다.[128]

김태년 더불어민주당 의원이 김동춘 전 진학지도교사협의회 공동대표에게 의뢰해 분석한 '2013~2016학년도 서울대학교 합격자 현황' 자료를 보니, 특수 목적고와 자율형 사립고, 서울 강남 3구 일반고 출신을 합친 비중이 3년 사이 42퍼센트에서 49퍼센트로 늘었다. 서울대학교 합격자를 한 명이라도 낸 고등학교는 전국 1,799개교(2015년 기준) 가운데 824곳(2016학년도)에 그쳤다. 이에 『한겨레』는 「나라의 미래 좀먹는 입시 불평등」이라는 사설에서 "대학 입시가 부모의 사회경제적인 지위를 반영한 '불공정 게임'으로 전락했다는 사실은 이미 상식이 된 지 오래다. 하지만 이를 수치로 재확인하는 것은 매우 불쾌하고 절망스러운 일이다"고 했다.[129]

2017년 서울대학교 합격생 386명이 스스로 입학을 포기했다는데, 이게 어인 일일까? 서울대학교 입학 포기자 수는 2013년 326명, 2014년 339명, 2015년 317명, 2016년 346명, 2017년 386명으로 2015년을 제외하고 최근 5년간 증가세를 보여왔다. 단과대학별로 보면 공대가 136명으로 전체의 약 35.2퍼센트를 차지했다. 이어 농생대 53명(13.7퍼센트), 간호대 50명(13.0퍼센트), 자연과학대 42명(10.9퍼센트) 순이었다.

자연계열 합격생 중 포기자가 많은 것은 다른 대학의 의대·치대·한의대 등에도 합격한 학생들이 안정된 진로가 보장된 학과를 선택하기 때문인 것으로 분석되었다. 국정감사에서 이 자료를 공개한 국민의당 의원 이동섭은 "서울대가 학생 선발 시스템을 책임지고 개선해 학문에 대한 순수한 호기심과 열정을 가진 학생들을 뽑을 수 있도록 해야 한다"고 지적했다는데,[130] 그건 국가 개조 이상으로 어려운 일이 아닐까?

26

"부산에
남으면
희망이 없다"

"부산에 남으면 희망이 없다는데 어쩌겠나. 학비가 좀 비싸더라도 보내줄 수밖에 없다."[131]
• 부산 학부모 김재형

2008년 서울의 중위권 사립대학에 아들을 입학시킨 김재형이 "부산의 국립대에 장학금을 받고 갈 수 있었는데 본인이 극구 서울행을 고집했다"며 한 말이다. 이른바 '인 서울' 대학들이 입지 조건에서 누리는 최고의 경쟁력은 일자리의 서울 집중이다(2002~2006년 사이에 전국적으로 새로 만들어진 일자리의 98퍼센트가 수도권에서 창출되었다).[132]

대한민국 제2의 도시인 부산 정도면 서울과 붙어볼 만도 한데, 사정은 영 그렇지 못하다. 박창희·이승렬의 『부산 독립선언: 지방은 식민지인가? 지방분권과 도시국가를 향하여』(2009)에 따르면, 부산 출신으로 '인 서울'에 진학한 학생의 출신 지역 회귀율은 9.5퍼센트에 불과하며, 85.3퍼센트가 수도권에서 일자리를 구한다고 하니,[133] 다른 지역은 더 말할 것도 없잖은가.

그런데 이는 상당 부분 지방의 자업자득自業自得이다. 대부분의 지방이 도道·시市·군郡 단위로 인재 육성이요 지역발전 전략이라는 미명하에 서울에 학숙學宿을 지어 지역 인재의 서울 유출을 장려하고 있지 않은가. 아니 장려하는 정도가 아니다. 거의 사생결단死生決斷의 투지로 밀어붙이고 있다. 지역에 따라선 범도민 운동 차원에서 모금을 해 수백억 원의 돈을 들인 곳들도 있다. 학숙 하나로도 모자라 '제2의 학숙'을 짓자고 열을 올리는 지역도 있다.[134]

가족 단위에선 자식을 서울 명문대에 보내는 게 가문의 영광으로 통한다는 걸 잘 아는 지역 정치인들은 학숙 건립을 공약으로 내걸면서 그걸 인재 육성이요 지역발전 전략이라고 주장하고 있다. 사실상 '지방대학 죽이기'를 지역 인재 육성 전략이자 지역발전 전략으로 삼은 셈인데, 그게 어이없다고 웃거나 화를 내는 사람은 거의 없다. 모두 다 진지한 표정으로 그런 지원이 더 필요하다고 말할 뿐이다. 왜 그럴까?

우리는 지역의 이익과 지역민의 이익이 같을 걸로 생각하지만, 그게 꼭 그렇진 않다는 데에 지방의 비극이 있다. 지방대학이 쇠락하거나 죽는 건 지역의 손실이지만, 자식을 서울 명문대에 보내는 건 지역민의 이익이다. 각 가정이 누리는 이익의 합산이 지역의 이익이 되기는커녕 오히려 손실이 되는 '구성의 오류fallacy of composition'가 여기서도 일어나는 것이다.[135] 심지어 서민층 학부모마저도 자식을 서울 명문대에 보내는 꿈을 꾸기에 그런 지역발전 전략이 당연하다고 생각한다.

서울 중앙부처나 대기업에 자주 로비를 하러 가는 각 분야의 지방 엘리트들은 자기 고향 출신을 만났을 때 말이 통하고 도움을 받은 경험을 갖고 있기에, 이와 같은 '지역발전 전략'은 움직일 수 없는 법칙으로 승격된다. 조금만 깊이 생각해보면 그건 지역발전 전략이 아니라 '지역 황폐화 전략'인데도 거기까진 생각이 미치지 못한다. 아니 지역보다는 가족의 이익을 앞세우기 때문에 그런 생각을 일부러 안 하는 것일 수도 있다.

27.
부동산 투기
'삼각동맹'

"토건업자, 공무원, 정치인이 얽히고설킨 사건이 모든 부패 사건의 55%를 차지했다."
• 경제정의실천시민연합

경제정의실천시민연합이 1993년에서 2008년까지 15년간 분야별 부패 실태를 조사한 결과다. 이런 부동산 투기 동맹의 이면엔 고위공직자가 퇴임 후 각종 이익단체의 임원으로 '영전'하는 일이 허다했다. 정보공개 자료에 따르면, 1995년부터 2004년까지 퇴직한 3급 이상 건교부 고위공직자 177명 중 134명이 건교부 관련 단체와 산하 기관 74곳에 자리를 얻었다. 경실련

국책 사업 감시단장 김헌동은 "전직 관료가 기업 이익집단의 상근 부회장으로 지내면서 기업 이익에 부합하는 법안이나 정책 보고서를 작성해 후배 관료들에게 건네는 로비스트로 활동하는 경우를 많이 봐왔다"며 "2005년 활발하게 논의되었던 8·31 부동산 대책의 경우에도 당·정·청이 논의한 것과 별개로 건설 이익단체의 의견이 상당히 반영된 것을 확인했다"고 말했다.

2007년 고위공직자 재산 변동 내역을 보면, 입법부와 사법부, 행정부 등 국가권력 3부의 고위공직자 중 절반 이상이 부동산 투기 지역인 이른바 '버블 세븐' 지역에 부동산을 보유하고 있었다. 2009년 고위공직자 재산 내역을 분석한 『조선일보』는 고위공직자와 산하 단체 기관장 5명 중 1명이 서울 강남과 과천시에 재건축 아파트를 한 채 이상 갖고 있고, 평균 2.4채의 주택·상가·오피스텔을 보유하고 있다고 보도했다.[136]

김윤영은 2009년 12월에 출간한 장편소설 『내 집 마련의 여왕』에서 아파트 광풍을 '자의반 타의반으로 욕망의 바벨탑 오르기'라고 했다. "요샌 지역구 국회의원이 얼마나 일 잘했나 보는 기준이, 그 동네 아파트값이라고 하더군요." 이 소설은 "정치인은 뉴타운과 재개발 기업의 CEO, 아파트 주인은 주주 같다"고 했다.[137]

부동산 관련 부패 사건의 몸통은 날이 갈수록 더 심해지는 이른바 '전관예우前官禮遇'다. 『중앙일보』 경제 부문 기자 윤창희는 「관료 공화국」(2013년 6월 5일)이라는 칼럼에서 "감히 말하건대 관료 낙하산은 더 심해졌다. 공기업, 유관 기관, 각종 협회의 대표, 부대표, 임원, 감사 등 정부 입김이 미치는 주요 포스트는 온통 관료 차지다. 과거 구색 맞추기 차원에서라도 민간인을 발탁하던 몇몇 공기업 수장마저 모조리 관료로 채워지고 있다"며 이렇게 말했다.

"대한민국 관료, 정말 해볼 만하다. 적은 월급을 방패삼아 퇴임 후 공기업으로, 협회로, 로펌으로 달려가는 이상한 보상 체계. 글로벌 스탠더드와는 너무나 동떨어진 이런 관행이 지금 이 시간 젊은이들을 노량진 고시학원으로 끌어당기고 있는 건 아닐지. 공무원 출신 아무개가 무슨 기관 간부가 됐다는 기사가 하루에 몇 개씩 신문에 실리는 2013년 한국, 이거 정상 아니다."[138]

전관예우 먹이사슬의 상층부엔 법조계가 있었다. 정의당 국회의원 노회찬은 2016년 국회 본회의 대정부 질문에서 이렇게 말했다. "전직 부장검사가 전화 두 통으로 서민들이 평생 벌어도 못 벌 돈을 벌어들이는 '전관예우의 법정'에서 과연 법 앞에 만인은 평등합니까? 만 명만 평등할 뿐입니다. 여기에 정의가 어디 있습니까? 오늘날 대한민국 정의의 여신상은 한 손에는 전화기, 다른 한 손에는 돈다발을 들고 있을 뿐이에요."

보수와 진보를 막론하고 정파적 이유에서 이런 비정상을 유지·강화해온 정권들이 부동산 약탈 체제를 끝장낸다는 건 사실상 불가능한 일이었는지도 모르겠다. 명색이 법치국가라면서 법치가 그렇게 돈으로 오염된 현실을 '상식적인 관행'처럼 방조해온 정권들에 부동산 약탈은 안 된다는 최소한의 문제의식이나마 있었을까?

28.

재개발 조합 – 폭력 조직
재벌 건설사 – 구청의
'사각동맹'

"무지막지한 철거 참사가 빚어진 배경에는 '돈은 곧 시간'이라는
괴물이 도사리고 있었다. 그리고 시공사, 재개발 조합, 지자체 등
까지 폭력 조직이 깊숙이 개입한 '돈놀음'에 함께 뛰어들었던 것
이다."[139]
• 『한겨레21』 2009년 2월 20일 기사

2009년 1월 20일 새벽 서울 용산의 철거 지역 남일
당 건물 옥상에서 경찰의 강제 진압에 맞서던 철거민 5명이 숨지
는 참극이 벌어졌다. 경찰도 한 명이 숨지고 여럿이 다쳤다. 목숨을
잃은 철거민 대부분은 경찰 진압 과정에서 불에 타 죽었다. 철거민
50여 명과 이들을 포위한 경찰 2,000여 명이 격렬하게 다투던 와
중에 건물 옥상에 쌓아둔 시너가 폭발하면서 이런 일이 빚어진 것

이다. 『한겨레21』이 이 참사의 진정한 '배후'로 재개발 조합-폭력 조직-재벌 건설사-구청의 '사각동맹'을 지목하면서 한 말이다.

용산 철거민 참사는 재개발 사업의 잔인성을 말해주는 사건이기도 했다. 재개발 사업 시 지주와 개발업자들은 세입자들의 권리·재산권은 물론 유·무형의 자산을 무시하는데, 대표적인 것이 상가 권리금이었다. 『부동산 계급사회』의 저자 손낙구는 참사가 일어난 용산4구역의 예로 이를 설명했다.

"용산4구역에는 1,200여 가구가 살았다. 300여 가구는 소유주이고, 900여 가구는 상가·주택 세입자다. 300가구가 900가구를 몰아내고 하는 사업인 것이다. 특히 상가 세입자의 알토란같은 재산을 업소당 최소 1억 원 이상씩 빼앗았다. 참사로 숨진 복국집 아저씨는 인테리어와 권리금이 1억 5,000만 원 이상이었지만 보상은 5,000만 원이 안 됐다."[140]

재개발은 비리의 온상이기도 했다. 경제정의실천시민연합은 1993년부터 2008년까지 언론에 보도된 재개발·재건축 관련 부패·비리 사건 99건에 대한 유형을 분석한 결과, 공무원이 연루된 비리·부패 사건은 23건(23.2퍼센트)에 이른다고 밝혔다. 23건에 연루된 공무원에는 자치단체 공무원은 물론 경찰, 자치의회 의원 등이 포함되었다. 이는 서민 주거 환경 개선을 목적으로 한 재개발·재건축 사업에 도움을 주어야 할 공직자들이 '몫 나누기'에 혈안임을 방증하는 것이었다. 이 부패·비리 사건으로 주고받은 뇌물 액수는 1,644억 1,200만 원에 달했다. 사건당 16억 6,100여만 원의 뇌물이 오간 셈이다. 건당 뇌물 액수는 기업·은행이 연루된 사건에서 가장 높아 평균 70억 5,900만 원에 달했다.[141]

　재개발이란 무엇인가? 독재정권과 민주정권이 합동으로 실천해온 무지막지한 폭력이다. 도시학자 정석의 정의에 따르면, "모든 주민이 원치 않는데도 건물을 밀어버리는 게 재개발이다.……재개발 구역 지정을 하는 순간, 사실상 건축의 기회를 원천봉쇄하고 거대 자본인 시행사가 들어와서 다 때려 부수는 방법만 남게 된다.……선진국에 이렇게 무식하게 재개발 구역을 지정해서 하는 방식은 없다".[142] 재개발은 독재정권과 민주정권의 수많은 공통점 중 가장 두드러진 것임에도, 왜 민주정권은 자꾸 독재정권 시대와 연계된 '적폐 청산'을 외쳐대는지 모르겠다.

29

"정부는
누구 하나 죽어야만
귀를 기울여요"

"우리나라 정부는 누구 하나 죽어야만 귀를 기울여요. 이렇게 해서라도 법을 뜯어 고쳐야지, 계속 이렇게 없는 사람들만 착취하고, 없는 사람 것 뺏어다가 잘사는 사람 도와주는 게 무슨 나라예요. 장사하던 데서 계속 장사하겠다는 게 그렇게 잘못된 거고 터무니없는 요구인가요?"[143]

● '용산 참사' 당시 망루 생존자 중 한 명인 지석준

2009년 3월에 출간된 르포 작가, 기자, 블로거 등 15명이 힘을 모아 용산 등 철거민들의 삶의 이야기를 엮은 구술집 『여기 사람이 있다』(삶이보이는창)에서 한 말이다. 하지만 죽은 후에도 귀를 기울이지 않는 일이 계속되었다. 2009년 6월 『시사IN』은 「불타 죽고 감옥 가고 참담한 피해자들」이라는 기사에서 "서울 용산구 한남동 순천향병원 영안실 4층에서는 가장을 잃은 다섯

가구 20여 명이 5개월째 장례식도 치르지 못한 채 합숙 생활을 한다"며 "참사 희생자 5명의 부인들은 그동안 청와대로, 한나라당사로, 대검찰청으로 부지런히 찾아다니며 사태 해결을 요구했다. 그러나 가는 곳마다 경찰에 폭행당하거나 연행돼 멀리 버려지는 수모만 되돌아왔다"고 했다.[144]

6월 15일 저녁 천주교정의구현사제단의 시국 미사가 열리던 서울 용산 참사 현장에는 검은 바탕에 흰색 글씨의 플래카드가 내걸려 있었다. "더이상 죽이지 마라. 민중이 이긴다!" 빌딩 앞에 주차된 마이크로버스엔 "공권력의 명령이 도덕 질서의 요구나 인간의 기본권 또는 복음의 가르침에 위배될 때, 국민들은 양심에 비추어 그 명령에 따르지 않을 의무가 있다"고 적은 플래카드가 붙어 있었다. 좁은 골목길에는 시국 미사에 참가하려는 신부, 수녀, 시민들로 빼곡했다. 미사가 시작되기를 기다리는 사이 참사 이후 줄곧 유족들의 곁을 지켜온 송경동 시인이 고인들에 대한 추모시를 낭독했다.

"……134일째 다섯 구의 시신이/차가운 냉동고에 갇혀 있다/134일째 우리 모두의 양심이/차가운 냉동고에 억류당해 있다/134일째 이 사회의 민주주의가/차가운 냉동고에 처박혀 있다/134일째 이 사회의 역사가 전진하지 못하고/차가운 냉동고에 얼어붙어 있다/134일째 우리 모두의 분노가/차가운 냉동고에서 시퍼렇게 얼어붙어가고 있다.……"

저녁 8시를 훌쩍 넘긴 시각, 피켓을 든 신부 160여 명이 시국 미사 현장으로 들어섰다. 서울 명동 가톨릭회관에서 시국 토론회를 가진 뒤 도보로 용산 참사 현장까지 걸어오는 길이었다. 한 피켓엔 "어제는 용산에서의 그들이 내일은 우리 차례가 될지 모릅니다"라고 쓰여 있었다. 신부 200여 명이 손마다 촛불을 들고 진행한 미사 중에 '한국 천주교 사제 1178인 시국선언문'이 발표되었다. 시국선언문의 첫 머리는 구약『성경』구절을 인용한 내용이었다. 이명박 대통령에게 전하는 메시지였다.

"이 사람아, 주님께서 무엇을 좋아하시는지, 무엇을 원하시는지 들어서 알지 않느냐? 정의를 실천하는 일, 기꺼이 은덕에 보답하는 일, 조심스레 하느님과 함께 살아가는 일, 그 일밖에 무엇이 더 있겠느냐?"(「미가」 6장 8절)[145]

30.
자기 못난 탓을
하는
무주택자들

"재테크를 몰라서 집을 못 산 사람은 참 바보인 것 같아요. 제가
바보인 것 같아요."
• 서울의 한 무주택자

2010년 4월에 출간된 『주거 신분사회: 타워팰리스
에서 공공임대주택까지』에 인용된 말이다. 이렇듯 무주택자들은
뜨거운 분노를 터뜨려야 할 상황에서도 자기 탓을 하기에 바쁘다.
그의 말을 더 들어보자. "너도나도 집에 대해서, 재테크에 관심이
많고 융자를 얻어서 집을 사고 이러는 시점에 사실은 저는 간이 작
아서……융자를 얻어서라도 집을 샀어야 되는데……'그렇게까지

해야 되나' 싶어서. 월급 타는 것을 가지고 계산을 해보니까 몇 억씩 융자를 해서는 감당이 안 돼서, 사실은 겁나서 못 산 것이거든요. 그러나 결론적으로 그렇게 한 사람들이 맞다는 결론을 지금에서야 얻게 된 거예요."[146]

이런 자책自責은 예외적인 것이라기보다는 일반적인 것이었다. 두 사람의 말을 더 들어보자. 경기도 부천시의 한 국민임대주택 입주자는 이렇게 말했다. "엄마들끼리 정보 교환을 위해서 모임을 만들었는데, 나도 참석을 했는데 옆에 큰 아파트에 있는 엄마들이 대부분 참석을 했고, 임대 아파트에 사는 사람은 저 혼자더라고요. 그랬을 때 굉장히 위축되게 하는 눈초리들 있잖아요. 위축을 주는……"[147]

서울 강남구 도곡동 타워팰리스 외에 집이 2채 더 있고 수도권에 상당한 면적의 땅을 가진 어느 소유자는 11억 원에 산 타워팰리스가 30억 원으로 오른 사실을 들어 혹시 다른 사람들의 비판이 신경 쓰이지 않느냐는 질문에 다음과 같이 답했다.

"저는 미안한 느낌 안 들어요. 왜냐하면 제 생활 자체가 항상 저는 열심히 살아요. 저는 뭐, 여태까지도 열심히 살아왔고, 또 진짜 열심히 살거든요? 그래서 그거에 대한 보답이지 그냥 뭐 내가 운이 좋아서, 그냥 이게 어느 날 뚝딱 된 거라고 생각은 안 하거든요? 결혼해서부터 여기까지 아무튼 뭐, 애들은 애들대로, 재테크면 재테크, 내가 학교면 학교, 진짜 저는 열심히 살았어요. 뭐, 웬만하면 친구도 많이 안 만나고, 아무튼 사람들하고 점심 먹으면서 노

닥거리는 그런 시간도 좀 줄이고. 아무튼 뭔가를 좀 이루어보려고 진짜 열심히 살았거든요."[148]

그로부터 10년 후인 2020년엔 어떤 일이 벌어지는가? 부동산 가격이 폭등하면서 내 집 마련의 꿈이 멀어진 사람들은 아예 조롱의 대상이 된다. "너희들 아직 집 안 샀지? 부동산 불패인 것 아직 몰랐어?" 정부의 말을 믿은 사람은 바보가 되고 믿지 않은 사람은 슬기로운 사람이 된다. 이런 사태를 연출한 정부는 석고대죄席藁待罪를 해도 시원치 않을 판에 "평당 1,500 정도 선에서 집을 사려고 노력했던 사람들까지 대출 규제를 때려버리는" 갈팡질팡 정책을 내놓음으로써 '피해자 두 번 죽이기'라는 희한한 짓을 감행한다.[149]

그러면서도 큰소리치는 건 여전하니, 그 속내를 도무지 알다가도 모르겠다. 심리학자들의 연구에 따르면, 무능한 사람이 자신만만할 확률이 높으며, 이는 자신의 무능을 깨닫는 능력이 없기 때문이라고 한다.[150] 정부의 무능을 이렇게 이해해야 할까? 어떻게 이해하건, 자기 탓을 하는 무주택자가 많으니, 정말이지 믿기지 않을 정도로 착한 국민이다.

31.
매년 인구의
19퍼센트가
이사를 다니는 나라

"인구의 19%가 해마다 이사를 다닌다. 전 인구 다섯 명에 한 명 꼴, 1년에 약 870만여 명이 이삿짐을 싸고 푼다는 얘기다."
● 『경향신문』 특별취재팀

2010년 12월에 출간한 『어디 사세요?: 부동산에 저당잡힌 우리 시대 집 이야기』에서 한 말이다. 연간 읍·면·동의 경계를 넘어 이사하는 비율은 17.8퍼센트인데, 이는 4.3퍼센트인 일본의 4배에 달하는 수치였다.[151] 가축을 키우기 위해 옮겨다니는 유목민을 제외하고 한국인은 세계 최고의 노마드족이 된 셈이다. 공동체? 사회? 그런 건 없다. 오직 '내 집'만 있을 뿐이다. 아파트 소유자는 이익을 위해 5년에 한 번꼴로 이런 노마드 삶을 자청하지만, 셋방 사는 사람들은 "방 뺄래 방값 올릴래"라는 이분법적 요구에 의해 3년에 한 번꼴로 이런 노마드 삶을 강요당한다.[152]

당연히 아파트는 상품이요 재테크의 수단이다. 2007년 서울시는 장기전세주택(시프트shift) 사업을 시작하면서 "집은 사는 것에서 사는 곳으로 바뀝니다"는 슬로건을 내걸었지만,[153] 아파트가 '사는 곳'이라기보다는 '사는 것'이라는 건 상식이 된 지 오래였다.[154] 즉, '살 집house for living'이 아니라 '팔 집house for sale'인 것이다.[155]

아파트의 긴 수명은 상품 회전을 빨리 하는 데에 방해가 된다. 그래서 아파트 평균 수명은 영국 140년, 미국 103년인데 우리는 고작 22.6년이다. 자기 아파트가 무너질 지경이라는데 '경축! 구조 진단 통과'라는 플래카드가 걸리는 이유이기도 하다.[156] 그래서 한국인은 진짜 노마드족을 제외하고 세계에서 가장 자주 이사를 다니는 국민이 된 것이다. 이런 이사 광풍의 소용돌이에서 죽어나는 건 무주택자들임은 두말할 나위가 없다. 그 와중에서 정치도 엉망이 되니, 해결책을 촉구할 창구도 사라진 셈이다.

2015년 10월 『주간경향』은 「당신의 지역구는 어디입니까」라는 특집 기사를 통해 이 문제를 다루었다. 이 기사에 인용된 진보적 부동산 전문가 손낙구에 따르면, "무주택자일수록 이사를 자주 다니는데, 투표율이 낮은 동네와 높은 동네를 분석해보면 투표율이 낮은 동네에서 무주택자 비율이 월등하게 높았다". 그는 "지역 공약만 봐도 저소득층·무주택 계층은 철저히 소외돼 있기 때문에

'그놈이 그놈인데 투표하면 뭐하나' 하는 인식이 지배적으로 나타난다"며 "지금 살고 있는 동네가 '우리 동네'가 아니라 곧 떠나야 할 곳일 뿐이고, 정치 문제를 함께 이야기할 동네 사람들이 없는 곳에서 투표율이 오르기는 어렵다"고 지적했다.

최근 5년 사이 4번이나 이사를 해야 했던 직장인 강모 씨는 고향을 떠나 서울·수도권에 정착한 지난 10년 동안 대통령 선거 외에는 투표한 적이 없다고 말했다. 강 씨는 2006년 직장을 얻어 서울에 온 이후 서울 영등포구, 마포구, 은평구와 경기 고양시로 사는 곳을 옮겨다녔다. 바쁜 직장생활 탓에 전입신고가 늦어 선거 공보물을 받지 못하고 지나간 적도 있다. 강 씨는 "그래도 전국적으로 이름 있는 후보는 어디서 들은 기억이라도 있지만 구청장이나 시의회, 구의회 선거에 나오는 후보들은 이름조차 못 듣고 선거 기간이 지나간다"며 "내년 총선 시기도 지금 사는 집 계약 날짜 무렵이라 재계약을 못하면 이사 때문에 정신이 없어 또 그냥 넘어갈지도 모른다"고 말했다.[157] 우리는 언제까지 "그놈이 그놈인데 투표하면 뭐하나"라는 자세로 이 지긋지긋한 부동산 약탈 체제를 그대로 두고 지켜보아야 하는 걸까?

32.
황족-왕족-귀족-
호족-중인-평민-
노비-가축

"수도권엔 8개 부동산 계급이 있다."
• 2011년 2월 온라인에 떠돈 '수도권 계급표'

한 네티즌이 올린 이 계급표는 거주 지역의 땅값 크기대로 일종의 '부동산 카스트'를 매겼다. '황족'을 맨 위로, 이하 '왕족', '귀족', '호족', '중인', '평민', '노비' 등의 계급을 매겼고 맨 아래는 인간 축에도 끼지 못하는 '가축' 계급으로 평가했다.

강남구는 토지 가격이 1평당 3,000만 원 이상으로 가장 비싸 '황족'으로 분류되었고, 1평당 2,200만 원 이상인 과천시와 송파·

서초·용산구 등은 '왕족'에 포함되었다. 강동·양천·광진·성남시 분당구 등은 1평당 1,700만 원 이상으로 '중앙 귀족'에, 1,500~ 1,700만 원인 영등포·마포·성동·종로·동작구 등은 '지방 호족'으로 분류되었다. 강서·관악·동대문구 등은 1,200~1,400만 원으로 '중인' 계급에, 1,100~1,200만 원인 노원·구로·은평·강북·중랑·일산동구는 '평민'에 포함되었다. 1평당 가격이 1,400만 원과 1,500만 원 사이, 즉 지방 호족과 중인 사이의 계급은 '넘을 수 없는 4차원의 벽'으로 표시되어 계급 고착 현상을 드러내기도 했다. 서울이라도 도봉구는 구리·하남시 등과 함께 1,100만 원 미만의 노비 신분이었고, 최하 계급인 '가축'들이 사는 1,000만 원 미만의 거주지는 '그 외 잡 시&군&구'로 표시되어 있었다.[158]

이에 대해 『한국일보』 논설위원 장인철은 "추구하는 가치나 생활 태도 같은 요소도 삶의 질을 좌우하지 않느냐는 소리도 있을 수 있지만, 그런 건 개나 물어가라는 투다. 조악한 계급표 하나가 애써 외면했던 삶의 현주소를 오롯이 드러낸 것 같아 섬뜩한 느낌마저 준다"고 했다.[159] 하지만 이 계급표가 온라인에서 인기를 끌자 한 건설업체는 이를 활용해 언론사들에 다음과 같은 보도자료를 뿌렸다.

"이 가운데 뛰어난 입지와 자연환경, 높은 강남 접근성 등으로 수도권 동북부의 판교라 불리는 남양주 별내지구는 '지방 호족'을 자처하고 나서 화제다. 현재 평당가 1,500~1,700만 원 사이의 지방 호족에는 마포구, 종로구, 성동구 등 유수의 지역이 포함돼 있다.

남광토건이 경기 남양주 별내신도시 A4블록에 분양 중인 '별내 하우스토리'는 단지 내에 녹지를 풍부하게 갖춘 공원형 아파트로서 트리플 역세권과 불암산 등으로 수요자들의 주목을 받고 있다."[160]

이젠 "어디 사세요?"라고 묻기가 어려워진 세상이 되고 말았다. 그건 곧 "당신은 황족-왕족-귀족-호족-중인-평민-노비-가축의 서열 체계에서 어디에 속하느냐?"고 묻는 것과 다를 바 없게 되어버렸기 때문이다. 이런 풍토의 연장선상에서 '이부망천(이혼하면 부천 살고 망하면 인천 산다)'이라는 몹쓸 말도 나왔고, 2018년 6월엔 어느 의원이 이 말을 거론했다가 혼쭐이 나기도 했다.

그는 YTN에 출연해 "서울 사람들이 양천구 목동 같은 데서 잘 살다가 이혼 한 번 하거나 하면 부천 정도로 가고, 부천에 갔다가 살기 어려워지면 인천 중구나 남구 이런 쪽으로 간다"고 말했다. 또 "지방에서 생활이 어려워서 올 때에 제대로 된 일자리를 가지고 오는 사람들은 서울로 온다. 그렇지만 그런 일자리를 갖지 못하지만 지방을 떠나야 될 사람들은 인천으로 온다"며 "인천이라는 도시가 그렇다"고 말했다.[161] 이 발언을 둘러싼 소동은 '가축'이 많이 사는 지방이 보기엔 소극笑劇이었다.

33.
"초원에서
초식동물로
살아가야 하는 비애"

"난 전셋값 대느라 헉헉거리는데 누구는 아파트값이 몇 배로 뛰며 돈방석에 앉고……가진 자와 힘 있는 자들이 멋대로 휘젓고 다니는 초원에서 초식동물로 살아가야 하는 비애는 '도대체 나에게 국가란 무엇인가'라는 근본적인 의문을 낳게 한다."
• 『한겨레』 정치 부문 정치팀장 김의겸

『한겨레』(2011년 3월 16일)에 쓴 「왜 아직도 박정희인가?」라는 칼럼에서 한 말이다. 이어 김의겸은 이렇게 말했다. "이에 반해 박정희는 '보릿고개를 넘게 해줬다'는 것 이상의 의미를 지닌다. 부동산값이 오르면 철퇴를 가했고, 전국적으로 고교 평준화를 단행했으며, 봉급은 적을망정 차별받지 않았던 직장 등등. 비록 독재를 했으나 시장의 강자들을 억누르고 약자들을 다독였다는 기억이 무덤 속의 박정희를 불러일으켜 세운 것이리라. 실제로 박정희 모델에 대한 향수는 그 어느 계층보다 고연령, 저소득, 저학력 등 서민층에서 강력하게 나타나고 있다고 한다."[162]

진보의 자기 반성문으로 이해해도 좋을 말이지만, 김의겸은 문재인 정부 출범 후 청와대 대변인으로 전직을 했다가 부동산 '스캔들'로 물러나고 만다. 이에 대해 김정훈·심나리·김항기는 『386 세대유감: 386세대에게 헬조선의 미필적 고의를 묻다』(2019)에서 다음과 같이 말한다.

"불법은 아니다. 다만 그는 '보통의 상식'을 뛰어넘었다. 한국 사회 감시견을 자처하며 살아온 스스로는 물론 그 길을 가고 있는 수많은 언론인의 자존심에 상처를 냈다. 결국엔 '건물주'만이 답이라는, 중학생도 아는 대한민국의 아픈 진실을 청와대 대변인이 몸소 시연해주어 이번만은 강한 국가권력이 집 없는 설움을 누그러뜨려주리란 서민들의 기대를 허물었다."[163]

도대체 우리에게 국가란 무엇인가? 독일 역사가 하인리히 폰 트라이치케Heinrich von Treitschke, 1834~1896가 "경제는 과대평가되는 반면에 국가는 과소평가되고 있다"고 말한 건 1859년이었는데,[164] 이젠 평가의 차원을 넘어 경제가 아예 국가를 집어 삼켜버린 건 아닐까? 무능해질 대로 무능해진 국가는 스스로 사망선고를 내리진 못한 채 무슨 권능이나 있는 것처럼 폼만 잡고 위선이나 떨어대는 건 아닐까? 일본 작가 마루야마 겐지丸山健二가 『인생 따위 엿이나 먹어라』(2012)에서 "국가는 골 빈 국민을 좋아한다"고 했는데,[165] 우리는 애국적 차원에서 계속 골 빈 상태로 살아가야 하는 걸까? 초원의 초식동물처럼 죽음을 피해 다니는 능력만 간직한 채로 말이다.

34.
강남 땅값이
전체 땅값의
10퍼센트

"서울시 강남구 땅값, 부산시 전체와 비슷."
• 『조선일보』(2011년 9월 19일) 기사 제목

국토해양부가 한나라당 안홍준 의원에게 제출한
'2001~2011년 전국 공시지가 현황' 자료를 보면, 2011년 1월
1일 기준으로 서울 강남구에 있는 땅의 공시지가 총액은 152조
원으로 전국 251개 시·군·구 중에서 가장 많았다. 부산시 면적
(2억 2,767만 평)의 5퍼센트에 불과한 강남구(1,035만 평)가 땅값은
부산시 전체(151조 원)보다 많았다. 강남구를 포함한 서초·송파구

등 이른바 '강남 3구'의 땅값 총액(365조 원)은 우리나라 전체 땅값(3,535조 원)의 10퍼센트를 차지했다. 수도권과 지방의 땅값 격차도 갈수록 벌어졌다. 2011년 지방 땅값 총액은 1,174조 원으로 2001년(595조 원)보다 100퍼센트쯤 늘어났지만, 수도권은 같은 기간 230퍼센트(711조 원→2,361조 원) 증가했다. 이에 따라 땅값 격차도 2001년 120조 원에서 10년 만에 1,200조 원으로 10배나 커졌다.[166] 이 기사에 달린 댓글이 인상적이다.

"전국의 집값, 땅값이 똑같다면 정말 재미없어서 어떻게 사나? 미국의 비벌리힐스는 부자의 상징인데, 길 하나 건너에는 빈민들이 우글거린다. 그 빈민들에게 '부럽냐? 약 오르지 않냐?'고 물었더니, 의외로 우리 같은 가난한 사람들 옆에 살아줘서 고맙다는 의외의 대답을 들었다. 여기는 북한이 아니라 자유 대한민국이다. 이딴 거로 신문은 위화감 조장 말라!"

부동산 약탈도 자유 대한민국에서 누릴 수 있는 권리라는 생각은 비단 이 네티즌만의 생각은 아니다. 누구나 속으론 다 그렇게 생각하지만 감히 입 밖으로 발설하지 못할 뿐, 다수의 견해라고 봐도 무방하다. 이 네티즌은 '익명의 자유'를 누려 그런 생각을 대신 말해준 것에 불과하다. 피해자들은 "우리 같은 가난한 사람들 옆에 살아줘서 고맙다"는 생각을 하면서 살아가야 할 것 같다.

하지만 이것 하나는 분명히 짚고 넘어가자. 미국 동물학자 리처드 코니프Richard Conniff는 『부자』(2002)에서 이런 질문을 던진다. "우리는 왜 부자들의 부당한 요구를 다 들어주고, 그들의 오만으로 인해 상처받고, 그들의 인심에 대하여 차라리 우리 자신의 가족들을 위하여 남겨두는 것이 좋을 성싶은 충성심으로 보답하고, 심지어는 그들을 올해의 시민으로, 예술의 후원자로, 지구의 친구로, 박애주의자로 존경까지 하는가?"[167]

돈 때문인가? 꼭 그렇지는 않다. 부자를 우러러본다고 해서 자신에게 돈이 떨어지는 것도 아니다. 저자는 동물학자답게 동물적 본능에서 그 이유를 찾는다. 그는 "우리는 부분적으로는 두렵고, 보호가 필요하며 사회적 위계질서를 갈망하는 것이며, 그러한 갈망은 영장류의 진화에 깊이 뿌리를 두고 있고 또한 모든 어린이의 생활에서 반복되고 있다"며 다음과 같이 말한다.

"얻어맞는 배우자들과 학대받는 어린이들이 자신들을 학대하는 사람에게 매달리는 단 하나의 이유도 바로 지배적인 개인이 지니는 인력 때문이다.……사회의 위계질서에 자신을 적응시키는 것은 우리들에게 안전감을 가져다주기 때문에 우리는 정상에 있는 사람들을 섬김으로써 특별한 기쁨을 얻는다."[168]

코니프가 인용한, 늘 부자들을 상대하는 어느 부자 전문가는 "우리는 부자들에 대하여 일종의 유아적 시각을 가지고 있습니다. 우리는 그들을 우리를 돌봐줄 수 있는 사람들로 간주합니다"라고 말했다고 한다.[169] 그래, 지금 이대로 살아가자는 사람들이여 부디 그렇게 살아가려무나. 부자들이여, 우리 같은 가난한 사람들 옆에 살아줘서 고맙다고 외치면서 말이다.

35

고위 관료들은
누구를 위해
일할까?

"미국 사회의 불평등의 주요 원인은 힘 있는 사람들을 부유하게
만드는 기업 지원 정책과 힘없는 사람들의 기대를 외면하는 허울
뿐인 공약에 있다."

• 미국 위스콘신주 공화당 하원의원 폴 라이언Paul Ryan

2011년 10월 26일 미국 헤리지티재단에서 한 '미
국인의 이상'이라는 연설에서 "개인에 대한 세금을 높일 것이 아
니라 지금 부자들이 수령하고 있는 정부 지출을 줄여야 한다"며
한 말이다. 폴 라이언은 미국 사회를 위협하고 있는 계층 간의 주
요 갈등이 "관료 집단과 그들과 유착해 다른 사람들 위에 군림하
고, 법률을 바꾸며 사회 최고위층으로서의 지위를 지키는 데 혈안

이 되어 있는 파벌 자본가들"때문이라고 지적했다.[170]

한국의 사정도 비슷하다. 경제정의실천시민연합 부동산건설개혁본부 본부장 김헌동은 2020년 6월 『오마이뉴스』 인터뷰에서 집값 상승의 원인을 고위직 공무원에게서 찾았다. 그는 "늘공(늘상 공무원)이 가진 건 기록·정보·자료죠. 재벌이 우리나라 토지를 얼마나 가졌냐에 대해 지난 3년 내내 정부에 자료 요청을 했는데 안 줘요. 그 재벌이 부동산 투기의 몸통인데도 그렇습니다"며 다음과 같이 말했다.

"노태우도 재벌 토지 보유 현황 다 공개하고 대출 제한하고 강제 매각시켰어요. 그런데도 진보 정권의 공무원들은 재벌 토지 보유 현황 자료를 왜 안 줄까요? 공무원 그만두고 재벌 품으로 들어가는 사람들이 있어 그렇습니다. 그 품으로 가면 재벌기업들이 죽을 때까지 책임져줘요. 이러니 '늘공'들이 대통령·국민을 위해서가 아니라 재벌 위해 일해요. 5년짜리 대통령, 4년짜리 서울시장 위해 일하는 공무원? 없어요. 제가 20년 동안 경험한 게 그거예요. 아무리 청와대를 설득해도 정권 바뀌면 도루묵이에요. 교수·시민운동가가 청와대로 가고 장관으로 가봐야 정보를 독점한 고위 관료를 이기고 다룰 수가 없습니다. 고위공직자 상당수가 강남에 부동산을 갖고 있어요. 강남 부동산 가치 올려주는 정책을 쓰죠. 이러니 진보가 집권해도 집값이 오르는 겁니다. (고위 공무원들의 전횡이) 노무현·문재인 정부처럼 준비되지 않은 정권이 들어서면 극에 달하는 겁니다."[171]

그렇다면 이 문제를 어떻게 해결해야 할까? 경제학자 장하준은 '관료들에 대한 민주적 통제'를 강조한다. 그는 "관치는 무조건 나쁜 것이니까, 관료들에게 힘을 주면 안 된다"는 사고방식보다는 "관치는 불가피하지만 불완전하기도 하니까 여러 가지 장치를 통해 관료들을 견제해야 한다"는 시각이 훨씬 현실적이라고 주장한다.[172] 그런데 뭘 알아야 견제건 통제건 할 수 있을 게 아닌가. 뭘 제대로 알려고 하기보다는 그저 정파적인 코드가 맞는 관료만 우대하는 게 역대 정권들의 행태가 아니었던가. 결국 다시 문제는 정치로 돌아가는 건가?

36.
부동산은
블랙홀이다

"부동산은 블랙홀 같은 단어이다."
● 아주대학교 사회학과 교수 노명우

2013년 12월에 출간한 『세상물정의 사회학: 세속을 산다는 것에 대하여』에서 한 말이다. "부동산은 인간이 주거의 터전에 대해, 좋은 집에 대해, 뿌리 뽑힘의 야만에 대해 던졌던 모든 질문을 먹어 삼킨다. 집을 부동산이라는 단어로 포장하면 집은 터전이기를 그만두고, 그곳에 살고 있는 사람마저도 교환가치에 포섭된 존재로 전락시킨다.……부동산이라는 포장지를 쓴 아파트는 시가나 호가로 표현되는 교환가치를 담는 그릇에 불과하다."173

그래서 정의당 미래센터 소장 조성주는 '부동산 정책'이 아니라 '주거 정책'이 맞는 말이라고 말했지만,174 우리는 이미 집을 부동산으로 보는 시각에 중독되어 있는 건지도 모르겠다. 공인중개사 시험에 청춘들이 몰려 합격률이 10명 중 2명에 불과한 것도 그런 이유 때문이리라(2017년 기준). 직장인 7년 차 김모(여·30) 씨는 수많은 자격증 중에 공인중개사 자격증을 취득하려는 이유에 대해 "우리나라 부동산 시장은 여전히 호황을 누리고 있고 앞으로도 계속될 것"이라며 "공인중개사는 평생 자격증이기 때문에 취업 걱정을 안 해도 되고, 훗날 경매나 투자를 통해 임대 수익을 올려 안정적인 생활을 하고 싶기 때문이다"라고 말했다.175

2018년 10월 27일 치러진 제29회 공인중개사 1차 시험에는 총 20만 6,401명이 접수했다. 5년 전인 2014년(11만 2,311명)에 비해 2배 가까이 늘었다. 지원자 수는 20~30대에서 뚜렷하게 증가했다. 2013년 4만 2,789명에 불과했던 20~30대 지원자는 2018년 8만 6,455명으로 2배 이상 늘었다. 전체 합격자 수도 2016년 2만 2,340명(27회), 2017년 2만 3,698명(28회) 등 한 해 2만 명이 넘는 공인중개사가 신규로 유입되었다. 2018년 6월 기준으로 공인중개사 자격증 보유자는 40만 6,072명에 달했다.176

2019년 10월 26일 치러진 공인중개사 시험에선 접수자 10명 중 4명은 20~30대 젊은이들이었다. 수험생 카페에는 2030들의 합격 후기와 시험 도전을 위한 진지한 상담 글이 올라오고, 유튜브에는 '군대에서 6개월 만에 공인중개사 자격증 딴 이야기' 등 관련 영상물이 심심찮게 올라오는 열풍이었던지라 '중개고시(공인중개사 고시)'라는 말까지 생겼다. 임재만 세종대학교 교수(부동산학)는 "우리 과에 지원하는 학부생, 대학원생 면접에서 부동산학에 관심 갖게 된 계기를 물으면 부모님 권유라고 하는 이들이 많다. 부동산에 투자해 성공한 부모가 자녀들에게 부동산학 공부를 권유하는 것이다. 이런 경험칙이 대물림되면서 젊은이들 사이에 부동산 공부가 인기를 끄는 것으로 보인다"고 말했다.[177]

이 경험칙은 한 번도 틀려본 적이 없으니, 역대 정권들은 도대체 무슨 심보로 '부동산 투기 근절' 운운하는 엉터리 잡소리들을 남발해왔단 말인가. 정권의 고위층이나 고위 관료들이 무주택자들처럼 약탈의 피해자라면, "이게 이 나라의 운명인가"라고 개탄하면서 같이 부둥켜안고 울기나 하겠지만, 그들은 피해자이기는 커녕 수혜자들 중에서도 알찬 수혜자들이 아니었던가.

37.
피를
토하고 싶은
심정

> "주택 전세 시장이 요동을 치면서 도시의 세입자들은 피를 토하
> 고 싶은 심정이다."
> • 언론광장 공동대표 김영호

『미디어오늘』(2015년 2월 11일)에 기고한 「변두리
로, 더 변두리로, 전세 난민의 행렬」이라는 칼럼에서 한 말이다.
"하지만 언론도 그 실상을 자세히 전달하지 않아 세상은 마치 아
무 일도 없다는 듯이 돌아가는 느낌이다. 비수기인 한 겨울철에 전
세 가격이 폭등세를 보여 전세 난민들이 더 싼 셋집을 찾아 변두리
로, 변두리로 헤맨다. 아니면 또 빚을 내서라도 집세를 더 올려주

어야 하니 빚더미가 쌓인다. 집을 옮기면 아이들 학교도 옮겨야 하니 집을 줄여서라도 주변에서 더 싼 셋집을 찾으려고 애쓰나 허탕이다. 열심히 일해도 먹고 집세 내고 나면 남는 게 없다."[178]

먹고살기 위해 도심에 있어야만 하는 이들은 변두리로, 변두리로 헤맬 수도 없었다. 서울 인구의 1퍼센트인 10만 명이 고시원이라도 찾아 들어가야 했다.[179] 서울의 20~34세 청년 1인 가구 중 주거 빈곤 가구(지옥고)의 비율은 2005년 34.0퍼센트, 2010년 36.3퍼센트, 2015년 37.2퍼센트로 갈수록 늘어나고 있었다. 전체 가구 중 주거 빈곤 가구 비율이 1995년 46.6퍼센트에서 2015년 12.0퍼센트로 급락한 것과 대조적이었다.[180]

소설가 박민규는 「갑을고시원 체류기」란 단편에서 "그것은 방이라고 하기보다는 관이라고 불러야 할 크기의 공간…그 좁고 외롭고…정숙해야만 하는 방 안에서 나는 웅크리고 견디고 참고 침묵했고"라고 했다. 2015년 7월 30일 손석희는 JTBC 〈뉴스룸〉'앵커 브리핑'에서 이 내용을 소개하면서 "세상이라는 냉정한 문 앞에서 침묵해야 하는 이 시대 젊은이들의 자화상"이라고 했다. 그는 "상반기 20대 청년 실업자가 41만 명. 사상 최고치를 기록했습니다. 취업을 포기한 '취포자'와 취업 재수생까지 합하면 그 수는 무려 120만 명에 육박한다고 합니다. 지난달 서울시 공무원 시험에 몰린 인원만 13만 명입니다. 취업이 두려워 졸업마저 미루는 학생들로 대학은 넘쳐납니다"라면서 이런 질문을 던졌다. "웅크리고, 견디고, 참고, 침묵한 것에 대한 보상은 있는 것인가."

보상은 고시원 거주자들보다는 이런 주거 정책을 당연하다는 듯 방관하는 권력자들에게 돌아간다. 고시원은 분노와 저항 의지마저 꺾어놓는 마력을 발휘하기 때문이다. 취업 준비를 하는 28세 청년은 "고시원 공간이 좁으니까 마음도 작아지는 느낌을 받았다"고 말한다. "저는 꼭 나갈 거예요. 꼭 나갈 거예요. 왜냐면은 이제 좁은 공간에서 살다 보면은 내 자신이 커질, 성장할 수 없을, 없을 것 같다는 그런 위협감? 이런 걸 느끼더라구요."181

그런 위협감에서 벗어나려고 발버둥치는 사람들, 피를 토하고 싶은 심정의 사람들에겐 분노와 저항 의지보다는 약탈 체제에 순응해 죽어라 하고 '노오력'을 하는 것 외에 다른 선택이 없다. 그저 웅크리고, 견디고, 참고, 침묵할 수밖에 없는 사람들은 표 계산에 빠른 정권과 정치인들, 고위 관료들에겐 존재하지 않는 사람이나 다름없었다.

38.
땅 투기는
정치자금의
젖줄이다

"지방의회 의원들, 국회의원들, 그리고 시장들이 돈을 충당하는
방법은 주로 땅 투기였다."
• 지리학자 임동근

2015년 7월에 출간한 『메트로폴리스 서울의 탄생』
에서 한 말이다. "신시가지 개발은 아주 큰 스케일로 나눠먹는 거
고요, 자질구레하게는 국도를 자기 땅 옆에 건설해서 돈을 버는 방
법이 있었습니다.……보통은 새로운 도로 신설 시 선을 긋는데 약
500미터 폭 안에서 경제성에 따라 결정됩니다. 500미터 안에서
는 자유로이 왔다 갔다 할 수 있습니다. 그 사이에서 10미터만 벗

어나도 내 땅이 수용되거나 아니면 길가가 되어 지가가 폭등하기 때문에, 지방에서 국도 사업은 새로운 정치인 아니면 기존 정치인들의 돈줄이 되었던 겁니다."[182]

어디 그뿐인가. 그간 서울에서 추진된 재개발 정책과 도심 재개발 사업은 오히려 도심 공동화로 이어져 도시민이 살 수 없는 공간을 만드는 결과를 초래했다.[183] 그런데 지방은 이 못된 걸 그대로 배워와 지방에 적용함으로써 스스로 지방의 위기를 가중시키는 자해自害를 일삼았다. 도시학자 마강래는 인구가 줄어드는 곳에서는 남아 있는 인구라도 가급적 모여 살아야 살아남을 수 있음에도 지방 중소도시는 반대로 더욱 흩어지는 방향으로 가면서 도심 공동화를 부추기고 있다고 개탄한다. 원도심을 꿋꿋하게 지키고 있는 중소도시는 하나도 없으니, 도심 공동화는 필연이라는 것이다.[184]

그럼에도 자꾸 도시 외곽으로 관공서를 옮기는 동시에 아파트를 개발하는 건 그게 무슨 진보의 증거라도 되는 양 전국의 모든 도시가 일사불란하게 따라서 하는 짓이 되고 말았다. 뭘 몰라서 그런 걸까? 그런 점도 없진 않겠지만, 그게 이유의 전부는 아니다. 마강래는 '땅을 소유한 토호들과의 결탁'에 주목한다.

"지역 유지인 토호들은 대규모의 부동산 소유주이면서 동시에 건설업체를 운영하거나 지방의원으로 활동하고 있는 경우가 많다. 중소도시에서의 외곽 택지 개발은 건설업자와 부동산 소유주들의 합작품인 경우가 종종 있다. 건설업자는 아파트를 분양해 이익을 챙길 수 있으니 좋고, 땅 주인들은 비싼 값에 땅을 팔 수 있으니 좋다. 건설업자와 부동산 소유주의 윈윈win-win 전략은 주택 시장이 활황인 상황에서 딱 들어맞았다."[185]

정치가 그 지경일진대, "감옥에서 10년 살아도 10억 원을 벌수 있다면 나는 부패를 저지를 것이다"고 생각하는 청소년들을 어찌 나무랄 수 있으랴(반부패 활동 NGO인 한국투명성기구가 2008년 전국의 중고생을 대상으로 실시한 반부패 인식 지수 조사에서 18퍼센트의 학생이 택한 '결심'이다).[186] 장난삼아 '그렇다'고 답한 학생이 많을 거라고 믿고 싶지만, 씁쓸한 건 어쩔 수 없다.

39.
연간
수십조 원의
집세 약탈

"그간 집세 폭등으로 인해 연간 수십조 원이 추가로 세입자로부터 집주인에게 흘러갔다. 이것은 일제강점기에 지주들이 소작농을 수탈했던 것과 진배없는 일이다."

• 송현경제연구소장 정대영

『경향신문』(2015년 10월 1일)에 기고한 칼럼에서 한 말이다. 2015년 8월 기준으로 서울의 가구당 평균 전세 가격은 3억 7,000만 원 선으로 2년 전에 비해 8,000만 원이나 오르는 등 '미친 집세' 파동이 터지자,[187] 그는 "이러한 불공정과 패악을 방조하고 있는 정부와 정치권은 경제 정의나 서민을 위한다는 말을 쓰지 말아야 한다. 이 문제를 해결해줄 수 있는 정치 세력이 절실히

필요한 때이다"고 말했다.[188]

그러나 그런 정치 세력은 나오지 않았으며 나올 수도 없었다. 소작농이었던 국민 다수가 지주가 된 상황에서 수혜자의 수가 워낙 많았기 때문이다. 다수결 민주주의 체제의 저주라고나 해야 할까? 프랑스 철학자 자크 랑시에르Jacques Ranciere는 정치 바깥에서 배제된 자들이 정치 안의 몫을 주장하는 것이 진정한 의미에서 정치라고 했는데,[189] 이 정의에 따르자면 한국엔 진정한 의미의 정치가 없는 셈이다.

『경향신문』(2015년 10월 21일)이 보도한, 서울 양천구의 20평 아파트에 전세로 살고 있는 임모 씨가 '집 없는 죄인'이 된 사연을 들어보자. 7월까지만 해도 "10월에 전세 기간이 만료되면 전세금을 3,000만 원 올려달라"고 했던 집주인은 9월 말 갑자기 "3,000만 원보다 더 올려 받아야겠다"고 말을 바꾸었다. 계약 만료 3개월 전에 고지한 내용과 다르므로 불법이지만 임 씨는 결국 3,000만 원에 1,000만 원을 더 얹어 4,000만 원을 주고 2억 3,000만 원에 재계약을 하기로 했다. 임 씨는 "그래도 집주인이 배려한 덕에 4,000만 원 인상에 그쳤다"면서 "나로선 나름 '선방'한 것"이라고 했다. 그는 "요즘 전셋값을 1억 원 올려달라는 집주인이 많다는 얘기를 들었더니 몇 천만 원 올려달라는 건 감사하게 생각되더라"면서 "더 올려드리지 못해 죄송하단 소리가 절로 나왔다"고 했다. 임 씨는 "전셋값이 4,000만 원 오른 것을 '배려'라고 생각하게 만드는 비합리적인 세상"이라며 "추가된 1,000만 원을 어떻게 마련

할지 막막하다"고 했다.

　이런 기막힌 현실에 대해 주택 개발 정책 대안 시민단체인 '주거복지연대' 이사장 남상오는 "1960~1980년대 도시 개발 이후 땅 있는 사람 위주로 사회가 돌아가면서 집 없는 사람들은 이사 비용 몇 푼 받고 쫓겨나는 행태가 수십 년간 반복됐다"며 "집은 피도 눈물도 없는 괴물이 됐다"고 했다.[190] 아니다. 말은 바로 하자. 집이 괴물이 된 게 아니다. 그런 현실을 외면하는 정부와 고위공직자들이 괴물이 된 것이다. 한국에선 정치 안에서 향유하는 자들이 정치 안팎의 몫을 주장하고 약탈하는 것이 진정한 의미의 정치가 되고 말았다.

40.
"모든 정치는
부동산에 관한
것이다"

"우리 시대에 모든 정치는 부동산에 관한 것이다."
● 미국 평론가이자 사상가인 프레드릭 제임슨Fredric Jameson

2015년 『뉴레프트리뷰』에 기고한 「싱귤래리티의 미학」이란 글에서 "포스트모던 정치는 본질적으로 지역적인 차원에서나 세계적 차원에서나 본질적으로 토지 수탈에 관한 문제다"며 한 말이다. 이에 대해 김병화는 "이제 정치의 문제가 숫제 공간의 문제가 되었다고 말하는 것은 억지까지는 아니더라도 지나친 과장처럼 들린다"며 다음과 같이 말한다.

"그렇지만 그의 생각을 좇자면 그럴 만도 하다는 생각이 든다. 악명 높은 인클로저enclosure와 식민지 약탈에서부터 오늘날의 버려진 공장 지대, 정착촌과 난민 수용소, 고대한 규모의 슬럼에 이르는 자본주의의 역사적 경관을 한숨에 주파할 때, 무엇보다 무토지 농민의 투쟁에서부터 '점령하라' 운동에 이르는 저항을 생각할 때, '오늘날 모든 것이 토지에 관한 것'이라는 제임슨의 발언은 더 이상 억지스럽지 않게 들린다."[191]

모던이건 포스트모던이건, 왜 그걸 이제야 깨달았느냐고 제임슨을 탓할 일은 아니다. 오히려 격려를 하면서 "한국을 연구해보라"고 권하는 게 좋겠다. 불로소득으로 부자가 되었다고 해서 그걸 약탈이라고 할 수는 없지만, 그게 예외가 아니라 주요 사회적 흐름으로 구조화되어 있다면 그건 약탈이다.

한국의 부자가 존경받지 못하는 결정적인 이유는 그들의 부의 축적이 주로 불로소득에 의존했기 때문이다. 이미 1989년 한국응용통계연구소가 서울 시내 거주자 1,514명을 대상으로 실시한 '부자와 돈에 대한 여론조사'에서 응답자의 89.3퍼센트는 부자 가운데 졸부가 많다고 지적했는데,[192] 물론 이 '졸부'엔 '부동산 불로소득자'라는 의미가 포함되어 있다. 이런 졸부들의 약진은 오늘날에도 지속되고 있다.

부자는 마음속 깊은 곳에서 우러나오는 존경을 받지는 못할망정 늘 선망과 벤치마킹의 대상이 되고 있다. 도무지 세상이 바뀔 것 같지 않은 전망 탓이리라. 봉준호의 〈기생충〉엔 "돈이 다리미라구. 돈이 주름살을 쫙 펴줘"라거나 "부자인데 착한 게 아니고 부자라서 착한 거야" 같은 대사들이 등장하는데,[193] 이게 바로 그런 현실을 잘 묘사해주고 있다.

41.
서점에서
책을 살 수 없는
이유

"서점에서 책을 사고 싶어도 이사할 때 짐이 될 것 같아 매번 마음을 접는다."

•9년 전 '대학 가겠다'는 일념으로 충남 아산에서 상경한 박모 씨

『경향신문』(2016년 2월 1일) 인터뷰에서 "하도 거지 같은 집에만 살다 보니 넓고 쾌적한 집에 살고 싶지만 모아둔 돈이 없다"며 한 말이다. 박모 씨는 1년 전 취업한 후에도 여전히 월세로 살고 있는데, 처음 서울대입구역 근처 4평 옥탑방에 보증금 100만 원에 월세 28만 원을 주면서 자리 잡은 이후 그간의 삶은 이랬다.

"여름엔 자다 깰 정도의 더위가, 겨울엔 방에서 입김이 나올 정도의 추위가 그를 괴롭혔다. 세탁기가 없는데다 가스비를 아끼기 위해 2년 내내 겨울에도 찬물 손빨래를 했다. 낮에는 인터넷 강의를 듣고, 저녁에는 6시간씩 음식점·호프집 등에서 알바를 했다. 하지만 한 달에 손에 쥐는 돈은 많아야 60만 원에 불과했다. 집에서 보태주는 돈까지 합한 100만 원으로 한 달을 버텨야 했다. 그런데도 겨울에는 주거비가 40만 원까지 높아졌다. 2년 뒤 다른 방을 알아봤지만 지상에 그가 살 수 있는 방은 없었다. '그래도 옥탑방보다는 지하가 낫겠다' 싶어 보증금 두 배(200만 원)에 월세가 10만 원 비싼 20m²(6평) 지하방으로 내려갔다. 낮에도 빛이 안 들어오는 건 버틸 수 있었다. 하지만 벽과 옷에까지 핀 곰팡이로 인해 그는 중이염을 달고 살게 됐다."[194]

지방에서 일자리를 찾아 상경한 젊은이는 대한민국 국민, 아니 인간이 아닌가? 역대 정권들은 진보와 보수를 막론하고 약속이나 한 듯이 이들을 투명 인간 취급을 했다. 정부는 "한국에 태어났다면 내 집 마련 정도는 해야 사람 구실을 하는 것"이라는 메시지를 끊임없이 던졌으며, 이 방향으로 전개되는 정부 정책에 따라 대부분의 한국인들은 자기 집을 소유하는 것을 인생의 목표로 삼았다. 2016년 2월에 출간한 『아버지의 나라 아들의 나라』에서 이걸 지적한 이원재가 "한국에서 세습 자본주의의 출발은 '내 집 마련'이라는 구호로부터 시작됐다"고 말한 건 지극히 타당하다.[195]

정부가 피땀 흘려 일한 사람들일수록 '내 집 마련'이 유리해지는 정책을 쓰고 제도를 정착시켰다면 모르겠다. 오히려 정반대 방향으로 가면서 청춘에겐 이미 불가능해진 꿈이 된 '내 집 마련'을 무슨 약장수의 주문처럼 팔아먹었으니, 이건 무능하다기보다는 사악하다고 해야 하는 게 아닐까? 문제는 그걸로 끝나지 않는다. 이원재는 "그렇게 살아가면서 한국인들의 마음속에는 새로운 윤리 코드가 뿌리내리고 자라났다"며 다음과 같이 말한다.

"어디서든 소유권을 가진 이들이 결정권을 갖는 것이 정당하며, 소유권은 신성하다는 코드였습니다.……자영업자가 아무리 재화와 용역을 많이 팔아도 결국 돈을 버는 것은 땅주인이라는 상식도 이 윤리와 만납니다. '오너가 모든 것을 차지한다'는 암묵적 사회 운영 원리가 생겨난 것입니다.……그런데 이제는 세습 받지 않으면 오너가 될 수 없으니, 세습 받지 않으면 성공할 수 없는 사회가 되어버린 셈입니다."[196]

이런 세습 사회를 깰 수 있는 그 어떤 비전을 제시하기는커녕 민생과는 전혀 무관한 정파적 이슈를 내세워 열성 지지자들을 동원하는 일에만 심혈을 기울이는 정권을 보고 있노라면, 자신의 처지에 대해 분노해야 마땅함에도 그런 '동원 정치'의 졸卒 노릇을 하는 자해自害 행위에만 미쳐 있는 일부 청춘들을 보고 있자면, 정말이지 긴 한숨을 내쉬지 않을 수 없다.

42.
시세를 따르지 않으면
바보가 된다고 믿는
사회

"건물주들 대부분은 지극히 검소했고 근면했으며, 인정 많은 사람들이기도 했다."
• 서울 성동구청장으로 젠트리피케이션 방지에 심혈을 기울였던 정원오

2016년 9월에 출간한 『도시의 역설, 젠트리피케이션』에서 "구청장 업무를 수행하면서 만나본 건물주들은 우리 주변에서 흔히 볼 수 있는 보통 사람들이었다"며 한 말이다.[197]

젠트리피케이션gentrification은 "(슬럼가의) 고급 주택화", 동사형인 gentrify는 "슬럼화한 주택가를 고급 주택화하다"는 뜻이다. 상류 계급 또는 신사 계급을 말하는 gentry에서 파생한 것으

로, 1964년 영국 사회학자 루스 글라스Ruth Glass, 1912~1990가 영국 런던에서 일어난 그런 현상을 묘사하기 위해 만든 말이다. 슬럼가에 중산층이 들어와 살기 시작하면 집값, 임대료, 재산세, 기타 서비스 요금 등이 올라 빈민은 점점 밀려나게 된다. 지방정부나 기업이 특정 지역을 살리기 위해 재개발의 형식으로 주도하는 경우도 있고, '백인 탈출white flight'과는 정반대로 직장과 가까운 곳에서 일하고 싶어 하는 젊은 중산층 백인들에 의해 '시장 논리'로 발생하기도 한다.[198]

미국에선 1970년대부터 '여피yuppie', 즉 '도시에 사는 젊은 전문직 종사자Young Urban Professional'들이 출현하면서 대규모의 젠트리피케이션이 일어났는데, 그렇다고 해서 교외로 탈출하는 흐름에 변화가 생긴 건 아니었다. 1970년대에 도심지 이출과 이입의 인구 비율은 10대 1이었다. 도심지 재개발urban renewal은 '흑인 제거negro removal'라는 비판이 나오는 가운데에도 젠트리피케이션은 오늘날까지 지속되고 있다.[199]

한국의 젠트리피케이션은 어떠한가? 서구의 젠트리피케이션에 비해 악성이다. 서구의 젠트리피케이션은 거주민을 저소득층에서 중상류층으로 대체하는 주거 젠트리피케이션인 반면, 한국의 젠트리피케이션은 주민들의 생존권과 주거권을 침해할 뿐만 아니라 도시의 미래 성장 동력과 지속가능성을 파괴하고 있기 때문이다.[200] 한국형이 서구형에 비해 더 잔인하다는 건 두말할 나위가 없다.

한국에서 젠트리피케이션은 2009년 용산 참사 이후 널리 쓰이는 말이 되었다. 『한겨레』(2017년 11월 17일)에 따르면, "곳곳에서 쫓겨나는 세입자들의 비명이 끊이질 않고, 최근 5년간 젠트리피케이션에 관한 책과 논문, 기사가 하루가 멀다고 쏟아지고 있으며, 국립국어원도 '둥지 내몰림'이라는 대체어를 내놓을 만큼 젠트리피케이션은 일상이 되었다".[201]

정원오는 건물주들을 만나면서 떠올린 건 라인홀드 니부어Reinhold Niebuhr, 1892~1971의 『도덕적 인간과 비도덕적 사회Moral Man and Immoral Society』(1932)라는 책이었다고 말한다. 건물주 개개인이 문제가 아니라 비도덕적인 사회구조와 시스템이 문제라는 것이다.[202] 특정 구조와 시스템이 오래 지속되면 학습화 현상이 일어난다. 그게 바로 '지대추구地代追求, rent-seeking의 학습화'다.[203] 검소하고 근면하고 인정 많은 사람도 그 학습화의 자장磁場에서 자유로울 수 없다.

2016년 1월 『경향신문』이 건물주들을 만나 보았다. 한 건물주는 "내가 봐도 우리나라 집값이나 월세, 상가 임대료는 너무 비싸다"며 "건물주들은 임대료를 이미 충분히 받으면서도 더 올리려고 한다. 그게 인간의 욕심"이라고 말했다. 왜 이 건물주는 건물주들의 욕심을 '남 이야기 하듯' 말한 걸까? 취재진이 만난 건물주들은 대체로 세입자들의 고통을 이해하는 듯 보였지만, 그들이 임대료를 올리는 이유에 대해선 한결같이 '시세'를 이야기했다고 한다.[204]

건물주들이 시세를 따르지 않으면 바보가 된다고 느끼는 심리는 그들의 평소 선량함을 압도한다. 상생을 거부하는 '탐욕'을 건전한 상식으로 만든 사회, 그 상식을 지키지 않는 게 오히려 문제가 되는 사회, 이게 바로 대한민국의 민낯이다.

43.
유전결혼,
무전비혼

"전셋값 10% 떨어지면 20대 대졸 남성 혼인율 9% 오른다."
• 서울대학교 보건대학원 교수 조영태 · 원성호

2016년 12월 28일 경기도 수원에서 열린 '경기도
인구 정책 심포지엄'에서 공개한, 도내 31개 시·군의 25~39세
대상 인구·주택·경제 빅데이터(2008~2014년) 138만 개의 분석
결과다. 신혼집을 구하는 게 어려워질 경우 결혼을 미루거나 아예
포기하는 반면, 집 마련 부담이 적어질수록 결혼에 가까워진다는
의미다.[205]

전셋값 감당은 소득 수준과 직결된다. 노동사회연구소가 2016년 3월 통계청 경제활동인구 조사 자료를 토대로 분석한 「저출산과 청년 일자리」 보고서에 따르면, 임금 하위 10퍼센트에 속한 20~30대 남성이 결혼한 비율은 6.9퍼센트로, 임금 상위 10퍼센트(82.5퍼센트)의 12분의 1에 불과했다. 박사학위를 받은 남성의 결혼 비율은 100퍼센트, 석사학위 66.6퍼센트, 대졸 47.9퍼센트, 고졸 39.6퍼센트였고 중졸 이하는 35.4퍼센트로, 학력이 높을수록 결혼 비율이 뚜렷하게 높았다. 정규직 남성(53.1퍼센트)도 비정규직(28.9퍼센트)의 2배에 가까웠다.[206]

2017년 1월 『중앙일보』가 결혼 적령기의 30대 남성 중 '결포자(결혼을 포기한 사람)'들을 살펴보았더니 소득에 따라 고소득자는 결혼을 많이 하고, 저소득자는 결혼을 못하는 상황으로 극명하게 갈리는 이른바 '유전결혼有錢結婚, 무전비혼無錢非婚'의 현실이 뚜렷하게 나타났다. 『중앙일보』 산업부 부데스크 최지영은 "사실 우리 모두가 다 알고 있는 얘기다. 주변에서 너무 많이 듣고 보던 상황이다. 그럼에도 불구하고 개인의 가장 큰 행복이라 할 수 있는 사랑과 결혼조차 돈이 없어 가로막힌다는 비정한 현실이 구체적인 설문 결과로 드러나자 다시금 충격을 받는다"고 했다. 최지영의 선배 기자는 "정말 무서운 일"이라는 반응을 보였다는데,[207] 지도자, 정치인, 고위 관료들 가운데 그렇게 느낀 사람이 얼마나 될지 모르겠다.

혼인율이 떨어지는 데 출산율이 늘 리 만무하다. 내 집 마련의 길은 사라져가고 있고, 입시 전쟁과 사교육비가 무섭고, 자식을 지금과 같은 살벌한 경쟁의 수렁에 빠트리는 게 죄스러워 애를 낳지 않겠다는 젊은 부모가 많다. 2018년 3월 사망자 수가 출생아 수를 추월하는 '출산율 1.05' 쇼크에 대해 '두려운 미래', '또 하나의 핵폭탄', '국가적 재앙' 등과 같은 비명이 터져나왔지만,[208] 이런 '재앙' 이전에 '집값 재앙'이 있었다고 보아야 하지 않을까?

그래서 생겨난 말이 바로 '출산 파업'이다. 2004년 KBS는 〈출산 파업-여성들은 왜 아이를 낳지 않는가〉라는 다큐 프로그램을 방영했고, 이어 2009년에도 시사고발 프로그램인 〈추적 60분〉을 통해 '출산 파업 대한민국'을 내보냈고, 활자 매체들도 '출산 파업'이라는 헤드라인으로 이 문제를 많이 다루었다.[209] 그러나 문제의 핵심은 출산 파업이 아니라 결혼 파업이라는 건 두말할 나위가 없다. 그리고 결혼 파업의 여러 이유 중 역시 가장 강력한 건 바로 집 문제다. 윤단우·위선호의 『결혼 파업, 30대 여자들이 결혼하지 않는 이유』(2010)에 소개된 33세 미혼녀 송진경은 다음과 같이 말했다.

"우리 집이 목동에 자리 잡았을 때 어머니 나이가 딱 지금 제 나이였어요. 그 나이에 어머니는 이미 초등학생 남매까지 두고 집을 장만하셨는데, 같은 나이인 지금의 저를 돌아보면 '난 도대체 뭐 하고 살았나' 하는 탄식이 절로 나와요. 지금은 부모님께 얹혀 산다고 해도 언젠가는 독립을 해야겠죠.……하지만 자식들한테 제가 살아온 만큼 해줄 수 있을까요? 그런 생각을 하면 가끔 암담

해져요. 살면서 크게 돈 걱정을 해본 적이 없지만 앞으로 돈, 돈, 돈, 하며 살아갈 생각을 하면요."[210]

일 저지르고 본다는 심정으로 결혼을 해도 암담함은 증폭된다. 갓 결혼한 32세 여성 손경인은 서울 강남 지역에서 일하면서도 경기도 구리시에 2억 4,000만 원을 주고 20평대 아파트를 마련했지만, 3년의 거치 기간 동안 갚아야 할 대출금 이자만 매월 90만 원이었다. 그는 이후 원금과 이자를 함께 갚을 생각을 하면 벌써부터 현기증이 난다면서, 다음과 같이 말했다.

"여자가 남자의 집안을 보는 건 집을 마련해줄 형편이 되는지를 따져서가 아닐까요? 둘이 벌어 알뜰하게 저축해 집을 산다는 게 옛날 얘기가 된 요즘엔 싫으나 좋으나 부모님께 의지할 수밖에 없는 것 같아요. 부모님이 형편이 된다면 감사하고 죄송한 거고, 형편이 어렵다면 그때부터 머리가 아파지겠죠."[211]

왜 한국의 TV 드라마들이 반세기 넘게 고부 갈등을 지겨울 정도로 다루는지 그 이유가 바로 여기에 있다. 과거엔 남자 쪽 어머니가 "내가 너를 어떻게 키웠는데!"라는 말로 대변되는 끊임없는 간섭을 했지만, 이젠 "니 집 누가 마련해줬는데!"라는 더 구체적인 이유가 간섭의 근거가 됨으로써 불화의 씨앗이 된다. 그래도 결혼을 하는 사람은 승자다. 이른바 '3포 세대(연애·결혼·출산을 포기한 세대)'는 어느덧 '5포 세대(연애·결혼·출산·주택·취업을 포기한 세대)'로 '진화'하고 있기 때문이다.

결혼을 포기한 이들이 이구동성으로 하는 말이 있다. "아기한

테 미안해서 결혼 못 하겠어요." 김현진은 「무슨 배짱으로 아이를 낳으란 말인가」라는 글에서 "지금 한국은, 없이 사는 사람들이 돈 없이 애를 낳는다는 것 그 자체만으로 아이에게 못할 짓을 하는 것처럼 죄스럽게 느껴지는 나라다.······차마 미안해서 애 같은 거 못 낳겠다"고 했다.[212]

2017년 9월 한국을 다녀간 국제통화기금IMF 총재 크리스틴 라가르드Christine Lagarde는 세계 꼴찌 수준인 한국의 출산율에 대해 '집단적 자살 사회collective suicide society'라는 표현을 썼지만,[213] 모두가 다 자살의 길로 치닫는 건 아니었다. 한국인은 바야흐로 '유전무죄有錢無罪·무전유죄無錢有罪'에 이어,[214] '유전결혼有錢結婚·무전비혼無錢非婚'의 세상에서 살게 되었으니 말이다.

14.
상위 10퍼센트가
50년간 땅값 상승분
83퍼센트 챙겼다

"1988년 이래 노동자 평균 임금이 약 6배 오른 데 비해 서울 강남권(강남·서초·송파구) 아파트값은 임금 상승치의 43배, 비강남권은 19배나 올랐다."
• 경제정의실천시민연합

2017년 3월 5일 경제정의실천시민연합과 정동영 국민의당 의원실이 1988년 이후 지난 30년 동안 노동자 임금 증가분과 서울 강남·비강남권 아파트 가격 상승액을 비교해 발표한 결과다. 노동자 대투쟁이 본격화할 즈음인 1988년 노동자 평균 임금은 월 36만 원(연 430만 원)이었고 2016년 월 241만 원(연 2,895만 원)으로 29년 사이 5.7배 올랐다. 반면 같은 기간 비강남권 아파트값은 4억 6,193만 원, 강남권 아파트는 10억 6,267만 원 올라 임금 상승치에 비해 각각 18.7배, 43.1배 뛰었다. 30년 전 임금에 견주어보면 강남권 아파트값은 264배, 비강남권은 126배 오른 셈이다.

경제정의실천시민연합 부동산·국책 사업 감시팀장 김성달은 "이런 수치는 집을 가지지 않은 사람이 임금 상승만으로 유주택자와 자산 격차를 해소하는 건 불가능한 현실을 보여준다"고 말했다. 열심히 땀 흘려 일하기보다는 은행 빚을 내서라도 부동산 투자를 하는 게 훨씬 큰돈이 되는 사회가 되었다는 뜻이다.[215] 좀 거칠게 말하자면, "땀 흘려 일하는 건 미친 짓"이라고 할 수 있겠지만, 당장 굶어죽지 않으려면 그런 '미친 짓'을 할 수밖에 없다고 할 수 있겠다.

2주 후인 3월 19일 경제정의실천시민연합과 정동영 국민의당 의원실이 발표한, 국세청 자료를 바탕으로 국내 토지(민유지) 보유 실태를 분석한 결과에 따르면, "1964~2015년 땅값 상승분 6,702조 원 가운데 상위 1%가 38.1%(2,551조 원), 상위 5%가 65.5%(4,391조 원), 상위 10%는 82.8%(5,546조 원)를 차지했다".

시간이 흐르면서 상위 계층은 점점 많은 땅을 차지한 것으로 나타났다. 2005년 '개인별 토지 보유 현황(2004년 기준)' 정부 자료를 보면 가액 기준으로 개인 상위 1퍼센트가 37.8퍼센트, 상위 5퍼센트가 67.9퍼센트, 상위 10퍼센트가 82.5퍼센트를 차지했다. 면적 기준으로는 상위 1퍼센트가 전체 사유지 51.5퍼센트를 보유했다. 10년 뒤인 2015년 상위 1퍼센트가 전체 토지 가액의 47.7퍼센트, 상위 10퍼센트는 84.0퍼센트를 가졌다. 땅을 가진 사람은 1,609만 명으로 인구의 31.7퍼센트고, 국민 68.3퍼센트는 땅이 한 평도 없는 것으로 나타났다.

토지 소유가 편중되면서 불로소득 역시 소수에 쏠렸다. 지난 51년간 땅값 상승분 6,702조 원 중 상위 1퍼센트가 2,551조 원(38.1퍼센트), 상위 5퍼센트가 4,391조 원(65.5퍼센트), 상위 10퍼센트가 5,546조 원(82.8퍼센트)을 챙겼다(개인과 법인이 같이 포함되어 있다). 개인은 51년간 불로소득 6,702조 원 가운데 65퍼센트인 4,357조 원을 차지했다. 이 중 약 50만 명인 상위 1퍼센트가 1,545조 원(35.5퍼센트)을 챙겼다.

상위 1퍼센트에 속하는 1인당으로 환산하면 33억 4,000만 원씩, 3인 가구 기준으로 환산 시 약 100억 원씩 불로소득을 얻었으며, 상위 2~5퍼센트(약 200만 명)는 7억 원씩, 상위 6~10퍼센트(약 250만 명)는 3억 2,000만 원씩 차지한 것으로 나타났다. 땅값 상승의 부담은 집·땅 없는 서민, 영세 자영업자, 소비자가 상당 부분 떠안았다. 경제정의실천시민연합은 '자본주의의 내부 적'은 단순히 자본가가 아니라 생산적 활동 대신 불로소득을 챙기느라 사회비용을 끌어올리는 지주에게 있다고 비판했다.[216]

2017년 5월 10일 촛불 혁명을 통해 집권한 문재인은 대통령 취임사에서 "지역과 계층과 세대 간 갈등을 해소하고……차별 없는 세상을 만들겠습니다"라고 했지만, 이후 부동산 약탈은 계속 일어나고 국가균형발전은 뒷걸음질치는 비극이 일어나게 된다. 『경향신문』은 "경제가 성장하면 살림살이가 나아질 것 같았으나 정작 늘어난 건 부동산 자산 가치였다"며 "'1,500만 촛불'의 원동력은 박근혜 정부에 대한 분노만이 아니다. 그 근저에는 새로운 세상을 향한 요구가 있다"고 했지만,[217] 문재인 정부가 꿈꾼 새로운 세상은 부동산 약탈을 오히려 키우는 것으로 나타나고 말았다.

45.
'용역 깡패'가
없는
'구조적 폭력'

"쫓겨나는 이들에게 젠트리피케이션은 도시형 '재난'이다."[218]
● 도시학자 신현방

2017년 11월에 출간한 『안티 젠트리피케이션: 무엇을 할 것인가?』에서 한 말이다. 이 책에 「문제는 강제 퇴거: 인간의 존엄을 박탈하는 폭력」이란 글을 쓴 인권운동사랑방 상임활동가 미류는 젠트리피케이션은 재개발처럼 '용역 깡패들'의 폭력이 동원되지 않아 그 문제의 심각성을 잘 느끼지 못할 뿐, 매우 고약한 '구조적 폭력structural violence'이라고 말한다.[219]

구조적 폭력은 경제적 착취나 정치적 억압과 같이 사회구조에 내재되어 있는 폭력을 말하며, 근본적으로 한 사회의 차별적 권력 분배로 표현되는 사회적 불평등에서 비롯된다. 구조적 폭력은 구조 속에 폭력이 내장되어 있으므로 간접적으로 피해를 발생시키며, 현상 포착이 어렵고 비가시적이며 폭력의 효과가 잘 나타나지 않는다는 특성을 갖고 있다. 전통적 윤리학은 의도적 폭력에만 관심을 기울이지만, 이 개념을 처음 제시한 요한 갈퉁Johan Galtung은 "의도된 폭력만을 반대하는 윤리 체계는 구조적 폭력을 쉽게 놓치곤 한다. 그렇게 될 때 '잔챙이는 잡으면서 대어는 놓치는 우'를 범하게 된다"고 비판한다.[220]

선의에서 비롯된 일이라도 구조적 폭력을 보지 못하면 얼마든지 의도하지 않은 폭력적인 결과를 유발할 수 있는데, 지방자치단체들이 앞다퉈 추진한 도시 재생 사업이 좋은 예였다. 서울시 도시재생지원센터의 한 활동가는 "'핫'해지는 공간은 어김없이 도시 재생 사업지가 된다"며 "가만히 놔둬도 변화가 생길 지역인데 세금 수백억 원을 들여 개선하고 있다. 건물주들이 할 일을 서울시가 대신해주는 셈"이라고 했다.

그것도 문제지만, 더 큰 문제는 '핫'해지기 때문에 영세 세입자들이 쫓겨나는 젠트리피케이션이었다. 도시 재생 사업을 왕성하게 추진해온 서울시는 "도시 재생은 일방적으로 추진된 재개발의 반성적 차원에서 만들어진 정책"이라고 차별화했지만, 재개발과 도시 재생의 거리는 그리 멀지 않다. 생활경제연구소 소장 구본기는 "적어도 재개발과 같은 문제가 발생하지 않아야 반성·차별화라 할 수 있다"며 "한꺼번에 쫓아내면 '재개발', 한 명씩 쫓아내면 '도시 재생'이라는 말까지 나온다"고 말했다.[221]

구조적 폭력은 간접성, 비가시성, 극적 효과 부재, 비의도성으로 말미암아 대다수 사람들에게서 분노를 자아내기 어렵다.[222] 구조적 폭력으로서 부동산 약탈이 자연스럽게 다수 한국인의 일상 행위로 자리 잡은 것도 바로 그런 이유 때문이다.

46.
"왜 고시원은
타워팰리스보다
비싼가?"

"왜 고시원은 타워팰리스보다 비싼가?"
● 한양대학교 건축학부 특임교수 함인선

『중앙일보』(2017년 12월 21일)에 기고한 칼럼 제목
이다. 함인선은 "타워팰리스의 3.3m²당 월세는 11만 6,000원이
고 고시원은 13만 6,000원이다. 이 경악스러운 가격표로 주거 취
약 계층의 처지에 분노하는 것만으로는 부족하다. 오히려 고시원
의 경쟁력(?)을 살펴 미래 도시주거의 방향을 읽어내는 것이 필요
하다"며 다음과 같이 말했다.

"이제 중요한 것은 도시 내 '핫'한 장소에 대한 접근성이다. 일자리, 정보, 문화, 교류에서 소외되지 않고 짧은 출퇴근 시간이 보장된다면 개인 공간이 지옥고(지하방, 옥탑방, 고시원)에 있음은 문제가 아니다. 좋은 입지는 '강남'만큼 희소하고 저성장 및 1~2인 가구 증가로 경쟁은 더욱 가속화될 것이기에 고시원은 당분간 시장 지배자일 것이다. 대학 기숙사, 외곽의 임대주택, 공공 지원 정도로는 이 싸움을 이길 수 없다. 주택을 넘어 도시를 주거의 확장 영역으로 보는 전환이 필요하다. 도심 내 임대 주거에 대해 사회 기반 시설의 지위를 주어 사회가 비용을 보전해주는 것도 하나의 방법이다."[223]

고시원이 타워팰리스보다 비싼 건 최장집이 말한 '초超집중화 hyper-centralization'의 문제를 실감나게 상징적으로 잘 보여준다. 초집중화란 정치적 권력뿐만이 아니라 사회의 모든 영역에서 자원들이 지리적·공간적으로 서울이라고 하는 단일 공간 내로 집중됨을 의미한다. 이런 중앙 집중은 집중에서 머무르는 것이 아니라 중첩되면서 집적되는 형태까지 만들어내고 있다.[224]

서울 초집중화의 문제는 청년들의 주거 환경에서 잘 드러나고 있다. 함인선이 잘 지적했듯이, 일자리 접근성이 초집중화 문제의 핵심이다. 고시원의 80퍼센트가 수도권에 몰려 있다는 건 무엇을 말하는가?[225] 수도권의 일자리 집중도와 비슷하다는 게 우연일까? 국세청의 '연말정산 통계 현황'을 보면, 2013년 억대 연봉자 70퍼센트는 수도권에 거주하고 있으며,[226] 취업포털사이트 잡코리아가

2015년 자사 사이트에 등록된 기업들의 신규 채용 공고 650만 9,703건을 근무 지역별로 분석한 결과, 전체 채용 공고의 73.3퍼센트가 수도권 지역에 몰려 있는 것으로 나타났다.[227] 수도권의 경제 집중을 해소하지 않고 그런 '신주거 난민'의 인권 문제를 해결할 수 있을까?

가치 판단을 배제하고 그냥 구경만 하고 있자면, 정부가 하는 일은 너무 재미있어 웃음이 나온다. 수도권의 주택 문제는 수도권의 경제 집중 때문에 벌어진 일인데, 수도권의 경제 집중은 그대로 두거나 오히려 악화시키면서 수도권의 주택 문제를 공급 대책으로 해결하겠다고 사뭇 진지한 표정으로 말한다. 그러면 수도권의 경제 집중은 더욱 심해질 텐데, 또 다시 주택 문제가 불거질 게 아닌가? 그러나 그건 걱정할 일이 아니다. 정부를 지배하는 정권은 5년짜리이기 때문이다. 이 희한한 셈법에 웃는 사람도 없고 화내는 사람도 없다. 모두 새로운 공급 대책의 잔치판에 대해 각자 주판알 튕기느라 정신이 없기 때문이다.

47.

'의제설정의 왜곡'을
넘어서

"많은 사람들이 '문빠 문제'를 걱정하는데, 문제의 핵심은 '문빠'가 아니라 '문빠를 필요로 하는 정치'를 한다는 데 있다."[228]
● 정치학자 박상훈

2018년 5월에 출간한 『청와대 정부: '민주 정부란 무엇인가'를 생각하다』에서 한 말이다. 박상훈은 문재인 정부에선 "정치를 지지자와 반대자 사이의 '유사 전쟁'으로 여기는 것 같은 분위기가 역력하다"며 "우리가 걱정하는 것은 문 대통령이 문빠 현상을 키우는 방식으로 청와대 정부를 심화시키고 있다는 점이다"고 말한다.[229] 이게 부동산 투기와 무슨 관계가 있느냐고 반문

할지 모르겠지만, 결코 그렇지 않다. 매우 밀접한 관계가 있다.

정치평론가 김상진과 엄경영은 『왜 낡은 보수가 승리하는가』 (2015)에서 "중도는 선거가 임박하면 줄어들고, 선거가 없으면 늘 어난다"고 말한다.[230] 선거는 양자택일의 승자 독식 게임이기 때문 에 양쪽의 주장이 크게 다르지 않은 민생 문제보다는 민생과는 무 관한 정파적 이슈들이 부각되고, 이에 따라 편 가르기가 이루어진 다. 민생 문제는 김상진과 엄경영이 잘 지적했듯이, "여당과 야당 의 공약집은 표지만 가리면 여야를 구별하기 어려울 정도로 비슷 하다".[231]

그런 상황에선 승리는 '우리가 잘해서' 얻어지는 것이 아니라 '반대편의 몰락'에 의해서 얻어지는 것이기 때문에 여야를 막론하 고 모든 정치적 역량을 반대편 공격에 집중한다. 그래서 '낡은 보 수'가 승리하거나 '타락한 진보'가 승리하는 일이 가능해진다. 물 론 부동산 약탈의 문제는 그 와중에서 실종되거나 그저 듣기 좋은 공약空約만 남발하는 사기극이 연출된다.

한국에서 중도층 유권자는 전체의 40퍼센트 안팎에 이르며, 이를 반영하듯 2012년 제19대 국회 초선 의원의 42퍼센트는 "나 는 중도다"라고 할 정도로 중도의 층은 넓다.[232] 그러나 이들 중도 파 의원들 역시 얼마 후면 '중도'로 살아가긴 너무 힘들다는 걸 깨 닫게 된다. 정당은 민심과는 동떨어진 강경 극단주의자들, 정파적 투쟁에만 집착하는 이른바 '빠' 세력의 지배를 받기 때문이다.

강경파 의원들이 꼭 모든 경우에 내켜서 강경파 노릇을 하는 것도 아니다. 2014년, 강경파로 분류된 한 의원은 "스스로의 주장에 무리가 있다는 걸 알면서 어쩔 수 없는 경우도 있다"며 "내가 중도적 행동을 하면 당장 지지 세력들이 '의원 시켜줬더니 자격이 없다'고 공격하는데 어쩌겠느냐"고 토로했다.[233]

이로 인해 벌어지는 가장 큰 문제는 의제설정agenda-setting의 왜곡이다. 국민의 관점에서 중요한 민생 문제보다는 열성적인 극소수의 피를 끓게 만드는 이념적·정파적 이슈를 중요하게 다루게 된다는 것이다. 잘못된 '의제설정'의 복수라고나 할까. 결국엔 '민생 정책의 대실패'로 스스로 자기 무덤을 파는 결과를 초래하게 되며, 부동산 약탈 체제는 바로 이런 악순환 메커니즘의 산물이라고 할 수 있다. 그런데 이건 '빠'를 탓해서 해결될 수 있는 문제는 아니다. 문제의 해결은 문재인이 자신의 정치 방식이 부동산 약탈 체제가 지속될 수 있었던 이유 중의 하나라는 점을 깨닫느냐에 달려 있다고 하겠다.

48.
서울 서촌
'궁중족발의 비극'

"열심히 일한 당신, 떠나라."
• 『중앙일보』 칼럼니스트 이정재

『중앙일보』(2018년 6월 15일)에 쓴 칼럼에서 이른바 '궁중족발 테러 사건'에 대해 한 말이다. 이 사건의 전말은 이렇다. '서촌'으로 불리며 '뜨는 상권'이 된 서울 종로구 체부동에서 임대료 폭등으로 쫓겨난 임차 상인 김모 씨가 6월 7일 건물주를 망치로 폭행해 구속되었다. 김 씨 부부는 2009년 체부동에 족발집을 열었는데, 갈등은 2016년 1월 건물을 인수한 이 씨가 보증금과 월세를 크게 올리면서 시작되었다. 족발집 임대 보증금은 3,000만 원에서 1억 원으로, 월세는 297만 원에서 1,200만 원으로 올랐다. 현행 상가건물임대차보호법은 건물주가 임대료를 5퍼센트 이상 올리는 것을 금지하고 있지만 김 씨의 족발집처럼 최초 계약 후 5년이 지나면 보호 대상에서 제외된다.

이후 김 씨 부부는 "상가법이 임차 상인의 생존권을 침해하고 있다. 이제야 단골이 생기기 시작했는데 투자금도 못 벌고 거리로 나앉게 됐다"면서 족발집 문을 잠그고 건물 안에 머물렀다. 하지만 법원 명도 소송에서 패한 뒤 강제집행이 이루어졌다. 족발집에는 2017년 10월부터 12번의 강제집행이 있었다. 영하 20도의 추운 겨울에도 집행이 시도되었고, 집행이 완료된 6월 4일에는 새벽 시간에 지게차가 잠긴 문을 부쉈다. 앞서 건물주와 법원 집행관이 사설 업체를 동원해 집행에 나섰을 때에는 김 씨가 손가락이 잘리는 사고를 당하기도 했다.[234]

이정재는 "서촌 '궁중족발의 비극'은 제도적이라 더 비극적이다. 제도적이란 말은 한 개인의 힘으로는 상황을 바꿀 수 없다는 뜻이다. 구속된 김 사장이 건물주를 향해 휘두른 망치는 우리 사회의 질기디질긴 고질병 하나를 정조준하고 있다. '열심히 일한 당신, 떠나라.' 상가 임대차 시장의 구조적 모순이 그것이다"며 다음과 같이 말했다.

"사실 해답은 진작 나와 있다. 문재인 대통령은 1년 전 '계약 갱신 청구권을 10년으로 늘리겠다'고 공약했다. 10년이면 권리금과 시설 투자비를 건질 수 있다. 하지만 그게 끝이 아니다. 더 중요한 게 있다. 권리금 양성화다. 건물주가 무리한 요구를 할 수 있는 배경엔 권리금이 있다. 예컨대 1억 원의 권리금을 주고 들어온 세입자는 5,000만 원쯤 임대료를 올려달라고 건물주가 요구해도 거절하기 어렵다. 장사를 계속해야 권리금을 건질 수 있기 때문이다. 워낙 이해관계가 얽힌 만큼 권리금 양성화는 금융실명제처럼 단칼에 해치우는 것도 고려할 만하다. 궁극적으로는 권리금이 사라져야 한다. 그래야 다양한 형태의 임대 시장이 만들어질 수 있다."[235]

여러 전문가가 비슷한 제안을 내놓았지만,[236] 이 문제는 여전히 해결되지 않은 채로 남아 있다. 다른 나라들은 어떤가? 프랑스는 법적 보호 기간을 9년으로 정하고 그 기간이 지나도 건물주가 임차인에게 퇴거료를 보상토록 해 장기 임차를 유도하는 정책을 쓰고 있다. 일본은 건물주가 계약 갱신을 거절하는 이유와 임차 상인이 계약을 갱신해야 하는 이유가 충돌할 때 어느 쪽이 더 절실한지를 기준으로 삼아 법원이 판단해 결정한다. 한·일 '권리금' 연구를 하는 서울대학교 연구원 다무라 후미노리는 "용역을 통해 세입자를 내쫓는 일은 일본에선 100년 전에나 가능했던 일"이라고 말한다.[237]

그런데 왜 한국은 임차 상인의 영업권보다 건물주의 재산권 보호를 우선시하는 현행법을 고수해온 걸까? "억울하면 출세하라"는 이데올로기가 정부와 정치권 엘리트의 머리를 지배하고 있기 때문이다. 달리 설명할 길이 있는가? 게다가 일부 대중까지 그 몹

쓸 이데올로기에 감염되어 있다. 이런 젠트리피케이션 갈등 사건이 터지면, 부자 세입자의 '을질'이라거나 '약자 코스프레'라고 비판하는 사람이 의외로 많다.[238]

연대와 나눔의 운동가 최소연은 "왜 이렇게까지 폭력적으로 내몰까? 왜 대화를 안 할까? 왜 가짜뉴스를 퍼뜨릴까? 왜 시민들은 건물주 편일까? 그 많던 이웃들은 다 어디로 쫓겨난 걸까?"라고 묻는다.[239] 젠트리피케이션 갈등에서 건물주 편을 드는 시민이 많다는 것은 '조물주 위에 건물주'라는 말이 비아냥만은 아니라는 걸 말해준다. 열심히 일해서 장사가 잘될수록 쫓겨날 가능성이 높아지는 현실이 지속되고 있는 부동산 약탈 국가의 비극이다.

49.
부동산은
'코리안 드림'이다

"서장훈처럼 되고 싶다."
● 한국의 초등학생들

2018년 6월 9일 『조선일보』 논설위원 이진석은 「건물주 vs 세입자」라는 칼럼에서 "초등학생들에게 꿈을 물어보면 '서장훈처럼 되고 싶다'는 대답을 들을 확률이 꽤 높다는 말을 들은 적이 있다"며 이렇게 말했다.

"농구 선수가 되겠다는 게 아니다. TV 예능 프로그램에서 '6,000억 원대 건물주'로 불리고 있기 때문이라고 한다. 실제로도

300억 원 정도 건물주로 알려졌다. 청소년들 사이에서 연예인과 운동선수가 장래 직업으로 인기가 높은 것도 그들이 소유한 건물 때문이라는 분석이 나온다. '장동건 빌딩', '박찬호 빌딩'처럼 유명 스타의 이름이 붙은 건물들이 서울에만 100개를 헤아린다."[240]

이렇듯 부동산은 '코리안 드림'이 되었다. TV 예능 토크쇼에선 연예인들이 나와 무명 시절 고생담을 이야기하는 게 주요 메뉴가 되었고, 그래서 급기야 한 어린이는 아버지에게 "아빠, 연예인이 되려면 어릴 때 반지하 방에 살아야 해?"라고 묻는 지경까지 이르렀다.[241]

자수성가自手成家의 모범을 보였다는 점에선 긍정적이었지만, 언론이 더 주목하는 건 '건물주' 리스트였다. 유명 스타가 무슨 건물주가 되었다는 기사는 한국 연예 뉴스의 주요 품목이 되었다. 예컨대, 2014년 8월 재벌닷컴은 유명 연예인 40명이 보유한 빌딩의 실거래 가격을 발표했다. SM엔터테인먼트 회장 이수만 등 18명이 100억 원 이상 빌딩을 가진 것으로 집계되었다. 이수만은 강남구 압구정동 소재 빌딩 2채 등이 650억 원으로 연예인 최고 빌딩 부자에 올랐다.

2위는 YG엔터테인먼트 대표 양현석으로 마포구 서교동과 합정동 소재 빌딩 실거래가가 510억 원이었다. 3위는 가수 서태지로 강남구 논현동과 종로구 묘동 소재 빌딩이 440억 원이었다. 배우 전지현은 강남구 논현동과 용산구 이촌동 소재 빌딩의 실거래가가 230억 원으로 여자 연예인 중 최고 빌딩 부자였다. 이후 순위는 송승헌(210억 원), 비(200억 원), 유인촌(190억 원), 박중훈(190억 원), 권상우(180억 원), 차인표·신애라 부부(170억 원), 김희애(170억 원), 김태희(140억 원), 장동건(120억 원), 장근석·고소영(각 110억 원) 등이었다.[242]

그래서 '조물주 위에 건물주'라는 말은 유행어가 되었고, 이 말은 '갓물주'라는 말로 진화했다. '갓God(신)'과 '건물주'의 합성어로, 건물주가 자신의 모든 것을 결정한다는 의미로 건물주를 신으로 빗대어 표현한 말이었다. 훗날 MBC 〈PD수첩〉(2020년 4월 21일)은 '연예인과 갓물주'편을 통해 연예인 건물주들의 숨겨진 부동산 투자법을 소개하는데, 지난 5년간 건물을 매입한 연예인은 총 55명으로 건물 63채를 매입, 매매가 기준으로 그 액수가 4,700억 원에 달하는 것으로 집계되었다. 이들 중 상당수가 은행에서 최대한으로 대출을 끌어와 건물주가 된 후 되팔아 시세 차익을 노리는 투자 또는 투기를 한 것으로 나타났다.

연예인이건 그 누구건 건물주가 되어 큰돈을 벌더라도 영세 상인들이 억울하게 내쫓기거나 큰 피해를 입지만 않는다면 그걸 누가 뭐라고 하겠는가. 그러나 그게 그렇질 않았다. 건물 임대료가 이후 계속 폭등하자 2020년 2월 전주 한옥마을 건물주들이 상권의 어려움을 분담하기 위해 임대료를 인하하면서 '착한 임대인 운동'이 시작되었다.

이 운동엔 연예계도 동참했다. 코로나19 사태가 장기화하면서 가수, 배우, 예능인 할 것 없이 임대료 인하에 나섰다. 임대료 절반을 감면해주기도 하고, 아예 임대료를 전액 면제하겠다고 밝힌 연예인도 있었다. 임차인 등을 통해 이 같은 사실이 전해지면서 대중들은 이들에게 '착한 건물주'라며 박수를 보냈다. 누리꾼들은 "돈 많아도 쉽지 않은 일인데 대단하다", "멋지다", "내가 다 감사하다"며 연예인 건물주의 선행에 감동한 모습을 보였다.

하지만 이들 중 다수의 건물 재테크가 "불법은 아니지만 제도의 맹점을 이용한다"는 비판이 나오면서 다른 의견들도 나왔다. 어느 네티즌은 "착한 투기꾼이지 무슨 착한 건물주냐. 돈 벌었으면 세금은 정직하게 내라. 돈이 돈을 부르는 세상 정말 기이하다"고 했다.[243] 욕심 없는 사람들의 속성처럼 여겨졌던 '착함'이 이젠 부동산 부자들에게 붙여지는 기이한 현상은 부동산이 '코리안 드림'이 된 세상의 한 단면일까?

50

지방 사람들의
허탈감과
박탈감

"술자리는 예상대로 각자 다른 이유에서 밀려드는 허탈감과 박탈감을 확인하는 것으로 끝났다. 서울 사는 나는 집이 없고, 5~6년 전 친구들이 산 집은 같은 평수 서울 집의 10분의 1 가격도 안 되니 당연한 일이었다."
•『한겨레』 사회1 에디터 석진환

『한겨레』(2018년 10월 1일) 칼럼에서 "추석과 설날, 한 해에 딱 두 번 만나 회포를 푸는 고향 친구들은 술잔을 채우자마자 서울 집값 이야기부터 꺼냈다. '2~3년 전 얼마 하던 게 몇 억이 올랐다더라' 따위의 요즘 어느 자리에서나 오가는 통과의례 같은 대화가 이어졌다. 즐거운 명절에 우울한 이야기를 피하고 싶었지만, 너무나 진지한 친구들 때문에 그러질 못했다"며 한 말이다.

이어 그는 다음과 같이 말했다.

"나는 문재인 정부가 출범한 지 1년 5개월이 되도록 수도권 집중 해소와 지역균형발전 문제에 손을 놓고 있는 게 더 문제라고 생각한다. 만일 현 정부가 참여정부 때처럼 출범 직후부터 행정수도 이전과 혁신도시, 기업도시를 구상하고 수도권 중심의 기득권 세력과 적극적으로 맞붙어 깨지기라도 했다면 어땠을까. 아마 서울 집값이 치솟았더라도 정부 정책이 흔들림 없이 추진돼야 한다고 응원했을 것이다. 지방에 사는 내 친구들도 정부의 균형발전 노력만큼은 평가해줘야 한다며 소외감을 토로하지 않았을지 모른다."244

그런데 진짜 문제는 문재인 정부가 수도권 집중 해소와 지역균형발전 문제에 손을 놓아도 지방에서 아무런 압박이 나오지 않는다는 데에 있다. 압박이 있다면 그렇게 미친 척할 수는 없는 일 아닌가 말이다. 아니 압박은커녕 아예 이슈조차 되질 않는다. 지방 엘리트의 '탈영토화deterritorialization'가 바로 이런 문제와 관련되어 있다. 탈영토화는 '문화와 지리적이고 사회적인 영토 사이의 자연스러운 관계의 상실'을 말한다.245

즉, 지방 엘리트는 지방에 살고 있기는 하지만 언제든 마음만 먹으면 지방을 떠나 중앙으로 갈 수 있는 물적 조건을 확보하고 있는 등 장소 구속성이 약하다는 것이다. 이들이 지방 여론마저 지배하고 있기 때문에 잠자코 있으면 아무 일도 일어나지 않는 게 지방의 현실이다. 그런 상황에서 대다수 지방민들은 서울 초집중화를 전제로 자신이 사는 지역의 이익에만 신경을 곤두세우고 있을 뿐이다. 이는 인질이 인질범을 사랑하게 된다는, 전형적인 '스톡홀름 신드롬Stockholm Syndrome'이다.[246]

51.
시장에 대한
무지와
위선

"아파트값 폭등과 저출산 소득의 양극화 주범이 사실은 청와대
와 정부였다. 온 국민이 30일 방영된 〈PD수첩〉을 시청해야 한
다. 그리고 청와대에서 꼭 이 프로를 시청하고 대표로 대통령이
그 감상을 발표해야 한다."[247]
•어느 네티즌

2018년 10월 23일과 30일에 방송된 MBC 시사 프
로그램 〈PD수첩〉의 '미친 아파트값의 비밀' 2부작에 대한 어느
네티즌의 반응이다. 부동산 투기 세력의 행태에 초점을 맞춘 1부
에 대해선 "현 정부 보호하고 스타 부동산 강사를 집값을 올린 주
범으로 책임을 전가한다"는 비판들이 나왔지만, 2부는 부동산 정
책의 허점에 초점을 맞춰 현 정부의 책임을 추궁함으로써 균형을

맞추었다.

시청자들마다 나름의 판단을 내렸겠지만, '미친 아파트값의 비밀'은 정부와 관료들의 무능이라고 생각한 사람이 많았을 것 같다. 국회의원의 41.5퍼센트가 2채 이상의 집을 소유하고 있다거나 보수 언론이 '세금 폭탄' 운운하면서 강력한 투기 대책에 대한 저항을 선동했다는 점을 지적하는 이들도 있을 게다.

나는 좀 엉뚱하게도 '시장'에 대한 우리의 이중 기준과 위선을 떠올렸다. '신격화된 시장', '무한 경쟁의 시장 논리', '잔인한 시장 논리' 등과 같은 표현들이 시사하듯이, 진보적인 사람들은 시장을 매우 부정적인 개념으로 사용한다. 당연하다. 날이 갈수록 심해지는 빈부 격차의 원흉으로 지목되는 신자유주의의 핵심이 국가가 관리해온 것을 모두 시장과 경쟁의 원리에 내맡기자는 것이니, 어찌 시장을 곱게 볼 수 있겠는가.

좋다. 시장을 '적'이라고 하자. 하지만 영국의 보수 사상가인 에드먼드 버크Edmund Burke, 1729~1797가 남긴 이 말은 음미해볼 필요가 있을 것 같다. "우리와 싸우는 사람들은 우리의 정신을 강하게 해주고 우리의 기술을 연마시켜준다. 우리의 적은 우리를 돕는 사람이다."[248] 이 말은 당연히 적에 대해 잘 알아야 한다는 걸 전제한다. "적을 알고 나를 알면 백번 싸워 백번 이긴다"는 손자병법을 모르는 사람이 없듯이, 적에 대해 잘 알아야 한다는 건 만인의 상식이다.

하지만 이 상식은 잘 지켜지지 않는다. 우리는 싫어하거나 증오하는 사람에 대해 잘 알려고 하지 않기 때문이다. 생각하기조차 싫다는 이유로 말이다. 사람에 대해서만 그러는 게 아니다. 우리는 중요성과는 무관하게 좋아하거나 관심 있는 것에 대해서만 깊이 알려고 한다. 개인이 그러는 거야 당연하지만, 정부 공직자들마저 그런 경향이 농후하다.

　사회악으로 간주되는 현상에 대해 개혁을 부르짖는 정부라면 그 사회악에 대해 그 누구보다 많이 알아야 한다. 부동산 투기와 투자의 경계가 불분명한 만큼 '미친 아파트값'에 일조한 가담자들의 행위를 사회악으로 보긴 어렵다. 투기라 한들 법대로 했다면 그런 허점을 방치한 정부를 탓하는 게 옳다. 중요한 점은 투기를 막으려는 정부가 부동산 강사보다 부동산 시장에 대해 잘 알고 있느냐 하는 것이다. 그게 무리한 요구라면 비슷하게나마 알고 있느냐고 물어보자. 물론 우리는 이미 답을 알고 있다. 부동산 강사는 프로고 정부는 아마추어다. 몇몇 프로 전문가가 정부 정책이 오히려 투기를 키울 수 있다며 강한 이의를 제기했지만, 정부는 이런 고언의 가치를 평가할 능력마저 없는 아마추어였다.

　어떤 정책이건 시장에 대한 반감에 휩싸인 나머지 해당 시장에 대한 연구를 제대로 하지 않고 당위로만 밀어붙이면 일을 그르치기 십상이다. 이런 문제에서 진보 언론도 자유로울 수 없다. 시장에 대한 깊이 있는 분석보다는 시장으로 인한 부작용을 고발하고 비판하는 일에만 너무 열을 올린다. 시장을 통째로 기득권 질서에 헌납하고 국가와 공공 영역으로 시장을 대체하겠다는 열의에 가득 차 있는 것으로 보인다.

　시장을 경멸하는 사람들이 사적 삶에서도 그렇게 산다면 문제는 의외로 쉽게 풀릴 수 있다. 시장을 깔봐선 안 되겠구나 하는 깨달음을 금방 얻을 테니까 말이다. 그러나 그런 일은 일어나기 어렵다. 사적 삶은 시장에 충실하기 때문이다. 2채 이상의 집을 소유한 국회의원의 수도 자유한국당 61명, 민주당 40명으로 별 차이 없었다.

　2018년 10월 2일 정의당 의원 심상정이 청와대와 행정부처의 1급 이상 국가 공무원, 그 관할 기관 부서장 등 총 639명의 정기 재산 변동 관보(2017년 말 기준)를 분석한 결과에 따르면, 전국에 집을 2채 이상 가진 이는 298명으로 전체의 47퍼센트에 이르렀다. 다주택자 비율은 공정거래위원회 75퍼센트, 금융위원회 62퍼센트, 국세청 60퍼센트, 국토교통부 55퍼센트, 기획재정부 54퍼센트 순으로 높았다. 강남 3구에 집을 갖고 있는 사람은 33퍼센트인 210명이었다. 힘 있는 사정 기관이나 부동산 정책 유관 부처에서 비율이 높은 건 이 대목에서도 마찬가지였다. 국세청의 강남 집 보유자가 80퍼센트로 가장 높았고, 공정위 75퍼센트, 금융위 69퍼센트, 기재부 54퍼센트, 한국은행 50퍼센트였다.[249] 이 정도면 한국에선 이념의 좌우를 막론하고 엘리트가 되기 위한 필수 조건 중의 하나가 부동산 재테크라고 할 수 있겠다.

52.
'천국'에
사는
사람들

"등 배기는 만화방 의자에 자보면 2.5평 쪽방은 천국이다."
● 서울 후암동 쪽방에 사는 60대의 김수완

2018년 11월 9일 사상자(사망 7명) 18명을 낸 서울 종로구 국일고시원 화재 사건을 통해 드러났듯이, 고시원은 도저히 집이라고 볼 수 없을 정도로 주거 조건이 극도로 열악하다. 이와 관련, 김은중은 고시원에서 3주간 산 뒤에 쓴 기사에서 다음과 같이 말했다.

"서울 종로구 한 고시원은 방이 1평(3.3m²)도 되지 않아 '닭장'

같았다. 메스꺼운 곰팡이 냄새가 코끝을 찔렀다. 습기 때문에 온몸이 금세 끈적끈적해지는 기분이 들었다. 얇은 패널로 만든 벽은 아무런 소음도 막지 못했다. 한 투숙자가 '이곳에선 하나도 내 마음대로 할 수 없다'며 이어플러그(귀마개)를 건넸다. 앞서 고시원 생활을 겪은 이들은 '머물수록 우울해지고 신경이 예민해진다'고 입을 모았다. 외부인을 초대하는 행위는 엄격하게 금지된다. 빛도 들어오지 않고, 혼자 있는 시간이 길어지면서 우울감이 더 커져갔다. 2주차에 접어들자 맨 정신으로 고시원에 귀가하는 건 힘든 일이었다. 술에 취해 들어가는 날이 점점 많아졌다."[250]

그러나 그런 고시원을 부러워하는 사람도 많았다. 『한겨레』 (2018년 11월 23일)의 「다중 이용 시설에 사는 사람들」에 따르면, 만화방이나 찜질방 등 다중 이용업소와 같은 '집 아닌 집'에 사는 사람들은 적게는 40만, 많게는 228만 가구로 추정된다. 한국도시연구소는 2018년 여름 국가인권위원회의 용역을 받아 '집 아닌 집'에 사는 203가구를 면접 조사했는데, 김수완 씨는 볕조차 들지 않는 2.5평 쪽방을 "천국"이라고 했다. "제가 길거리 생활까지 해봤잖아요? 사람이 몸 누일 곳이 있다는 게 가장 중요해요. 쉼터에 있을 때는 매일 잠자리 번호표를 받으려고 몇 시간씩 기다리곤 했어요. 쪽방이라도 집은 내게 '천국'이에요."

서울 영등포구 신길동의 한 고시원 옥탑방에 보증금 500만 원, 월세 28만 원을 내면서 사는 34세 이현규 씨도 자신이 살던 찜질방과 비교해 지금의 옥탑방은 "천국"이라고 했다. "집에 얽매

이는 데 이제 진저리가 나서 주거 고민은 더는 하지 않아요. 주거는 자고 누울 공간만 있으면 된다고 생각해요. 지금 내가 버는 한에서 여기가 내 최선이에요. 불평을 가지면 살 곳도 못 살죠. 한 평에서도 백 평짜리 행복을 느끼는 건 마음먹기에 달렸다는 가사도 있잖아요?"251

어느 쪽방 주민은 "빨리 죽어야 하는데……그 생각밖에 없어. 차에 몇 번 뛰어들려고 했는데……"라고 말했다는데,252 행복을 느끼는 건 정말 마음먹기에 달린 건가? 원래 누가 의도했던 건지는 모르겠으나, 서울의 부동산 약탈 체제는 이런 빈민들을 뿔뿔이 흩어지게 만드는 분산 정책을 통해 이들이 집단행동을 일으킬 수 있는 길을 원천적으로 차단하는 데 성공했다. 체제 유지를 위한 놀라운 선견지명先見之明이라 할 수 있겠다.

53.

"내일이 오는 것이
두려워
자살을 선택한다"

"3일간 추운 겨울을 길에서 보냈고 내일이 오는 것이 두려워 자살을 선택한다."

• 철거민 박준경

유서에서 "저는 마포구 아현동에 월세로 어머니와 살고 있었는데 3번의 강제집행으로 모두 뺏기고 쫓겨나 이 가방 하나가 전부입니다. 한겨울에 씻지도 먹지도 자지도 못하며 갈 곳도 없습니다"라면서 한 말이다. 그는 아현동 재건축 지역에서 강제 철거당한 후 집을 잃고 거리를 전전하다 2018년 12월 3일 한강에 투신했는데, 12월 5일 빈민해방실천연대·용산참사진상규

명위원회 등 단체는 서울 마포구청에서 집회를 열어 개발과 관리·감독 문제를 제기했다.

이들 단체는 아현동 철거민에 대한 강제집행이 불법적으로 진행되었다고 주장했다. 이들의 주장에 따르면 지난 10월 30일 강제집행은 오후 4시부터 시작되었다. 용역 120여 명이 철거민의 집을 순식간에 에워싸고 문을 뜯은 뒤 안으로 진입했고, 집주인이 집에 들어가지 못하게 막았지만 강제로 철거했다고 했다. 11월 1일 강제집행 때는 용역이 폭력을 행사했다고 했다. 당일 오후 2시 100명이 넘는 용역이 옥상을 타고 철거민들 집으로 진입했고 일부 옥상에 남아 있던 용역들은 사람을 향해 소화기를 난사했다고 전했다.

이들 단체는 11월 1일의 강제집행은 절차상으로도 문제라고 했다. 서울시 공문에 따르면 이날 강제집행 시간은 오후 3시 30분이었으나 오후 2시 집행이 시작되었고, 이를 관리·감독하는 집행관이 없었다는 것이다. 안전을 책임져야 할 경찰도, 서울시 담당 공무원도, 인권 지킴이도 없는 상황에서 불법 집행이 진행되었다고 말했다. 이들은 "10여 년 전 용산 학살을 떠올릴 수밖에 없었다"며 "시간이 흐른 지금에도 변함없이 국가는 철거민들을 죽이고 있다. 용산 참사 10주기를 앞둔 지금 살인적인 강제 수용, 강제 철거로 피해자들이 더 속출하고 있다"고 말했다.[253]

하지만 대부분의 서울 시민들은 그런 사실조차 모른 채 살아간다. 아니 모른다기보다는 이른바 '의도적 눈감기willful blindness'라고 보는 게 옳을 것이다. 우리 인간은 '마주하기에는 너무나 고

통스럽고 두려운 진실'을 회피하는 성향이 있다는 것이다.[254] 그런 '진실'을 공격적으로 껴안는 사람들도 있다.

사회학자 오찬호는 「인생을 건 부동산 투기」라는 칼럼에서, 무리한 빚을 내 집을 산 지인이 "다들 이렇게 살더라고. 내가 지금까지 바보였지"라면서 공공주택 건설을 반대하는 1인 시위에 나선 것에 대해 이렇게 말했다. "주거의 공공성이 어떤 의미인지를 가장 잘 알았던 사람은 '집값이 오르지 않으면' 큰일 날 상황을 선택하면서 완전히 다른 사람이 되어버렸다."

이어 오찬호는 이렇게 말했다. "임대 사업자가 되겠다는 초등학생에게는 죄가 없다. 하지만 어린 시절부터 자신의 집 앞에 특수학교가 생기는 것을, 공공주택이 들어서는 것을 호재인지 악재인지 분별하려는 나쁜 습관이 길들여진다는 것은 끔찍한 일이다. '평생 이렇게 살기 싫어서' 도박을 선택한 이들은 사회적 약자와 자신이 분리되는 걸 마땅하다고 여긴다. 권리와 평등이란 단어를 오용하는 사회, 그래서 일부가 아닌 다수가 '누군가의 평등'을 미치도록 반대하는 모습이 해악이 아니라고 누가 말하겠는가."[255]

"다들 이렇게 살더라고. 내가 지금까지 바보였지"라는 깨달음과 그에 따른 실천을 '다들 이렇게 당하면서 살더라고. 언제까지 이렇게 당하고만 살 수는 없잖아'라는 깨달음과 실천으로 바꿀 수 있는 길은 정녕 없는 걸까? 이 일을 하라는 게 정치일 텐데, 정치는 오히려 정반대의 길을 걷고 있으니 이 노릇을 어찌할 것인가.

54.
'부동산 대박'에 미친 사회

"모든 국민이 부동산으로 '대박'을 노리는 사회, 그것이 바로 오늘날 한국 사회의 자화상이다. 부동산 공화국이라는 말 외에 이를 무엇으로 표현할 수 있을까?"
• 대구가톨릭대학교 경제통상학부 교수 전강수

2019년 1월에 출간한 『부동산 공화국 경제사』와 관련, 『한겨레』(2019년 1월 18일) 인터뷰에서 한 말이다. 경제정의실천시민연합 토지주택위원장, 토지+자유연구소 소장을 지낸 전강수는 "문재인 대통령과 현 정부는 출범 당시부터 지금까지 부동산 불로소득을 차단·환수해 부동산 공화국을 해체하려는 의지를 보인 적이 한 번도 없다"며 "부동산 공화국을 해체하기 위해서는 부동산 불로소득을 차단하고 환수하는 일이 급선무다"고 했다.[256] 그는 이 책의 서문에서 다음과 같이 개탄했다.

"한때 자발적인 근로 의욕과 창의력, 높은 저축열, 뜨거운 교육열과 학습열, 모험적인 기업가 정신으로 충만한 사람들이 땀 흘리고 절제하며 노동하고 기업을 일구고 자식을 공부시키며 공평한 경제성장을 이끌었는데, 이들은 다 어디 가고 생산적 투자에는 관심 없이 비업무용 땅 사재기에 열을 올리는 기업, 대출받아서 갭 투자를 하는 데 관심과 정력을 쏟는 회사원, 부동산 특강 강사를 따라 '아파트 사냥' 투어에 나서는 주부, 건물주가 꿈인 중학생이 우리 사회의 상징처럼 떠올랐을까?"[257]

우리는 여기서 다시금 라인홀드 니부어Reinhold Niebuhr, 1892~1971의 『도덕적 인간과 비도덕적 사회Moral Man and Immoral Society』(1932)라는 책을 소환하지 않을 수 없다. 집단적으로 '부동산 대박'에 미친 사회에선 개인이 아무리 도덕적이라 하더라도 집단적 광기의 문법을 거스르기가 어렵다고 보기 때문이다.

라인홀드 니부어에 따르면, 모든 인간 집단은 개인과 비교할 때 충동을 올바르게 인도하고 때에 따라 억제할 수 있는 이성과 자기 극복의 능력, 다른 사람들의 욕구를 수용하는 능력이 훨씬 결여되어 있으며, 집단을 구성하는 개인들이 개인적 관계에서 보여주는 것에 비해 훨씬 심한 이기주의를 드러낸다. 니부어는 이처럼 집단의 도덕이 개인의 도덕에 비해 열등한 이유를 오직 개인들의 이기적 충동으로만 이루어진 집단적 충동과 자연적 충동을 억제할 만큼 강력한 합리적 사회 세력을 만들기 어렵다는 것에서 찾았다. 개인들의 이기적 충동은 개별적으로 나타날 때보다는 하나의 공통된 충동으로 결합되어 나타날 때 더욱 생생하게 더욱 누적되어 표출되기 때문이라는 것이다.[258]

부동산 약탈에 반대할 강력한 합리적 사회 세력을 만들기 어렵게 한 주범이 역대 정권들이라는 건 두말할 나위가 없다. 그게 다수결 논리의 지배를 받는 민주주의와 정치의 운명이라고 할지라도, 그런 운명에 순응한 정치 세력들이 스스로 '진보'를 팔아먹는 기만을 저질렀다는 건 결코 면책될 수 없는 일이다.

<u>55</u>.
부동산 투자가
무슨
죄인가?

"직장인이 부동산 아니면 뭘로 돈을 벌란 말인가."
• 재야의 부동산 고수 문관식

『조선일보』(2019년 4월 20일) 인터뷰에서 한 말이다. 기자는 "평등·공정·정의를 내세우고 출범한 정부의 청와대 대변인마저 홀릴 만큼 확고한 우리 사회의 '부동산 불패 신화'. 이 밑바닥 무의식에는 무엇이 있는 것일까?"라는 의문으로 문관식을 만났다고 했다. '아기곰'이란 필명으로 국내 최대 실명 부동산 커뮤니티인 '아기곰 동호회'(6만 명 이상)를 운영 중인 부동산 전문가인 그는 이어 다음과 같이 말했다.

"대부분의 회사에서는 그 나이 또래의 사람이 생활할 수 있는 생계비와 약간의 여유분을 더해 급여를 책정한다. 평상시에는 괜찮지만, IMF 외환위기 같은 위기 상황이 오면 다르다. 돈 때문에 가정이 해체된다. 경제적 자유를 얻으려면 그 이상의 돈이 필요하다. '금수저'로 태어나지 않는 이상 월급쟁이의 희망은 부동산이나 주식이다. 둘 중 자신과 잘 맞는 걸 해야 한다. 내 생각에 부동산은 월급쟁이에게 더 맞다. 주식은 시간이 많아야 한다. 수시로 차트를 봐야 하니 생업에 지장을 준다. 한국은 소득 수준과 인구밀도가 모두 높다. 집의 희소성 때문에라도 부동산 가격은 쉽게 떨어지지 않는다. 월급쟁이로서는 가장 안정적인 투자처다."

그는 "당신 세대에게 부동산이 가진 의미는?"이란 질문에 다음과 같이 답했다.

"내가 부동산 투자를 시작한 계기가 있다. 1997년 IMF 외환위기로 살던 왕십리 45평 아파트값이 3억 4,000만 원에서 2억 3,000만 원으로 폭락했다. 처음에는 나도 '김영삼 대통령 때문에 이렇게 됐다'며 정부 탓을 했다. 그런데 분노가 가라앉고 나니 '집값이 떨어질 것도 판단 못한 내가 제일 바보'라는 생각이 들더라. 만회할 방법을 생각하다 처음에는 금을 사려고 했다. 그런데 당시 러시아가 모라토리엄(채무 이행 잠정 중단)을 선언해 금값이 떨어졌다. '이건 내가 할 게임이 아니다'라는 생각이 들더라. 그다음엔 달러를 고민했다. 그런데 이미 IMF 외환위기 상황이라 달러 가격이 올라갈 것 같지는 않더라. 그래서 '내가 부동산으로 망했으니 부동산으로 흥해야겠다'고 결심했다. 아마 우리 세대 사람들 다 비슷하지 않을까."

그는 "지금의 20~30대는 월급을 모아서 집 사는 건 끝났다고 생각한다. '욜로족(현재를 즐기는 사람들)', '소확행(소소하지만 확실한 행복)', '탕진잼(돈을 쓰는 재미)' 등의 용어가 그래서 나온 거 아닌가"라는 질문엔 다음과 같이 답했다.

"다 그런 거 아니다. 최근 트렌드를 꼽으라면 투자를 시작하는 시기가 빨라졌다는 것이다. 요즘엔 20대가 더 빠르다. 동호회 활동하며 주말에 땅 보러 다니고, 친구들끼리 단톡방에서 정보를 교환한다. 1980~1990년대보다 투자에 필요한 정보는 더 많이 공개돼 있다. 가난한 사람들이 왜 가난한 줄 아나. 자본 소득이 없어서 그렇다. 월급 2,000원 받는 사람과 4,000원 받는 사람이 있다고 하자. 4,000원 받는 사람이 두 배 더 번다고 두 배 더 써버리면 둘은 차이가 없다. 대신 4,000원 버는 사람이 2,000원 버는 사람처럼 생활비를 1,000원만 쓴다고 하면 투자할 수 있는 돈은 3,000원이다. 그때부터는 돈이 돈을 버는 거다. 금수저로 태어나는 사람이 얼마나 되나. 내가 날 금수저로 만들어야지."[259]

재야의 부동산 고수들이 무슨 죄이겠는가. 그들은 국가가 만든 게임의 법칙에 충실했을 뿐이다. 이런 부동산 고수들과 보통의 선량한 시민들의 거리는 그리 멀지 않고 경계 또한 분명하지 않다. 영국 철학자 토머스 홉스Thomas Hobbes, 1588~1679가 갈파한 "인간은 인간에게 늑대다"는 말을 믿어야 하는가? 국가의 존재 이전의 자연상태에서는 '만인은 만인에 대한 적'일 뿐이며, 인간을 협동으로 이끌 수 있는 유일한 경우는 국가의 통제하에 있을 때라는 게 그의 생각이었다.[260] 그렇다면 우리는 국가가 폭력적인 '만인에 대한 만인의 투쟁'을 막아주는 것에 감사하면서 합법적인 '만인에 대한 만인의 투쟁'의 길로 나서야만 하는가?

56 .
아파트
로또 분양의
배신

"'로또 분양' 공공임대 아파트, 누굴 위한 '로또'인가?"
• 『굿모닝충청』(2019년 6월 7일) 기사 제목[261]

2019년 6월 4일 MBC 시사 고발 프로그램 〈PD수첩〉이 '로또 분양의 배신'편을 통해 공공택지 아파트 분양가 실태를 고발한 내용을 다룬 기사다. 나는 이 프로그램을 시청하면서 그리고 시청 후 5번 놀랐다.

첫째, 아파트 분양가는 시군구청장이 분양가 심사위원회를 꾸려 결정하는데, 일부 지역에서 시공사 직원들이 들어가 이른바

'셀프 심사'를 하는 일이 벌어졌다. 이게 말이 되나?

둘째, 각 지자체의 분양가 심사위원 선정, 본심사 등 모든 과정은 비공개로 이루어진다. 전국 228개 지자체 가운데 분양가심사위원을 공개하는 지자체는 채 10곳도 되지 않는다. 세계에서 12번째, 아시아에서는 최초로 정보공개법을 만든 나라에서 이게 말이 되나?

셋째, 국토교통부는 분양가에 의심스러운 대목이 발견되었음에도 지도 감독을 지자체에 떠넘기기에 급급한 모습을 보였다. 지방 분권이 실속 없고 귀찮은 것만 지자체에 떠넘기는 식으로 이루어지고 있다는 세간의 의혹을 입증해주겠다는 뜻인가?

넷째, 방송 후 신문들이 한 걸음 더 들어간 취재를 해서 기사를 내보낼 것으로 기대했는데, 관련 기사가 드물었다. 『굿모닝충청』의 기사만 돋보였을 뿐, 이렇다 할 후속 논의가 없었다. 부동산 광고가 언론의 주요 밥줄이라고 하지만, 이래도 되는 건가?

다섯째, 〈PD수첩〉은 분양가 심사의 전 과정을 투명하게 공개하는 모범 사례로 전주시 행정을 소개했는데, 나는 전주 시민이면서도 그 사실을 전혀 모르고 있었다. 내가 구독하는 지역신문은 늘 전주시 행정이 엉망진창이라는 식의 비판으로만 일관할 뿐 전주시가 잘하는 일을 소개하는 경우는 거의 없다. 지자체와의 유착 못지않게 적대 관계도 문제 아닌가?

〈PD수첩〉이 부동산 행정의 어둡거나 무책임한 면을 고발하는 동시에 모범 사례를 발굴해 제시한 건 높이 평가할 만하다. MBC

가 이명박근혜 정부 때와는 180도로 달라졌을 뿐 똑같은 '어용방송'을 한다는 비판의 목소리가 높지만, 부디 〈PD수첩〉만큼은 부화뇌동附和雷同하지 말고 앞으로도 계속 그런 자세를 유지해주길 기대한다.

이 방송의 영향 덕분이었는지 6월 26일 국토교통부 장관 김현미는 방송기자클럽 토론회에서 "심사위원과 회의록을 공개하는 방향으로 제도 개선을 추진할 것"이라며 "전주시가 투명성과 전문성, 공정성을 강화했더니 분양가가 과거보다 10% 이상 낮아졌다"고 말했다. 문재인 정부의 가장 큰 특성은 도무지 믿을 수 없다는 점인데, 이 말을 믿어도 될까? '혹시'는 '역시'가 되고 말았다.

7월 15일, 국토교통부가 입법예고한 주택법 시행령 개정안을 보았더니, 69조 회의록 조항에서 공개 요청이 있을 때 공개할 수 있다고 규정했지만 비공개 조건을 여럿 달아놓았다. 이름·주민등록번호 등 개인에 관한 사항으로 공개될 경우 사생활의 비밀 또는 자유를 침해할 우려가 있거나, 공개될 경우 위원회 심의의 공정성을 크게 저해할 우려가 있다고 인정되는 사항은 '위원회 의결'을 통해 비공개할 수 있도록 했다. 나아가 "그 밖에 공개하기에 적당하지 않다고 위원회가 결정한 사항"도 비공개 대상이다. 회의 내용을 비공개할 수 있는 포괄적 권한을 위원회에 부여한 것이다. 기존 주택법 시행령의 규정인 "위원회 회의는 공개하지 않는다. 다만, 위원회의 의결로 공개할 수 있다"(65조 6항)는 조항이 살아 있는 것까지 감안하면 회의록 공개 여부와 범위까지 위원회가 전권을 가진 셈이다.

이에 대해 국회 국토교통위 소속 정동영 민주평화당 의원은 "장관은 분양가 심사위원회 회의록을 공개하는 것처럼 발표하고 국토부 관료들은 공개 안 하는 시행령을 만들었다. 시늉만 개혁이고 무늬만 개혁"이라며 강하게 비판했다.[262] 『한겨레』는 「'분양가 심의' 공개, 눈 가리고 아웅 하겠다는 건가」라는 사설을 통해 "투명성과 공정성 제고는 말뿐이고 사실상 계속 비공개를 유지하겠다는 것이다. 이러려면 뭐 하러 시행령을 개정하는지 묻지 않을 수 없다"고 비판했다.[263] 하지만 놀랄 일은 아니었다. 매사가 그런 식이었으니 말이다.

57.
"구직 청년에겐
서울 사는 것도
'스펙'이다"

"구직 청년에겐 서울 사는 것도 '스펙'이다."
• 『단비뉴스』 기자 장은미

『단비뉴스』(2019년 6월 27일)의 기사 제목이다. 세명
대학교 저널리즘연구소는 취업 준비생들이 모이는 온라인 카페
'스펙업'에 3월 25일부터 한 달간 게시된 스터디 모임 모집 글을
분석했다. 지역이 명시되지 않았거나 중복된 글을 빼고 지역별로
스터디 모임의 분포를 확인했다. 그 결과 전체 364개 공고 중 서울
이 244개(67퍼센트)로 가장 많았고, 인천과 경기도가 71개(19.7퍼

센트)로 수도권 비중이 약 87퍼센트였다. 이어 부산·울산·경남 20개(5.4퍼센트), 대구·경북 12개(3.2퍼센트), 대전·충청 11개(3퍼센트), 광주·전라 5개(1.4퍼센트), 강원 1개(0.3퍼센트) 순이었고 제주 지역은 해당 기간 모집 글이 없었다.

저널리즘연구소는 또 '스펙업'에 2018년 5월부터 2019년 4월까지 1년간 올라온 인턴십 공고의 지역 분포를 살펴보았다. 삼성물산, SK그룹, 한국도로공사, 한국조폐공사, 한국가스안전공사 등 민간 대기업과 공기업 등 626개 회사(지역 중복 포함)가 이 기간 중 인턴 모집 공고를 올렸다. 기업 본사 등 일자리가 많은 서울이 이 중 421개로 60.8퍼센트를 차지했다. 인천·경기는 109개(15.7퍼센트)로, 서울을 포함한 수도권이 전체의 76.5퍼센트였다. 이어 대전·충청 35개(5.1퍼센트), 부산·울산·경남 25개(3.5퍼센트), 광주·전라 16개(2.3퍼센트), 대구·경북 11개(1.6퍼센트), 강원 7개(1퍼센트), 제주 2개(0.3퍼센트) 순으로 나타났다.

지자체가 제공하는 청년 지원 시설도 서울과 지방의 격차가 크다. 서울시는 2016년 5월부터 청년들이 무료로 스터디 룸을 이용하고 취업 상담과 특강, 멘토링 등의 서비스를 받을 수 있는 '일자리 카페'를 운영하고 있다. 민간·대학·공공기관과 협력해 매년 일자리 카페를 확대한 결과 5월 31일 기준으로 87곳까지 늘었다. 반면 강원, 제주 등은 일자리 카페가 각 1곳밖에 없는 것으로 나타났다. 이 기사는 "이런 현실 때문에 취업 준비생들은 '서울에 사는 게 스펙(자격·조건)'이라고 말하기도 한다"고 했다.[264]

서울 시민들은 '서울에 사는 게 스펙'인 현실이 왜 문제인지 모르거나 "그러길래 누가 지방에 살라고 했어?"라고 생각하는 경향이 있다. 강남 사람들이 그러는 건 모르겠는데, 비강남 사람들이 그러는 건 우습다. 얼마나 더 당해봐야 정신 차릴까?

2018년 9월 카카오톡에 한 지라시가 돌았다. '강남 27개, 도봉·서대문·양천·관악·금천·강북 28개.' 이름하여 '안 살아봐도 알 수 있는 강남 살고픈 이유'였다. 이를 소개한 『경향신문』 기자 전병역은 「이러려고 촛불을 들었나」라는 칼럼에서 "그중에 눈에 띄는 건 서울 강남구 지하철역 수가 하위 6개 자치구와 엇비슷하다는 대목이었다"며 "'역세권'이란 말처럼 집값을 결정하는 가장 큰 요소가 지하철역이란 점에서 웃어넘길 사안이 아니다"고 했다.

그는 "강남, 강남, 서울, 서울 하지 않게 해달라는 게 '성' 밖에 사는 평민들의 요구다. 실태는 어떤가. 부동산 시장에서 서울 중심은 시청이나 광화문, 서울역 따위가 아니다. 바로 강남역이다. 거기에 삼성이 있고 내로라하는 기업들이 있어서다. 정책은 거꾸로다"며 다음과 같이 말했다.

"예컨대 강남 턱밑 판교에 한국판 실리콘밸리인가 뭔가를 유치했다. 판교가 어딘가. 노무현 정부가 서울 집값을 잡겠다며 개발한 신도시다. 결과는? 알다시피 제2강남이 돼버렸다. 섣부른 공급 정책의 위험성을 보여준다. 거기에 더해 제2, 제3의 판교테크노밸리까지 키우고 있다. 대체 누구를 향한 정부인가."[265]

물론 우리는 잘 알고 있다. 문재인 정부 역시 강남을 향한, 서울을 향한 정부임을. 그렇게 하라고 촛불을 든 게 아니었건만, 집권 후 엉뚱한 짓만 해대고 있으니 '먹튀'를 해보겠다는 건가? 그러나 이게 이 글의 논점은 아니다. 비강남 서울 시민들이 강남 중심의 역세권 양산 정책에 문제가 있다고 본다면, '서울에 사는 게 스펙'인 세상에도 문제가 있다는 걸 인정하는 최소한의 역지사지易地思之 감각을 발휘해야 한다는 말을 하려는 것이다. 추접스럽게 약육강식弱肉強食의 원리를 내세워 자신은 그래도 먹이사슬의 최상층부는 아닐망정 상층부에 속해 있다고 뻐기지 말고 말이다.

<u>58</u>.
'지방당'
창당
선언문

"문재인 정권은 '진보 정권'이 아니라 '수도권 정권'이다."
• 강준만

『부대신문』(2019년 11월 11일)에 기고한 「'지방당' 창당 선언문」이란 칼럼에서 한 말이다. 이 칼럼의 전문은 다음과 같다.

문재인 정권은 2019년 5월 '3기 수도권 신도시' 건설을 발표한 데 이어, 10월 31일 '수도권 광역교통비전 2030'을 발표했다. 일산과 남양주에서 서울역, 송도에서 여의도, 동탄에서 강남역까지 모두 30분대에 도달할 수 있는 꿈같은 비전이다. 무슨 돈으로 그렇게 하겠다는 것인지 재원 대책이 없지 않느냐, 총선을 불과 5개월 앞두고 도대체 뭐하는 짓이냐, 수도권 과밀화를 부추겨 아예 지방을 죽일 셈이냐는 비판이 작게나마 나오고 있지만, 우리는 아름답고 살기 좋은 수도권을 만들겠다는 문재인 정권의 선의를 추호도 의심치 않는다.

하지만 말은 바로 하자. 문재인 정권은 '진보 정권'이 아니라 '수도권 정권'이다. 더불어민주당은 '더불어수도권당'으로 당명을 바꿔라. 그렇게 해도 이미 당신들의 포로가 된 지방민들의 상당수는 내년 총선에서 여전히 당신들의 정당에 표를 던질 것이니 걱정은 하지 마라. 다른 정당들도 모두 뿌리를 어디에 두었건 사실상 수도권 정당을 지향하고 있으며, 역대 정권들도 모두 수도권 정권이었으니 겁내지 않아도 된다.

우리는 건국 이후 70년 넘게 고착화된 '서울 공화국' 체제라고 하는 '경로의존經路依存, path dependency'의 굴레를 한 정권이 돌파해 내는 게 매우 어렵다는 걸 잘 알고 있다. 비록 정치력 부재로 실패하긴 했지만, 노무현 정권의 행정수도 이전 시도를 긍정 평가한다. 모든 정권이 '경로의존'을 거스르기 어려워 수도권 정당의 기능에 충실할 수밖에 없는 고충이 있었다는 것도 모르진 않는다. 우리가 문제 삼고자 하는 건 "나라가 이렇게 가면 안 된다"는 문제의식으로 올바른 방향 전환이나마 해보려는 치열하고 끈질긴 자세와 노력이 있었는가 하는 점이다. 우리의 답은 매우 부정적이다.

역대 수도권 정권들은 수도권 비대화를 저지르면서 늘 '민생'을 내세우는 '토건 사기극'을 펼쳐왔다. 그 사기극의 공식은 3단계로 이루어져 있다. 첫째, 가장 중요한 교육 정책과 일자리 정책을 비롯한 주요 정책들을 통해 서울로 인구가 몰리게 한다. 둘째, 서울 인구 집중으로 인한 주거 문제 해결이라는 핑계를 내세워 서울 주변에 신도시를 건설한다. 셋째, 신도시 건설이 불러온 교통난 해결이라는 핑계를 내세워 수도권 교통 시설에 국부를 탕진한다.

이 사기극은 수도권 인구 집중을 가속화하며, 수도권 신도시·교통 시설 건설은 끝없이 반복된다. 수도권 인구 집중으로 '지방 소멸'의 위기가 임박했건만, 수도권 정권들엔 '오늘'만 있을 뿐 '내일'은 없다. 심지어 지방민들조차 이 문제로 '촛불 집회'를 할 생각은 전혀 없다. 자식들을 서울로 보냈거나 서울로 보내려고 애쓰고 있는 지방민들은 사실상 '잠재적 서울 시민'이기 때문이다.

역대 수도권 정권들은 예산과 인사를 비롯한 정책 행위를 빙자해 지방민들의 '포로화'를 획책해왔다. 지방민들이 하나로 뭉칠 수 없게끔 지역 간 이간질을 한 '분할 지배'의 역사는 지방민의 역량과 창의성을 말살하는 결과를 초래했다. 서울의 권력 핵심부에 강한 줄을 갖고 있느냐가 지방 정치와 행정의 성패를 결정한다는 믿음이 널리 퍼져 있다. 그런 상황에서 혁신은 "우는 아이 젖 준다"는 원칙에 따라 서울을 향해 크게 울어대는 것으로 전락했다. 지방을 방문할 때마다 해당 지역에 과자 부스러기를 주겠다고 약속하는 게 역대 대통령들의 주요 통치행위가 되고 말았다.

우리는 이제 수도권 정당들이 이 나라의 미래를 망치는 걸 인내할 수 없어 '더불어지방당'을 창당하고자 한다. '지방'은 상징일 뿐 우리는 지방의 이익을 표방하지 않는다. 우리는 일자리 때문에 사실상 출향出鄕을 강요당한 수도권 서민들을 위해 싸울 것이다. 현 체제에 만족하면서 아무런 저항도 하지 않는 지방의 토호 엘리트들도 우리의 싸움 대상이다. 우리는 서울-지방의 문제는 계급 문제임을 알리는 동시에 '진보'를 참칭하는 기존 가짜 진보 세력의 민낯을 폭로하고 진보의 정의를 새롭게 내리면서 진정한 국익을 위해 투쟁할 것이다.

59.

"부동산 문제는
자신 있다고
장담하고 싶다"

"부동산 문제와 관련해서는 우리 정부에서는 자신 있다고 장담
하고 싶다."
● 대통령 문재인

2019년 11월 19일 오후 서울 상암동 MBC 사옥에
서 집권 반환점을 맞아 열린 '국민이 묻는다, 2019 국민과의 대
화' 행사에 참석해 한 말이다. 문재인은 "지금까지 부동산 가격을
잡지 못한 이유는 역대 정부가 부동산을 경기 부양 수단으로 활용
해왔기 때문"이라며 '건설 경기만큼 고용 효과가 크고 단기간에
경기를 살리는 분야가 없으니 건설로 경기를 좋게 하려는 유혹을

받는데, 우리 정부는 성장률과 관련한 어려움을 겪어도 부동산을 경기 부양 수단으로 사용하지 않겠다'고 강조했다. 이어 "전국적으로는 부동산 가격이 하락했을 정도로 안정화하고 있다"고 주장했다.[266]

약 한 달 후, 『경향신문』 논설위원 양권모는 "대통령의 부동산 발언을 들으면서 아연해졌다. '자신 있다'는 건 각오로 새길 수 있지만, '안정화되고 있다'는 진단은 도통 딴 나라 얘기로 들렸다. 자고 나면 '억, 억' 하는 소리가 들리고, 800만 명에 달하는 무주택자들은 심각한 박탈감을 토로하는 상황이다"며 다음과 같이 말했다.

"'전국적 안정화'는 서울·수도권 집값은 폭등하고 지방은 폭락하면서 '평균'의 허상이 가져온 통계의 장난이다. 서울 중위 아파트 가격은 역대 최대인 8억 7,525만 원을 기록했다. 2년 반 새 70%가 급등했다. 6대 광역시의 중위 가격은 평균 2억 4,000만 원, 나머지 지방은 1억 6,000만 원이다. 서울의 가장 비싼 구와 싼 구의 주택 가격 격차는 2016년 3.4배에서 3.9배로 커졌다. 부동산 광풍으로 자산 불평등이 극심해졌는데, '평균'을 앞세워 안정화를 얘기하니 여론이 사나울 수밖에 없다."[267]

약 8개월 후 문재인의 '장담'은 헛말이었다는 게 분명해졌다. "서울에서 집 산 게 호랑이 담배 피우던 시절 이야기가 될 것 같아요. 그때는 서울에서 집을 살 수 있었지, 그렇게 되지 않겠어요?" 2년 전 결혼한 ㄱ씨가 『한겨레』(2020년 7월 6일) 인터뷰에서 '집값이 떨어질 것'이라는 기대가 무너졌다며 한 말이다. 그는 "화요

일에 검색하고 토요일에 부동산에 가면 2천만 원, 3천만 원이 올라 있어요"라고 개탄했다. "영끌(영혼까지 끌어모은다는 것으로, 온갖 수단을 동원한다는 의미)해서 살 걸, 땅 치고 후회"하는 사람이 많다니,[268] 이게 어인 일인가.

차라리 문재인이 그런 장담이라도 안 했더라면, 속아 넘어가는 사람들은 없었을 텐데, 참으로 기가 막힌 일이다. 왜 이런 기가 막힌 일이 벌어졌을까? 경제정의실천시민연합 부동산건설개혁본부 본부장 김헌동은 이렇게 말했다. "고위 관료들은 이미 알아요. 이 정부 몰캉몰캉하네, 아니네, 확실히 압니다.……누군가 대통령에게 거짓 보고를 하고 있는 겁니다."[269]

그러나 문재인 정부는 정치학자 박상훈이 『청와대 정부』 (2018)에서 지적한 것처럼 명실상부한 '청와대 정부'였기에 고위 관료만 탓할 수는 없는 일이었다. 박상훈은 청와대 정부를 "대통령이 임의 조직인 청와대에 권력을 집중시켜 정부를 운영하는 자의적 통치 체제"로 정의하면서 이렇게 말한다. "정부가 청와대로 협소해지고, 열렬 지지자들의 여론만 크게 들리게 되면, 시민은 분열되며 정치는 적극적 지지자와 반대자로 양분되는 결과를 피할 수 없다. 문 대통령이 민주적 원리에 맞는 책임 정부가 아니라 청와대 정부를 만든 것이 가져온 폐해는 생각보다 크게 나타날 것이다."[270] 부동산 가격 폭등이 바로 그런 폐해 중 하나라는 건 두말할 나위가 없다.

60

"문재인, 정말 고맙다!"고
외치는
강남좌파와 우파들

"강남좌파와 우파들이 '문재인, 정말 고맙다!'고 합창한다."
• 『중앙일보』 주필 이하경

『중앙일보』(2019년 12월 16일)에 쓴 「부동산 폭등은 문재인 정부의 서민 착취 아닌가」라는 칼럼에서 "갤럽 여론조사는 뜻밖에도 '서울에 집이 있는 화이트칼라 중산층'이 문 대통령 국정 지지율의 버팀목임을 알려준다. 내 재산을 몇 억 원씩 불려주는 정권을 누가 미워하겠는가"라면서 한 말이다. 이어 이하경은 "지방 거주자·블루칼라·저소득층은 절망하고 있다. 역대 최악의 부동산 광풍을 불러온 이 정권은 공동체 분열의 책임을 져야 할 것이다"며 다음과 같이 말했다.

"도대체 이 정권의 정체는 무엇인가. 평등·공정·정의라는 달콤한 약속과 달리 서민을 지켜주지 못한 무능한 정권인가. 아니면 지지자를 늘리기 위해 의도적으로 부자를 더 부자로 만들어준 교활한 정권인가. 그 어느 쪽도 치욕적인 평가로 역사에 남을 것이다. 불로소득인 자산 소득이 땀 흘려 번 근로소득의 가치를 부정하는 사회는 윤리적이지 않다. 그런 결과를 만든 정책은 불순하며, 정의를 조롱한다. 실물경제의 건강한 성장과 무관하게 돌아가는 더러운 투전판에서 너와 나는 넋을 잃고 부자가 된 기분에 취해 있다. 거품이 터지면 어쩔 것인가. 부자 나라 미국에서도 대선을 앞두고 자산 불평등을 완화하기 위한 부유세 도입 논쟁이 뜨거운데 한국에서는 진보 정권이 불평등을 조장하고 있다. 부끄럽지 않은가."[271]

그러나 부끄러워할 것 같진 않다. 5일 전인 12월 11일 경제정의실천시민연합은 문재인 정부 청와대 1급 이상 전·현직 참모 65명의 집값이 지난 3년간 평균 3억 2,000만 원 올랐다는 조사 결과를 발표하면서 "소득 주도 성장이 아닌 불로소득 주도 성장만 나타나고 있다"고 했으니, 정권의 고위층은 속으론 웃고 있었을지도 모를 일 아닌가. 김성달 경실련 부동산건설개혁본부 국장은 이런 의문을 제기했다. "강남권이나 세종시, 경기도의 재건축 단지 등 가격이 급등하는 곳에 부동산을 많이 가지고 있고, 이것은 정부 관계자들이 가격 안정을 위해 노력하기보다는 부양이나 투기를 장려

하는 쪽으로 정책을 쓰는 게 아닌가……."

『한겨레』논설위원 신승근은 "부동산 정책을 총괄한 김수현 전 청와대 정책실장마저 9억 원짜리 과천 아파트가 재건축 단지로 19억 원으로 뻥튀기됐다니, 배신감을 느끼는 이도 많을 것이다"며 이렇게 말했다. "청와대 참모가 제 배 불리려 정책을 왜곡했다고 생각지 않는다. 하지만 '참모들 중에는 재산이 느는 사람도 있고 준 사람도 있고, 소수를 일반화시키지 않았으면 좋겠다'는 청와대 관계자 발언은 어처구니없다.……재산을 신고한 전·현직 비서실 공직자 76명 가운데 아파트나 오피스텔을 보유한 65명을 대상으로 했으니, 소수 일반화가 아니다. 더 심각한 건 다주택자가 늘어난 것이다. 집을 두 채 가진 이가 13명, 세 채 가진 이가 5명이다. 2017년에 견줘 5명이 증가했다.……민심은 계속 인내하지 않는다."[272]

이하경은 부동산 가격 폭등은 문재인 정부의 '서민 착취' 아니냐고 물었지만, 물을 게 뭐 있나. 명백한 서민 착취요 약탈이다. 가슴 아프고 비극적인 건 문재인 정부가 그럴 뜻이 전혀 없었다는 점이다. 부동산을 비롯한 민생 문제는 과거의 민주화 투쟁 모델로는 감당할 수 없는 것임을 깨닫는 게 그리도 어려웠던 것일까?

61.
손가락을
자르고 싶은
심정의 사람들

"정부 말을 믿고 집 구매를 미룬 무주택자, 내 집 마련이 멀어진 저소득층과 청년층, 소외된 지방 거주자는 손가락을 자르고 싶은 심정이다."

• 『경향신문』 논설위원 양권모

『경향신문』(2019년 12월 17일)에 쓴 「누구를 위한 부동산 정책인가」라는 칼럼에서 한 말이다. 양권모는 "청와대 참모들의 불로소득 잔치를 보면서, 구보 씨는 묻고 싶어진다. 대체 누구를 위한 부동산 대책인가. 배신감에 억장이 무너지는 건 구보 씨만은 아닐 터이다"며 안치환의 노래 〈자유〉를 인용했다. "사람들은 맨날 겉으로는 소리 높여 / 자유여 해방이여 통일이여 외치면

서 / 속으론 워 속으론 제 잇속만 차리네 / 속으론 워 속으론 제 잇
속만 차리네."[273]

이 노래엔 이런 사연이 있다. 1988년 김남주 시인이 출옥한 뒤
함께한 집체극에서 시인이 낭송한 시 「자유」에 곡을 붙여 그는 같
은 제목의 노래를 만들어 불렀다. 그가 이 노래를 부를 때, 한 번은
나이가 많은 선배가 "왜 그런 노래를 부르나. 왜 우리(진보 진영)를
욕하는 내용의 노래를 부르냐"고 훈계조로 말했다고 한다. 그 뒤
이 일화를 전하니, 시인은 "부끄러워해야 할 놈은 부끄러워해야
한다. 신경 쓰지 말고 맘껏 불러라"고 해서 마음껏 부르고 다녔다
는 것이다. 그는 이 〈자유〉의 연장선에 있는 〈아이러니〉라는 노래
를 2020년 7월에 발표하게 된다.[274]

문재인은 손가락을 자르고 싶은 심정의 사람들에 대해 무슨 생
각을 했을까? 그는 2020년 1월 7일 신년사에서 "부동산 시장의
안정, 실수요자 보호, 투기 억제에 대한 정부의 의지는 확고하다.
부동산 투기와의 전쟁에서 결코 지지 않을 것이다"고 했다.[275] 그
러나 불과 50일 전 "부동산 문제는 자신 있다고 장담하고 싶다"는
말이 왜 부도가 난 건지 그 이유를 설명했어야 국민적 신뢰를 얻을
수 있는 게 아니었을까?

그러나 그런 설명은 없었다. 그래서 많은 사람에게 그의 말은
"내가 무능할망정 부동산 약탈을 좋아할 정도로 나쁜 사람은 아니
라는 것만은 알아달라"는 식의 하소연에 불과한 것으로 여겨졌을
가능성이 높다. 전쟁은 전략과 전술로 하는 것이지, 의지의 천명으

로만 하나? 전쟁에서 진정 승리할 자신이 있는 사람은 "결코 지지 않을 것이다"는 따위의 말을 하지 않는 법이다.

일주일 후인 1월 14일 문재인은 청와대에서 열린 신년 기자회견에서 "집값이 급등한 일부 지역은 집값이 원상 복귀돼야 한다"고 말했다. 이에 대해 "원상 회복의 기준이 언제냐. 서민들이 대통령 말 믿고 집 안 사고 기다려도 되느냐"는 질문에는 "대답이 불가능한 질문이다. 강력한 의지라고 생각해달라"고 답했다.[276] '장담' 운운했다가 혼이 난 학습 효과 때문에 그리 말했겠지만, 그래도 진일보한 거라고 칭찬해야 하는 건지 모르겠다.

62.

'금의환향'에서
'귀향'으로

"베이비부머가 떠나야 모두가 산다."
• 중앙대학교 도시계획부동산학과 교수 마강래

2020년 3월에 출간한 『베이비부머가 떠나야 산다: 청년과 지방을 살리는 귀향 프로젝트』에서 한 말이다. 마강래는 이미 『지방도시 살생부』(2017)와 『지방분권이 지방을 망친다』(2018)는 책을 통해 '지방 살리기'가 곧 '나라 살리기'임을 역설하면서 실천적 대안을 제시해왔고, 이 책은 그런 문제의식을 한 단계 발전시킨 것이다.

베이비부머는 1차 베이비부머(1955~1963년생)와 2차 베이비부머(1968~1974년생)로 나눌 수 있는데, 이들 사이에 낀 4년간의 출생자까지 합하면, 모두 1,685만 명에 이른다.[277] 이 가운데 귀향이 상당 규모로 이루어진다면 서울의 인구 과밀을 완화해 집 문제도 꽤 해결할 수 있고, 지방의 생존에도 큰 도움이 된다.

실제로 귀향을 원하는 사람은 절반 이상일 정도로 많다.[278] 그럼에도 귀향을 행동으로 옮기지 못하는 것은 금의환향을 할 수 없는 물적 조건 때문이다. '서울 부동산 대박' 미련, 양도소득세나 증여세 걱정, 귀향해서 할 수 있는 일의 상대적 희소성 등이 가장 큰 문제다. 의료 문제, 그간 서울에서 맺은 인간관계가 약화되는 문제, 부부의 고향이 다를 때 한쪽이 소외되는 문제도 있다.[279]

게다가 지방이 귀향을 환영하느냐 하는 문제까지 있다. 마강래는 "곧 노인이 될 베이비붐 세대를 지방으로? 지방이 여전히 '호구'냐?"는 말까지 듣기도 했단다. 다 죽어가면서도 아직 정신을 못 차렸다고 해야 할까? 그는 '처음으로 제대로 된 교육을 받았고, 자유화와 민주화를 이끌었고, 경제적으로 성공한 경험'을 가진 베이비부머는 지금의 고령자와는 너무나 다르다는 점을 강조하면서,[280] 나름의 구체적인 '귀향 프로젝트' 방안을 제시한다.

모든 지방 공무원이 이 책을 읽으면서 고민해보면 좋겠다. 그간 '발버둥쳤다'는 표현이 어울릴 정도로 심혈을 기울여 추진해온 '인구 늘리기' 시도가 실패한 이유는 무엇이며, 각자 자기가 맡은 분야에서 할 수 있는 '귀향 친화적' 사업은 무엇인지에 대해서 말이다. 그렇게 하기 위해선 이른바 '금의환향 이데올로기'를 넘어서야 한다. 아니 박살내야만 한다.

'금의환향錦衣還鄕'은 "비단옷을 입고 고향에 돌아온다"는 뜻으로, 서울로 가서 출세한 후에 보란 듯이 뻐기면서 고향에 돌아오는 걸 이르는 말이다. '이데올로기'라는 말을 남발하는 게 아니냐는 반론도 있을 수 있겠지만, 그간 한국 사회를 움직여온 사상이나 의식 중 그 어떤 이데올로기보다 강력했던 좌우 통합의 이데올로기가 바로 이 '금의환향'이라는 게 나의 생각이다.

소설가 이호철이 『동아일보』에 「서울은 만원이다」는 소설을 연재해 큰 인기를 누리던 1966년의 서울 인구는 380만 명이었다. 지금 내가 살고 있는 전라북도의 인구는 당시 252만 명이었다. 그간 한국의 인구 증가율을 감안해 환산해보자면 지금의 전북 인구는 440만 명대가 되어야 하지만, 현재 180만 명대로 졸아들었고 지금도 계속 졸아들고 있는 중이다. '줄다'나 '감소하다'는 단어로는 실감하기 어려울 것 같아 '졸다'라는 말을 쓰는 것이다.

물론 출향 때문이다. 이는 수도권을 제외한 전국에 걸쳐 일어난 현상이다. 한 번 출향한 사람은 좀처럼 고향으로 돌아오지 않는다. 지난 반세기 넘게 부·권력·문화의 서울 집중은 가속화되었기에 스스로 서울을 떠난다는 건 '계급 강등'을 수반하는 '낙향'의 의미가 강하기 때문이다. 예외가 있다면 금의환향이다. 이른바 '개천에서 난 용'들이 개천으로 돌아올 때엔 주로 자기 고향의 국회의원이나 지방자치단체장을 하기 위해서다. 지방민들은 서울

가서 출세해 서울 권력 핵심부에 줄을 만든 사람을 뽑는 게 지역 발전에 유리할 것이라는 생각을 하고 있고, 이걸 간파한 정당들은 그런 식의 공천을 함으로써 금의환향 관행을 지속시킨다.

금의환향은 출세한 용들만 갖고 있는 꿈이 아니라 모든 출향민의 꿈이다. 이들이 출향을 할 때 가졌던 굳은 각오와 이를 실천하기 위해 쏟은 '땀, 눈물, 피'가 오늘의 한국을 만들었음을 어찌 부인할 수 있겠는가? 모두가 다 좋은 뜻으로 한 일이지만, 의도하지 않았던 결과로 인해 '지방 소멸'과 그로 인한 '국가 파탄'의 어두운 그림자가 드리우고 있는 현실에 대해 우리 모두 고민해보자는 것이다. 금의환향이 사라지고 소박한 귀향이 우리 주변의 익숙한 풍경으로 자리 잡기를 소망한다. 부동산 약탈 체제를 끝장내기 위해서라도 말이다.

63.
지방 엘리트는
식민지 경영을 위해 파견된
총독

"지방에 지역구를 둔 국회의원들이 왜 서울 아파트를 소유하고 있을까."
• 『한겨레』 기자 김용희

『한겨레』(2020년 4월 2일)에 쓴 「명함은 '지역' 의원님인데…보유 아파트는 죄다 '서울' '강남'」이라는 기사에서 한 말이다. 수도권과 비례대표를 제외한 지역구 의원 136명 가운데 69명이 서울에 아파트를 보유하고 있으며, 이 중 45명은 강남에 아파트를 가지고 있다는 것이다.

4월 1일 광주경제정의실천시민연합(광주경실련)이 공개한 '호남권 20대 국회의원 부동산 보유 현황'을 보면, 호남권(총 31석, 제주 포함) 의원 17명이 보유한 아파트 38채 중 22채(58.9퍼센트)가 서울에 있었다. 지역구 소재 아파트는 13채(33.3퍼센트)에 불과했다. 서울 아파트 22채 중 10채는 서울에서도 집값이 가장 비싼 강남 4구(강남·서초·송파·강동구)에 있었다. 가격 격차는 더욱 벌어졌다. 서울 아파트 총액은 333억 3,000만 원으로 전체(419억 7,000만 원)의 80퍼센트를 차지했다. 지역구 아파트 평균값은 2억 8,000만 원이었지만, 서울 아파트 평균값은 14억 5,000만 원(강남 4구 16억 원)이었다. 2016년 3월 이후 2020년 1월까지 매매하지 않고 계속 아파트를 보유해온 의원 20명이 보유한 28채 값을 분석한 결과, 지역구 아파트값이 평균 6,000만 원 오를 때 서울은 5억 5,000만 원(강남 4구 6억 9,000만 원) 뛰었다.

대구 지역 국회의원들의 아파트도 서울 강남 편중이 심했다. 대구 지역 국회의원 12명 가운데 11명이 가진 아파트 19채 중 13채(68.4퍼센트)가 수도권에 있었다. 이 중 서울 소재 11채는 모두 강남 4구에 있었다. 지역구인 대구에 있는 아파트는 6채에 불과했다. 이들이 보유한 서울 강남 아파트값은 평균 21억 9,000만 원, 대구 아파트값은 평균 3억 8,000만 원이었다. 2016년 이후 대구 아파트가 평균 2,400만 원 오르는 사이 서울 강남 아파트는 9억 7,000만 원이나 뛰었다.

아파트를 가지고 있는 대전·충남 국회의원 13명 중 5명도 서울 강남 등지에 아파트를 보유하고 있었다. 이 중 서울 아파트 평균값은 19억 9,000만 원이었으며, 강남 아파트 평균값은 51억 원에 달했다. 박병석 더불어민주당 의원과 정진석 미래통합당 의원이 보유한 반포와 압구정동 아파트값은 각각 57억 7,500만 원, 45억 원에 달했다. 충북 국회의원 10명 가운데 5명은 모두 서울·수도권에 아파트 1~2채를 보유했으며 충북은 3채뿐이었다. 충북 국회의원의 수도권 아파트값이 평균 8억 6,000만 원 오르는 동안 충북 아파트는 2,000만 원 떨어졌다. 강원 국회의원 7명 중 4명이 서울에, 이 가운데 3명은 강남에 아파트를 갖고 있었다. 서울 아파트값 총액은 45억 4,200만 원으로, 평균 11억 3,000만 원이었다.[281]

지방자치단체장들도 크게 다르지 않다. 민주당 소속 이시종 충북지사가 서울 강남과 청주시에 아파트를 1채씩 갖고 있다가 2019년 청주 아파트를 팔고 강남 아파트는 보유한 것에 대해 말이 많았지만,[282] 이건 게으른 언론 탓을 하는 게 좋을 것 같다. 그러질 말고, 생존해 있는 지방의 역대 모든 광역 단체장을 대상으로 조사를 해보기 바란다.

지방 엘리트는 대부분 자녀를 '인 서울 대학'에 보내며, 서울에 아파트 1채 정도는 갖고 있다. 2014년 6·4 지방선거 당선자 중 비수도권 광역시·도지사 9명 중 8명이 서울, 나머지 1명은 경기 과천에 아파트나 오피스텔 등을 자가나 전세로 보유하고 있었으며, 자신의 지역구 자택은 전세로 얻은 대신 서울 강남 3구에 집을 갖고 있는 의원이 31명이나 되는 것으로 나타났다. 지방에서 광역

단체장이나 주요 기관장을 지낸 사람들은 퇴임 후 거의 서울에서 산다. 예컨대, 2006년 6월 현재 생존 중인 역대 전북 도지사 12명 중 전북에서 살고 있는 사람은 단 1명인 것으로 나타났다.[283]

사정이 이와 같은바, 지방에 지역구를 둔 국회의원들이 서울 아파트를 소유했다기보다는, 지방에서도 서울 아파트를 가진 사람들이 국회의원이 되는 데에 훨씬 유리하다고 보는 게 옳지 않을까? 즉, 부동산 약탈 국가에선 부동산 약탈의 피해를 보지 않는 '똘똘한' 사람들이 선거에서도 유리한 게 아니겠느냐는 것이다. 지방 엘리트는 지방민이라기보다는 지방 식민지 경영을 위해 잠시 파견된 총독으로 이해하는 게 옳다.

64.
민주당의
'다주택 매각 서약서'
사기극

"다주택자는 2년 안에 한 채만 남기고 죄다 팔겠다."
● 더불어민주당이 4·15 총선을 앞두고 출마자 전원에게서 받은 서약서 ●

　　더불어민주당은 이 서약서를 대대적으로 홍보했고, 총선에서 압승을 거두었지만, 이후 이상한 일이 벌어졌다. 6월 3일 경제정의실천시민연합이 기자회견을 열고 더불어민주당에 177명 당선자 전원에게서 받았다는 '부동산 매각 서약서'를 공개하고 매각 현황을 밝히라고 요청했지만, 더불어민주당은 서약서도, 매각 현황도 공개하지 않았다.

6월 4일 경실련이 21대 총선 때 중앙선거관리위원회에 신고한 후보자 재산 자료를 분석해 공개한 결과를 보면, 더불어민주당 의원 176명 중 40명이 주택을 2채 이상 보유하고 있는 것으로 나타났다. 이 중 이개호·임종성·김홍걸·김주영·이상민·박범계 의원이 3채 이상의 주택을 보유하고 있는 것으로 분석되었다. 주택 신고가가 가장 높았던 이는 김홍걸 의원으로 주택 3채 가격이 총 74억 5,500만 원이었다. 김홍걸 의원은 서울 강남·서초·송파·강동을 일컫는 이른바 '강남 4구'에 2채, 비강남에 1채를 소유하고 있었다. 이어 임종성 의원이 주택 4채에 총 41억 9,300만 원을 기록했다. 임종성 의원은 강남 4구에 2채, 경기·인천에 2채를 소유하고 있었다.[284]

7월 7일 경실련은 여의도 더불어민주당사 앞에서 전 원내대표 이인영과 현 원내대표 김태년 가면을 쓴 두 청년이 '서약서' 폭탄을 서로에게 돌리는 퍼포먼스를 연출하며 "서약서도 공개 못 하는 총선 보여주기식 서약 사과하라!"고 외쳤다. 이에 대해 한 더불어민주당 관계자는 다음과 같이 말했다고 한다.

"서약서 공개가 안 되는 본질적 이유는 따로 있다. 의원들이 집을 팔기 싫은 거다. 이는 당 지도부 의원들도 마찬가지다. 그런데 서약서가 공개되면 어쨌든 집을 팔아야 하는 부담이 높아질 것 아닌가. 또 의원들이 집을 판다고 해도 누구에게 팔았는지, 꼼수는 없었는지 감시해야 하는데 이것도 여간 힘든 게 아니다. 그러니 가급적 서약서 공개를 피하고 싶을 거다."[285]

『한겨레』(2020년 7월 7일)는 "다주택 의원 40명이나 되는데…여당 '투기 근절' 말발 먹힐까"라는 의문을 제기했고,[286] 『조선일보』(2020년 7월 8일)는 「'금수저' 빰치는 '통수저'까지, 이런 사람들이 "집값 잡겠다"니」라는 사설을 통해 이렇게 말했다. "청와대가 작년 말 고위공직자들에게 한 채만 남기고 처분하라고 지침을 내렸지만 집을 처분한 공직자는 거의 없었다. 오히려 다주택 청와대 참모들의 부동산 재산은 평균 7억 원 이상 늘었다. 중앙부처 고위공직자도 3명 중 1명이 다주택자라고 한다. '돈을 벌고 싶으면 정부 말을 믿지 말고 고위직들의 행동을 보라'는 말은 그래서 나온 것이다. 이들이 '집값을 잡겠다'고 하는데 그 말을 믿을 국민이 얼마나 있겠나."[287]

"얌전한 고양이 부뚜막에 먼저 올라간다"는 속담이 있다지만, 언론의 이런 우려는 "고양이에게 부뚜막을 맡길 수 있나"라는 변형된 속담의 정신에 따른 것이라 할 수 있겠다. 생각해보면 참 이상한 일이다. 우리는 공직자는 물론 사회 전 분야에 걸쳐 '이해 상충conflict of interest'의 여부와 정도를 세심히 따지는 경향이 있는데, 왜 부동산 문제에선 이런 이해 상충의 문제를 외면해온 걸까? 대한민국은 '부동산 약탈 국가'이기 때문이라는 답 이외에 어떤 답이 가능할지 모르겠다. '다주택 매각 서약서' 사건은 국민의 삶에서 가장 중요한 부동산 문제마저 기만적인 홍보 이벤트로만 소비한 파렴치한 사기극이 아니고 무엇이겠는가.

65.
문재인의
부동산 인식은
정확한가?

"일본처럼 우리도 곧 집값이 폭락한다던 진보 경제학자들의 주장은 다 뻥이었음을 알게 됐다."
● 이화여자대학교 교수 조기숙

노무현 정부에서 청와대 홍보수석을 지낸 조기숙이 2020년 6월 28일 페이스북에 올린 글에서 한 말이다. 그는 "지난해 문 대통령 최측근 인사와 부동산에 대해 대화할 기회가 있었다"며 문재인 대통령이 "일본처럼 우리도 집값이 곧 폭락할 테니 집을 사지 말고 기다리라"고 말했다는데, "문 대통령의 부동산 인식이 정확한지 점검이 필요하다"고 했다.

조기숙은 "대통령이 참모로부터 과거 잘못된 신화를 학습했구나, 큰일 나겠다 싶더라"며 "이 정부 부동산 정책 실패 원인이 전문성 부족에 있다"고 했다. 또 그는 문재인 정부 고위공직자 중 다주택자가 많다는 점을 겨냥해 "대통령과 국토부 장관이 팔라고 해도 팔지 않는 강심장에 다시 한번 놀랐다"고 했다.[288]

문재인 정부와 나라를 생각한 용기 있는 발언이었지만, 일부 친문 네티즌들은 조기숙을 '반역자'라고 부르며 "어디 일국의 대통령께 무례한 언사로 까내리려는가(깎아내리려는가)"라고 비난했다. "'미통닭(미래통합당을 폄하하는 여권 지지자 간의 비속어) 토착왜구들의 회유에 넘어(갔다)"느니 "너도 부동산 전문가더냐"라는 말까지 나왔다.[289] 차마 지면에 옮길 수 없을 정도로 악랄하고 저급한 말도 많았다.

진중권은 이런 공격에 대해 "파블로프의 개가 종소리에 침을 흘리듯 문빠들도 비판이라는 자극에 저렇게 반응한다"고 말했다. 그는 "이는 생물학적 필연성"이라며 "문빠들에게 '비판'이란 그 의미를 파악해 논리적으로 반박할 언어 현상이 아니라, 조건반사를 일으키는 자극, 즉 자동적인 신체 반응을 촉발시키는 신호 현상일 뿐"이라고 비판했다.[290]

조건반사의 지배를 받는 사람들은 극소수에 지나지 않을 거라고 믿고 싶지만, 문제는 이런 '악플 공격'이 두렵거나 신경 쓰여 아예 말을 하지 않는 사람이 많다는 점이다. 이게 정녕 문재인이 원하는 정치일까? 과연 우리는 이런 '악플 공격'을 가벼운 '양념' 정도로 여겨야만 하는가? 문재인은 정말 여전히 그렇게 생각하는지 궁금하다.

『중앙일보』논설실장 고현곤은 「문 대통령에게 부족한 것」이라는 칼럼에서 "대통령이 '조 교수는 나라를 생각하는 마음에서 얘기했다. 무분별한 공격을 자제해달라'고 했으면 어땠을까. 넉넉한 인품을 드러낼 작은 기회를 놓쳤다"고 아쉬워했다.[291] 하지만 박상훈의 말처럼, 문재인이 '문빠를 필요로 하는 정치'에 몰입해 있다면, 그런 기대는 원초적으로 실현 불가능한 것이다. 따라서 정확하지 않은 문재인의 부동산 인식은 계속될 수밖에 없다.

<u>66</u> .

"부동산 부자한테
왜
권력까지 줘야 하나?"

"이명박 정부 때 집값을 잡을 수 있었던 것은 속지 않았기 때문
이다."
• 경제정의실천시민연합 부동산건설개혁본부 본부장 김헌동

『오마이뉴스』(2020년 6월 29일) 인터뷰에서 한 말이
다. 경실련이 6월 23일 발표한 바에 따르면, 문재인 정부 3년 동안
서울 아파트 중위값(중간값)은 1채당 3억 1,400만 원(지난 정권 대
비 52퍼센트) 폭등했다. 박근혜 정부(2013년 2월~2017년 3월) 시절
에는 1억 3,400만 원 상승했고, 이명박 정부(2008년 12월~2013년
2월) 때는 오히려 1,500만 원 하락했다. 이와 관련, 김헌동은 다음

과 같이 말했다.

"이명박 정부 때 반값 아파트(보금자리주택)를 펼쳤죠. 어떻게 이럴 수 있냐? 이명박은 건설회사 사장 출신이라 돌아가는 걸 너무 잘 알거든요. 반값에도 분양이 가능한 걸 알아요. 이명박을 속일 수가 없었던 거죠. 자꾸 고위 관료들이 속이려 드니, 현대건설에서 같이 일하던 사람을 LH 사장으로 보내버려요. 그다음 강남 아파트를 평당 1,100만 원(당시 주변 시세는 평당 3,000만 원 선)에 분양해버려요. 이러니 집값을 잡죠."[292]

참으로 기가 막힌 일이다. 이명박이 누군가? 조세를 통해 부동산 불로소득을 환수하는 정책을 한사코 반대했던 그는 2007년 대선 당시 서울 강남에는 '종부세' 폐지를, 강북에는 뉴타운 개발을 통한 자산 증대를 공약으로 내걸었고, 당선 후 이를 밀어붙인 인물이었다.[293] 그럼에도 부동산 약탈을 막는 데에 진보 정권보다 나은 점도 있었다니, 이걸 어떻게 이해해야 할까?

김헌동은 "높은 데 앉아 있는 분들의 가면을 벗길 것"이라고 했다. "서울 시내 25개 구청장, 전국 16개 광역 지방자치단체장, 서울시 1급 이상 공무원, 박원순 서울시장이 임명한 서울시 산하 공기업 사장 부동산 재산 다 깔 거예요. 국회도 다 뒤질 겁니다. 초선·비례 의원 재산이 얼만지 다 살펴볼 겁니다." 그는 고위 관료나 정치인들이 부동산으로 돈 많이 버는 게 죄는 아니지만, "그럴 거면 부동산 임대업을 하라"고 했다. "부동산 부자한테 왜 권력까지 줘야 합니까. 고위공직자 중에 부동산 부자가 있다? 내쫓아야

죠. 당장 바꿔야죠. 5억 원 이상 재산 갖고 있으면 집 팔라고 했는데 안 팔고 버티는 사람들, 왜 그냥 두죠?"[294]

그는 부동산 문제를 해결하려면 "일단 강남에 집 두 채씩 가진 사람들부터 고위 공무원직에서 쫓아내야 한다"고 했다. "무주택자의 눈으로 부동산 문제를 바라봐야 해요. 집이 없어도 불편함 없는 세상을 만들어줘야 합니다. 국가나 서울시가 강제 수용한 땅은 매각하지 않겠다, 선언하면 돼요. 건물만 분양하면 강남에 20평짜리 아파트 1억이면 짓습니다. 집값 바로 잡히죠. 싱가포르는 개인이 아파트 건물만 보유하지 토지는 국가 소유잖아요. 이게 가능합니다. 정책을 바꾸기만 하면 돼요."[295]

부동산 문제가 정말 심각하긴 심각한가 보다. 평소 같으면 『오마이뉴스』에 문재인 정부를 비판하면 악플이 많이 달리는데, 댓글을 보니 차분하게 김헌동의 주장을 인정하는 목소리가 제법 많다. 물론 "『조선일보』인 줄 ㅋ『오마이뉴스』에도 이런 기사가 나오다니"라고 반응하는 이도 있긴 하지만 말이다. 이런 의견도 있었다. "자꾸 이 정권을 진보로 말하는데 절대 진보 아닙니다. 교육, 부동산, 노동.……거의 모든 부문에서 진보는 아닙니다. 다만 대놓고 해먹자는 쪽은 아니라 다행입니다만.……부정보다는 무능에 가까운 정권이라.……이거 참 안타깝습니다." 우리는 언제까지 '대놓고 해먹자는 쪽은 아닌 정권'을 가리켜 '진보 정권'이라고 불러야 하는 걸까?

67.

운동권도
사랑하는
부동산

"운동권 출신 586도 강남 아파트에 집착한다. 이념보다 돈을 더
믿는 것이다."[296]
• 제주지사 원희룡

2020년 7월 5일 페이스북에 올린 글이다. 운동권
출신 586의 부동산 사랑은 널리 알려진 것이기에 새로울 건 없다.
아니 운동권이니 아니니 하고 따질 것 없이 그 세대의 부동산 사랑
은 시대적 상황의 산물이었다고 보는 게 옳으리라. 물론 "아니, 운
동권 너마저!"라고 외칠 순 있겠지만, 이 또한 부동산을 이념의 상
위 개념으로 이해하면 간단히 풀리는 문제다.

〈PD수첩〉에서 이 문제를 다루었던 MBC PD 김재영은 『하우스 푸어: 비싼 집에 사는 가난한 사람들』(2010)에서 "386(586)세대들은 정치적으로는 독재의 압제에 시달렸지만, 경제적으로는 축복받은 세대였다"며 실증적 증거들을 제시하면서 다음과 같이 말한다.

"탄탄한 직장에서 경제력을 비축했던 386세대는 2000년대 부동산 투기의 주력이 됐다. 30대 후반에서 40대에 접어든 이들은 이미 왕성한 주택 수요 연령대에 접어들어 있었다. 이들은 2000년대 초반 부동산 투기 붐에 뛰어들었다. 2000년대 부동산 가격 상승을 주도한 세대는 부모 세대라고 할 수 있는 50대와 40대에 접어든 이들 386세대라고 할 수 있다."[297]

김정훈·심나리·김항기는 『386 세대유감: 386세대에게 헬조선의 미필적 고의를 묻다』(2019)에서 "이와 같은 386세대의 부동산 불패 신화가 독재정권의 정책 덕분이었다는 점은 역설적이다"며 이렇게 말한다. "박정희 정권이 만든 청약 제도와 분양가 상한제, 그리고 노태우 정권의 주택 200만 호 건설 정책과 1기 신도시 계획의 합작품이 386세대 한 사람 한 사람의 경제적 토대가 되었다."[298]

그런데 묘한 건 운동권 출신 586이 정관계에 진출해 사회적 차원에서 부동산 문제를 다룰 때엔 주어진 행운의 여건을 최대한 활용하는 개인적인 '총명'이 사라지고 갑자기 바보가 된다는 점이다. 김정훈·심나리·김항기는 586세대는 "민주화 운동 경력을 훈장 삼아 권력을 쟁취하고 권력의 네트워크를 사회 전 분야로 확장해 개인의 이익을 최대화한 세대"라고 했는데,[299] 그 총명함이 도대체 어디로 사라진 걸까?

왜 그럴까? 부동산이 이념의 상위 개념이듯이, 세속적인 환금화換金化에 유리한 학벌 역시 이념의 상위 개념이기 때문일까? 한 윤형은 "운동권 바닥에서 발언권을 가지려 해도 명문대를 가야 하는 이 '현실'을 우리는 어느 정도 인정해야 한다"고 했는데,[300] '어느 정도'뿐이겠는가. 전적으로 인정하지 않을 수 없는 게 현실이다.

어쩌면 586 운동권의 불행했던 성장 시절이 학벌과 실력을 무관하게 만들었던 건지도 모른다. 이종태는 "박정희와 전두환 집권 당시 중고등학교를 다닌 이른바 386세대들은 고등학교를 졸업할 때까지는 사상思想의 '사思'자도 알지 못할 정도로 독서의 폭이 좁았다"며 다음과 같이 말한다.

"그러나 오히려 이런 사정 때문인지 대학에 들어가자마자 너무나 쉽게 사회주의자나 주체주의자로 '돌변'하는 경우가 많았다. 과격해 보이는 사상을 골라 사치재로 소유하면서, 자신을 다른 사람들과 차별화는 것은 이 시대에 흔한 일이었다. 이는 다른 사람(정파)의 '사상'을 문제 삼으면서 자신(자기 정파)의 정체성을 주장하는 것으로 이어졌다. 예컨대 '당신은 사회주의자를 자처하지만 보수 야당과의 연대를 주장하는 것을 보면 사회주의자에 불과하며', '계급 이야기를 많이 하는 나야말로 정통 사회주의자'라는 식이었다. 당시의 '좌파 패거리'들은 이렇게 다른 패거리들을 '기회

주의자'로 몰고 '기회주의 사상 때문에 운동이 발전하지 못한다'
고 주장하면서 세를 형성했다."[301]

오늘날 문재인 정부의 핵심을 장악한 그들이 진정한 '좌파'였
다면 계급 정신에 투철했겠지만, 비극적이게도 그들은 좌파도 아
니었고, 그들이 비난의 대상으로 삼는 '기회주의자'가 바로 훗날
의 자신들이 될 것임을 전혀 깨닫지 못했다. 이종태는 "당시 대다
수의 386세대(필자를 포함해서)가 '좌파'의 소양을 충분히 갖춘 것
은 아니었다"며 다음과 같이 말한다.

"이유는 간단하다. 너무 바빴기 때문이다. 일주일에 2~3회에
이르는 교내 시위나 거리 시위, 조직 활동 등 독재정권에 대한 물
리적 저항만으로도 그들은 너무 바빴다. 그래서 대다수의 386세
대의 사상 학습 수준은 학생 시절 이후 오랫동안 간직하고 실천할
정도로 발전하지 못했다. 또 술자리는 얼마나 잦았던가. 물론 속성
으로 조악하게 번역된 소련의 마르크스-레닌주의 교과서들이 유
행하고, 어떤 이들은 북한 방송을 녹취해서 읽어댔다. 그러나 '세
상엔 자본가와 노동자, 두 계급밖에 없다'는 레닌의 경구를 외우고
다닌다고 해서 볼셰비키가 될 수는 없는 법이다."[302]

새삼 586을 비판하거나 조롱하려는 게 아니다. 그들이 거의
목숨을 내놓고 싸워야 했던 독재정권이라는 '적'이 광포한 만큼
그들의 사상은 '과격'해야만 했던 시대적 비극과 아픔을 이해해야
오늘의 수수께끼가 풀린다는 점을 말하고자 하는 것뿐이다.[303]

미시적으로 보자면, 이화여자대학교 교수 조기숙의 설명이 돋

보인다. 그는 2020년 7월 8일 JTBC〈뉴스룸〉에 출연해 문재인 정부 부동산 정책 실패는 정책의 이해도가 떨어지는 운동권 출신 정치인·교수에게서 비롯되었다고 진단했다. 그는 "운동권 출신 정치인이나 교수들에게 정책학은 부르주아 학문이기 때문에 정책학에 대한 기본 이해가 떨어진다는 게 제가 말하는 전문성 부족"이라며 "사람은 욕망을 갖고 자기 이기심을 추구하기 때문에 정부가 원하는 방향으로 자발적으로 따라올 수 있게끔 보상 구조를 디자인하는 게 정책이라고 본다"고 설명했다.[304] 문제는, 모르면 배워야 하는데, 그들에겐 배울 뜻이 전혀 없으며 오히려 1980년대에 익힌 버릇에 따라 자신과 다른 생각을 '적폐'로 모는 데에 열성이라는 점일 게다.

68

이 나라의
주인은
투기꾼인가?

"도대체 이 나라의 주인이 누구냐. 대한민국이 투기꾼의 나라냐."
• 경제정의실천시민연합 부동산건설개혁본부 본부장 김헌동

『중앙일보』(2020년 7월 6일) 인터뷰에서 다음과 같은 말끝에 한 말이다. "평등·공정·정의를 떠들더니 3년간 정책을 정반대로 몰고왔다. 실수요자에겐 전세 자금도 대출 안 해주고 집 한 채 사려고 하면 허가를 받으라고 한다. 정부가 집값 올려놓고 무슨 자격으로 허가받으라는 건가. 10채, 100채씩 사는 사람에겐 규제보다 혜택을 준다." 그는 정부가 전 정권 탓을 하는 것에 대해

선 이렇게 말했다.

"도대체 3년간 뭐 하다 이제 와서 잠꼬대하듯 전 정권을 탓하나. 박근혜 정부 때 30만 채였던 임대 사업용 주택은 문재인 정부 들어 100만 채(약 4만 명이 소유)가 늘었다. 상위 1%가 보유한 주택은 2008년 35만 채였는데 2019년 140만 채로 늘었다. 상위 1%의 1인당 보유 주택은 2.8채에서 약 9채로 늘었다. 엄청난 사재기가 있었다는 얘기다. 정부가 집을 사재기하도록 세금 깎아주고 대출을 늘려줬으니 집값이 뛸 수밖에 없었다."[305]

어리석은 걸까, 아니면 사악한 걸까? 아무래도 이 나라의 주인은 투기꾼이라고 이해하고 사는 게 정신 건강엔 더 좋을 것 같다. 하지만 대체적으로 그럴지라도 늘 그럴 순 없다. 『경향신문』 편집인 양권모는 "부동산 대책은 심리전 성격이 강하다. 부동산 정책이 불신의 늪에 빠지면 백약이 무효인 순간이 온다"며 다음과 같이 말했다.

"경계선에 서 있는 지금 부동산 정책의 실패를 인정하는 것에서부터 시작해야 한다. 실패를 인정하지 않으면 고칠 게 없어진다. 실패를 인정해야 '부동산 가격을 잡고 주거 안정을 이룰 수 있는' 정책의 근본적 전환이 가능하다. 한 번 더 집값이 폭등하면 정권 재창출이 어려울 정도로 치명적 타격을 입을 수 있다. 정권이 부동산 가격을 잡지 못하면, 필시 부동산이 정권을 잡는다."[306]

그러나 모든 정부가 다 그렇겠지만, 특히 문재인 정부는 자존심(또는 '독선과 오만')이 워낙 센 탓에 실패를 인정하는 것에 매우 인색하다. 이런저런 극약 처방을 마구 던지는 것으로 이 위기 국면을 돌파해보려는 기색이 역력하다. 2018년 최고의 명언으로 꼽힌, 청와대 대변인의 "문재인 정부 DNA에는 민간 사찰이 없다"는 말처럼, 여전히 자신들의 DNA를 신봉하고 있는 것으로 보인다.

이런 DNA 신봉의 원조는 문재인이다. 문재인의 대통령 취임사를 다시 읽어보라. 아무리 대통령 취임사가 의전용 의례라고 하지만, 해도 너무했다는 생각이 들 정도로 오늘날의 현실과는 너무도 동떨어져 있는 내용이니 말이다. 누군가는 "문재인 대통령 취임사는 지금 봐도 명문名文이다. 탄핵으로 어수선한 나라를 바로잡고, 국민을 섬기겠다는 충심이 곳곳에 녹아 있다. 진보·보수 막론하고, 대권을 꿈꾸는 사람이라면 꼭 참조할 만하다"고 했지만,[307] 반면교사反面教師용이라면 모를까, 참조하지 않는 게 좋을 것 같다.

문재인은 취임사에서 "지금 제 가슴은 한 번도 경험하지 못한 나라를 만들겠다는 열정으로 뜨겁습니다"라고 했는데, 이런 '천지창조天地創造'식 열정은 절대 금물이다. 진보건 보수건, 인간은 다 거기서 거기라는 불멸의 진리를 거부한 '독선과 오만'에서 이 모든 위기가 생긴 건지도 모르겠다. 국민이 원하는 건 별게 아니다. 이전 정권들처럼 부동산 약탈 체제를 고수하더라도 견딜 만하게, 지속가능하게, 적당히 해달라는 것이다. 정반대의 방향으로 '한 번도 경험하지 못한 나라'를 만들겠다는 게 아니라면 말이다.

69.
부동산 약탈은
다수결의
폭력인가?

"집값은 여와 야, 보수와 진보의 문제가 아니다. 기득권 대 비기
득권의 문제다."
• 서울시립대학교 교수 정석

「집값이 안 잡히는 이유」라는 『경향신문』(2020년 7월
6일) 칼럼에서 한 말이다. "2019년 자가 보유율은 61.2%이다. 국
민 열 명 가운데 여섯 명이 집을 가지고 있고 집값이 오르기를 간
절히 바라고 있다. 부동산 정책을 결정하는 사람들은 어떤가? 청
와대와 국토교통부의 정책 결정자들도 집 가진 사람이 다수고 다
주택자들도 꽤 있다. 한 채만 남기고 팔라는 비서실장 권고대로 팔

왔다는 얘긴 들리지 않는다. 그들이 만든 정책은 어느 쪽을 위한 것일까? 가난한 백성들일까, 자신을 포함한 기득권일까?"

자기 집 가진 사람들을 탓할 필요는 없다. 그들은 자기 집값이 오르길 바랄망정 부동산 약탈 근절까지 반대하는 건 아니기 때문이다. 문제는 부동산 약탈이 별일 아니라고 생각하는 정부, 관료, 정치인들이다. 이들은 부동산 약탈의 해법으로 늘 '공급론'을 내세우는데, 이건 사기다. 왜 그런가? 경실련에 따르면 2008년부터 2018년까지 10년간 공급된 주택 489만 호의 절반인 250만 호를 다주택자가 사재기했고, 이 가운데 200만 호를 자가 보유자 상위 10퍼센트(105만 명)가 사들였다. 10년 사이 전체 주택 가격은 3,100조 원 증가했고, 1인당 평균 증가액을 보면 자가 보유자 전체는 2억 원, 상위 10퍼센트는 5억 원, 상위 1퍼센트는 11억 원이었다. 정석은 이런 통계 수치를 제시하면서 다음과 같이 말한다.

"신규 주택 공급은 기득권을 더욱 살찌우는 먹잇감이 되었다는 얘기다. 공급론에 속지 말자. 수도권 신도시는 집값을 잡기는커녕 더욱 끌어올리는 마중물이 될 것이고 지방 소멸을 가속화할 것이다. 비수도권 신도시 역시 집값 상승의 불쏘시개 노릇을 하며 비어가는 원도심과 농산어촌을 초토화시킬 것이다. 빈집들이 지천인데 왜 자꾸 새로 짓는가? 누구 좋으라고? 집값은 못 잡는 게 아니라 안 잡는 것이다. 자본 권력들이 집값 상승을 부추기고, 정책 결정자들도 기득권이거나 그에 가깝다. 국민들 중에도 오르길 바라는 쪽이 수도 많고 목소리도 크다. 이런 형국인데 집값이 내려갈

수 있을까?"[308]

그렇다. 부동산 약탈은 이렇듯 다수의 암묵적 공모共謀에 의해 저질러지는 '다수결의 폭력'으로 볼 수 있는 점이 분명히 있다. 문제는 자기 집을 갖고서도 입만 열면 개혁을 외치는 사람들이다. 이들만 합세해주어도 수적 열세는 극복할 수 있겠지만, 이들은 부동산 약탈엔 별 관심이 없다. 하지만 부동산 가격 폭등이 "해도 너무한다"는 수준에 이르면, 이런 다수결은 정반대의 방향으로 뒤집어지고 만다.

한국갤럽이 2020년 7월 7~9일 전국 성인 1,001명을 대상으로 조사한 결과, 정부의 부동산 정책에 대한 평가를 묻는 질문에서 '잘못하고 있다'는 응답은 64퍼센트, '잘하고 있다'는 17퍼센트였으며, 20퍼센트는 평가를 유보한 것으로 나타났다.[309] '잘하고 있다'와 '평가 유보'가 37퍼센트나 되긴 하지만, 이 조사 결과는 그런 전복이 일어나고 있다는 걸 잘 보여주고 있다 하겠다.

70.

"잘 가라
기회주의자여"

"일 푼의 깜냥도 아닌 것이 / 눈 어둔 권력에 알랑대니 / 콩고물의 완장을 차셨네 / 진보의 힘 자신을 키웠다네 / 아이러니 왜이러니 죽 쒀서 개줬니 / 아이러니 다이러니 다를 게 없잖니 / 꺼져라 기회주의자여 / 끼리끼리 모여 환장해 춤추네 / 싸구려 천지 자뻑의 잔치뿐 / 중독은 달콤해 멈출 수가 없어 / 쩔어 사시네 서글픈 관종이여 / 아이러니 왜이러니 죽 쒀서 개줬니 / 아이러니 다이러니 다를 게 없잖니 / 꺼져라 기회주의자여 / 아이러니 왜이러니 죽 쒀서 개줬니 / 아이러니 다이러니 다를 게 없잖니 / 잘 가라 기회주의자여."
• 안치환의 노래 〈아이러니〉

2020년 7월 7일 가수 안치환이 공개한 디지털 싱글 〈아이러니〉의 가사다. 그는 이 노래를 소개한 글에서 "권력은 탐하는 자의 것이지만 너무 뻔뻔하다. 예나 지금이나 기회주의자들의 생명력은 가히 놀라울 따름이다. 시민의 힘, 진보의 힘은 누굴 위한 것인가? 아이러니다"라고 썼다. 그는 또한 "세월은 흘렀고 우리들의 낯은 두꺼워졌다. 그날의 순수는 나이 들고 늙었다. 어떤 순수는 무뎌지고 음흉해졌다"며 진보 진영 내에서 순수성을 잃은 이들을 비판했다.

안치환은 『한겨레』 인터뷰에서 "민중이 촛불을 들고 더 나은 세상을 소망하며 만들어준 나라에서 권력에 빌붙고, 권력에 알랑댄 '똥파리'들을 보니, '아이러니'라는 생각이 들게 됐다"며 "재주는 곰(민중)이 부리는데 돈은 왕서방(기회주의자)이 챙기는 꼴을 비판하고자 노래를 만들었다"고 설명했다.[310] 그는 『경향신문』 인터뷰에선 "보수든 진보든 세상에는 기회주의자가 넘쳐 흐른다"면서 "그러나 이쪽 편이라고 해서 잘못된 것을 잘못됐다고 말하지 않고 고쳐나가지 않으면 무엇이 다른가 하는 문제의식을 담았다"고 말했다.[311]

프로이센의 장군이자 전쟁 이론가인 카를 폰 클라우제비츠Carl Von Clausewitz, 1780~1831의 영향을 받은 프로이센의 장군인 요하네스 폰 몰트케Johannes von Moltke, 1848~1916는 환경은 불가피하게 변화하기 때문에 상세한 계획은 항상 실패한다고 주장했다. 몰트케의 영향을 받은 미국 GE 회장 잭 웰치Jack Welch, 1935~2020는 기업은 변화하는 환경에 재빠르게 적응해야 한다는 의미에서 '계획적 기회주의planful opportunism'라는 말을 만들어냈다.[312] 계획적 기회주의는 오늘날 모든 기업의 철칙이자 경영자의 주요 덕목이 되었기에,[313] 기회주의는 기업 경영 분야에선 아름다운 말로 통한다.

기업과 정권, 경영과 국정 운영은 다르다. 아니 달라야만 한다. 그러나 그런 당위는 통하지 않는 게 현실이다. 누군가 야당 시절의 민주당을 가리켜 '생계형 자영업자 정당'이라고 했듯이,[314] 자영업의 원리를 정치와 정치적 지지에 적용하는 정치인과 지지자가 너무 많아졌다. 이제 집권을 했으니, '지대추구地代追求, rent-seeking', 속된 말로 뜯어먹을 수 있는 것이 도처에 널려 있으니 어찌 기회주의를 뜨겁게 포용하지 않으랴.

주변을 잘 둘러보시라. "저 사람이 왜 저러지? 그럴 사람이 아닌데"라고 느낄 정도로 용비어천가를 읊조리고 반대편에 저주의 욕설을 퍼붓는 사람들에겐 공통점이 있다. 권력의 '꿀단지'에 한 발 걸쳤거나 걸치려는 사람들이다. 그들은 '꿀단지'가 아니라 '공익 봉사'라고 우겨대지만, 개 풀 뜯어먹는 소리와 다를 바 없는 궤변이다. 눈 어둔 권력에 알랑대 콩고물의 완장을 찬 게 스스로 멋쩍었던지 진보의 힘이 자신을 키웠다며, 잘못된 것을 지적하는 사람들을 향해 악다구니를 해대는 사람들 덕분에 진보는 점점 쓰레기통으로 밀려들어가고 만다.

71.
"집을 파느니
승진을
포기하겠다"

"집 파느니 승진 포기하는 공무원들…부동산 광기의 시대."
• 『중앙일보』(2020년 7월 9일) 1면 머리기사 제목

정부가 2급(이사관) 이상 다주택 고위공직자들에게 빨리 집을 팔 것을 요구한 것에 대한 고위공직자들의 반응을 취재한 기사다. 해당 공직자는 1,081명(일반직 기준)에 이르며, 정무직 장차관급을 더하면 규모는 더 커진다. 2020년 3월 공직자 재산 공개를 기준으로 청와대(29.8퍼센트)·국회(30.7퍼센트)·행정부(27.9퍼센트) 고위직 10명 중 3명이 다주택자였다.

이 기사에 따르면, A부처에선 강남 아파트를 지키기 위해 승진을 포기한 고위공직자까지 나왔다. 익명을 요구한 승진 포기자는 "승진이 내게는 자아실현일 수 있지만, 집을 팔아 가족에게 피해를 주긴 싫었다"고 말했다. B부처 공무원은 "국장 승진 대상인 과장급 공무원이 모이면 집을 팔았는지부터 물어본다"며 "업무 능력이나 실적보다 부동산 매각 여부가 인사 평가 기준이 되는 것은 정상이냐"고 되물었다. 조동근 명지대학교 명예교수는 "잘못된 정책 방향으로 인해 부동산 시장이 혼돈을 넘어 광기의 시장으로 변했다"고 진단했다.[315]

그런 광기는 '로또 광기'를 수반했다. 『한국일보』 뉴스1부문장 박일근은 "2020년 대한민국은 로또 공화국이라고 해도 과언이 아니다"고 했다. 그는 "상반기 서울 아파트 청약 평균 경쟁률은 100대 1을 기록했다. 정부의 규제로 분양가가 시세의 절반에 불과, 당첨만 되면 수억 원의 시세 차익이 보장된다. 분양가 상한제 시행을 앞두고 강남 로또 아파트 청약 광풍은 더 거세질 것으로 보인다. 이달 말 분양할 대치동의 전용 59m² 분양가는 12억 원대인데, 인근 같은 평형 실거래가는 25억 원이다. 당첨만 되면 13억 원짜리 로또다"며 다음과 같이 말했다.

"로또 공화국의 가장 큰 문제는 묵묵히 자기 자리를 지키며 착실하게 사는 사람들을 바보로 만든다는 데 있다. 10억 원은 매월 100만 원씩 성실히 모아도 80년 넘게 걸리는 큰돈이다. 그런 거액이 청약 로또로 결정된다면 누가 열심히 살겠는가.……대박이

나 로또보다는 성실과 땀이 존중받는 나라를 그려본다."[316]

아무리 국정 농단 덕분에 집권했을망정 문재인 정권이 '로또 정권'은 아닐진대, 어쩌자고 그렇게 '로또 광기'를 부추기는 데에 앞장섰을까? 과도한 집값 상승을 막으려는 분양 가격 통제라고 하는 선의에서 비롯된 결과일망정, 무슨 일이 터져야만 반응해 임시변통의 해법을 내놓기에만 바쁜 정권의 본질적인 무능이 근본 이유임을 두말할 나위가 없다.

로또라는 건 결코 비유가 아니었다. 부동산 재테크 관련 인터넷 커뮤니티엔 "꿈에 계속 아파트만 보입니다", "아이 유치원 당첨에 올해 행운을 다 써서 힘들 것 같아요"라는 글들이 올라왔고, "당첨만 되면 앞으로 좋은 일 많이 하면서 살겠다"고 적은 사람도 있었으니,[317] 이게 진짜 로또가 아니면 무엇이 로또란 말인가.

그럼에도 대한민국이 '로또 공화국'이란 건 호평이 아닌가 싶다. 진짜 로또는 가난한 사람도 접근할 수 있는 '기회의 평등'이 보장되지만, 전반적으로 큰돈을 벌 수 있는 로또의 메커니즘은 많이 가진 사람들에게 유리한 방식으로 작동한다는 점에서 말이다. 실제로 "집을 파느니 승진을 포기하겠다"는 생각을 행동으로 옮길 사람이 얼마나 될지는 모르겠지만, 고위공직자들 역시 '부동산 공포'가 심각하다는 점에서 기존 부동산 약탈 체제가 집이 있건 없건 대부분의 사람들을 피해자로 만드는 시스템이라는 걸 말해주는 건 아닐까?

72.
언제까지
'눈 가리고 아웅' 게임을
할 건가?

이 기사를 쓴 기자 김규원은 "서울과 수도권에 대한 집중적인 개발과 투자가 서울 집값 폭등의 근본 원인이라는 지적이 많다"고 했는데, 이 문제를 지적한 언론이 거의 없는지라 불행 중 다행이다. 이 기사에 소개된 주요 지적을 차례대로 살펴보자.

"문재인 정부가 서울 사람들에게 엄청난 이익을 가져다줬다. 지난 3년 동안 서울의 부동산 불로소득이 490조 원에 이른다. 서

울에서 집값 상승을 막으려면 수도권 개발 사업을 중단해야 한다."(경실련 부동산건설개혁본부장 김헌동)

"서울과 강남 부동산 불패의 원인은 역대 정부의 불균형발전 정책에 있다. 수도권의 부동산 가격과 전국의 균형발전은 동전의 앞뒷면처럼 긴밀하게 연결돼 있다. 그것을 통합적으로 보고 정책을 써야 한다."(전북대학교 교수 강준만)

"3기 신도시와 수도권 광역 급행철도 건설은 수도권 집중 완화와 균형발전 정책의 포기를 선언한 것이다. 아주 나쁜 신호였다."(충북경제사회연구원장 이두영)[318]

"법률상 지방 이전 대상인 수도권 공공기관 350여 곳을 하루 빨리 풀어줘야 한다. 수도권에 대한 과도한 압력을 빼야 서울 집값도 안정되고, 지방도 살 수 있다."(전 국가균형발전위원장 이민원)

"제2국회나 제2청와대, 미이전 행정부 등을 세종시로 빨리 옮겨야 한다. 이런 기관들은 상징성이 커서 수도권에 쏠려 있는 국민의 심리에 큰 변화를 가져올 수 있다."(세종대학교 교수 임재만)

"최근 지방에서 서울로 이주하는 인구의 70%가 20대다. 지방 청년들은 대학 진학 때 1차, 대학 졸업 뒤 2차로 서울에 몰려든다. 이들 역시 서울 임대료 상승의 원인이 되고 있다. 서울에 있는 대학을 지방으로 옮기거나 지방에 좋은 대학들을 키워야 한다. 또 졸업 뒤에도 지방에 남을 수 있게 공기업의 지방 인재 채용 할당제를 확대하고, 대학이 사기업과도 공동 작업을 해야 한다."(중앙대학교 교수 마강래)

토지+자유연구소장 남기업은 "이제 문재인 정부가 계속 수도권 중심 정책을 쓸지, 균형발전 정책을 쓸지 판단해야 하는 시점이다"고 했는데,[319] 나는 이렇게 바꿔 말하고 싶다. "이제 문재인 정부는 '눈 가리고 아웅' 게임을 계속할 것인지, 중단할 것인지 판단해야 하는 시점이다."

73.

'벼락치기 공부'로는
안 된다

"수도권 집값을 못 잡는 두 가지 이유."

• 한국교통대학교 도시교통공학전공 교수 권일

『한겨레』(2020년 7월 13일)에 기고한 칼럼 제목이다. 정부는 다주택자를 겨냥해 보유세(재산세와 종합부동산세)와 거래세 (취득세와 양도소득세)를 일제히 올리는 등 다주택자, 법인, 임대사업자 등 부동산 투기 세력에 대한 전방위 규제를 망라한 '7·10 대책'을 내놓았는데, 일부 부동산 전문가는 "충격 그 자체다. 아파트 투자는 끝났다"고 했다.[320] 그러나 권일은 '7·10 대책'으로는 수도권의 집값을 잡을 수 없다며 2가지 이유를 제시했다.

"첫째, 도시 내 공급을 하건 주변 지역에서 공급을 하건 수요와 균형을 이룰 수 있어야 집값을 잡을 수 있다. 그런데 건설을 통해 추가로 공급되는 주택들을 지금처럼 다주택자들이 더 많이 사들일 수 있는 구조에서 신규 주택 건설을 통하여 집값을 잡을 수는 없다.……둘째, 서울 및 수도권의 주택 공급 확대는 신규 주택 수요를 만들어낸다. 도시화 이론 중에 '토다로의 역설'이 있다. 도시로의 인구 집중으로 발생하는 도시 문제를 해결하려고 노력할수록 도시 문제가 심화된다는 게 요지다. 즉, 도시 문제는 농촌 지역과 연계되어 있기 때문에 농촌의 문제를 해결하지 않고는 도시 문제를 해결할 수 없다는 것이다. 이 이론을 비수도권 지역에서 수도권으로 인구가 이동하는 우리나라에 적용하면 정확하게 들어맞는다. 수도권의 집값 안정화에 대한 노력을 할수록 수도권의 집값 문제는 심화된다. 수도권에 주택 건설을 확대할수록 비수도권 지역에서 수도권으로의 신규 유입 인구 증가를 불러와 새로운 수요를 만들어내기 때문이다.……장기적으로 수도권 주택 가격의 안정화는 비수도권 지역에서 수도권으로 인구 이동이 발생하지 않고 국토 균형발전이 이루어질 때 가능할 것이다."[321]

평소에 공부를 전혀 하지 않을 뿐만 아니라 오히려 공부에 방해되는 일만 골라서 한 학생이 시험이 닥치자 벼락치기 공부를 한다. 천재라면 모를까, 평범한 학생이라면 낙제할 가능성이 매우 높다. 정부는 천재가 아니다. 고위공직자들 가운데 자기 가족을 위한 부동산 투자나 투기를 하는 데엔 천재가 많을지 몰라도 무주택자의 민생을 돌보는 데엔 둔재에 가깝다. 따라서 '7·10 대책'과 '8·4 대책'은 말할 것도 없거니와 이후 그 어떤 고강도 대책이 나온다 하더라도 집값을 잡기는커녕 오히려 다급해서 급조해낸 탓에 부작용만 양산할 것이다.

74.
"집값이 떨어지면
더 큰 난리가
날 것이다"

"집값은 잡고 낮춰야 할 대상이 아니다."
•『한국일보』신문국 에디터 조철환

『한국일보』(2020년 7월 15일)에 쓴 「집값 확실히 잡는 법」이라는 칼럼에서 "일자리 없애고 경제를 망치면 저절로 잡히는 게 집값"이라며 한 말이다. 이어 그는 다음과 같이 말했다. "꾸준히 조금씩 오르도록 관리하는 게 정상이다. 대다수 많은 이들에게 집은 유일한 재산이기 때문이다. 집값이 떨어지면, 집값 오를 때보다 더 큰 난리가 날 것이다. 은퇴자들의 노후는 흔들리고 금융기관은 도산할 수도 있다." 이런 문제의 연장선상에서 그는 문재인 대통령의 투자관이 폭넓게 바뀔 필요가 있다며 다음과 같이 말했다.

"측근들에 따르면 '부동산 투기와 같은 불로소득은 용납할 수 없다'는 게 대통령의 신념이다. 재화의 장소와 시기만 바꿔도 부가가치가 만들어지는 '상업의 논리'를 천시했던 봉건적 투자관과 흡사하다. 그런 논리라면 63조 원을 해외 부동산에 투자 중인 국민연금은 어떻게 해야 하나. 국민은 신념을 보고 지도자를 선택했지만, 지도자는 현실과 국익의 관점에서 때로는 신념도 고쳐야 한다. 그래야 좋은 정책이 나온다."[322]

날카로운 안목이 돋보이는 옳은 말씀이지만, 2퍼센트 부족한 것 같아 아쉽다. 문재인에겐 "부동산 투기와 같은 불로소득은 용납할 수 없다"는 신념이 있었을지라도, 행동으론 사실상 불로소득을 장려하는 정책을 써왔다는 사실이 중요하다. 무지 때문인지, 정치를 지지자와 반대자 사이의 '유사 전쟁'으로 여기는 정치관 때문인지 정확히 알 길은 없지만, 중요한 건 문제의 원인이 '상업의 논리'를 천시했던 봉건적 투자관에 있었던 건 아니었다는 점이다.

지금과 같은 '청와대 정부' 체제하에선 이견이 용납되지 않는다. 집권여당인 더불어민주당은 상명하복上命下服을 생명처럼 여기는 '군대'가 되어버린 지 오래다. 서강대학교 명예교수 손호철이 잘 지적했듯이, 더불어민주당은 "우리의 정당정치를 군사독재 시대로 후퇴시키고, 국회를 상명하복의 군대로 만드는 짓"을 자주

해왔다.[323] 더불어민주당 의원이 아무리 문재인 정부를 위한 말을 하려고 해도, 문재인이 추진해온 '유사 전쟁'의 일선 전사들이 무시무시한 악플 공세를 퍼붓는 바람에 입을 뻥긋하기조차 힘들다. 박용진과 같은 극소수 소신파 의원들을 제외하고 이들의 발언은 언론 보도에서 대부분 익명으로 처리된다.

한 의원은 "현 지도부는 이해찬 대표에게 말을 할 사람이 없는 1인 독주 체제이자 당 안팎의 목소리 전달이 안 되는 1인 중심"이라며 "청와대의 일방통행식 전달, 당의 이상한 일사불란함이 위기를 키우고 있다"고 했다. 박용진도 "쓴소리와 이견이 존재해야 민주 정당인데 일사불란함만 강조돼 좋은 상황이 아니다. 176명 모두가 반짝이는 전등이 돼야 한둘이 꺼져도 조도를 유지하는 당이 되는데……"라며 "앞으로도 예기치 않은 일들이 더 벌어질 것 같아 걱정"이라고 했다.[324] 즉, 문재인의 봉건적 투자관이 문제일지라도, 더욱 근원적인 문제는 그걸 교정할 수 있는 시스템이 정부 여당의 내부에 전혀 없다는 데에 있다고 보는 게 옳을 것이다.

"집값이 떨어지면, 집값 오를 때보다 큰 난리가 날 것이다"는 말은 백번 옳지만, 지방엔 이미 집값이 떨어져 난리가 난 지역이 많이 있었음에도, 정부를 비롯해 우리 사회가 그 문제를 심각하게 여기진 않았다는 건 어떻게 이해해야 할까? 지방에 집값이 떨어진 곳이 많기 때문에 서울의 집값이 오르고, 또 너무 올라서 문제가 된다는 쪽으로도 생각해보는 게 필요하지 않을까?

75.

"나는
내 자식을 위해
무엇을 준비했나?"

"딸아, 네게 결혼하라 말도 못하겠다."
● 인천발산초등학교 교사 강임순

『한겨레』(2020년 7월 16일)에 기고한 칼럼에서 한 말이다. 인천의 초등학교에서 교사로 일한 지 30년이 넘는 강임순은 해외여행도 골프도 명품도 큰돈이 들어갈 만한 일에는 관심도 두지 않고 근검절약하면서 살았다. 2019년 딸아이 둘이 서울에 있는 직장과 학교로 가게 되었는데, 아이들은 왕복 3~4시간을 도로에서 보내야 했다. 안쓰러운 나머지 고심 끝에 집의 크기를 줄여서라도 서울로 이사하기로 했지만, 그건 그야말로 허황된 꿈이었다고 한다. 턱도 없이 오른 집값에 말도 꺼내기 어려운 상황이었던지라, 차선책으로 서울 가까운 김포시로 가기로 결정했다. 그나마 10년 가까이 살던 집을 팔고 대출도 받아야 전셋집을 얻을 수 있었다. 그는 부동산 사무실에서 목격한 일에 대해 다음과 같이 썼다.

"청년 한 명이 들어오고 있다. 중개인은 그 청년이 집주인이라 했다. 아니 저렇게 젊은 사람이 어떻게 몇 억씩이나 하는 아파트 주인이란 말인가. 당황스러움에 집값 흥정 계획은 훅 달아났다. 뒤따라 들어온 중년 부인. 그 청년의 어머니란다. 아들이 결혼하면 살게 하려고 아파트를 분양받아 아들 명의로 등기를 낸 상황이었다.……아들 둘을 둔 그 '사모님'은 두 아들 결혼을 위해 아파트를 쟁여두는 중이었다. 근데 이상했다. 아들이 둘인데, 아파트는 세 채나 준비 중이다. 아들 둘을 위해 혼수품 집을 준비하는 어머니. 나는 내 딸을 위해 무엇을 준비했나. 그날 나는 딸아이와 함께 부동산 사무실을 나오면서 딴 세상에 다녀온 느낌이었다."

이후 두 모녀 사이의 대화다. "이젠 너에게 결혼하라는 말도 못 하겠다. 저 엄마는 집까지 사놓고 아들 결혼을 기다리는데, 나는 아무 준비도 없으니……." "에잇, 엄마. 별소리를 다 하네. 이렇게 잘 키워주셨잖아요. 엄마가 자수성가했듯이 나도 내 힘으로 열심히 살 거예요. 지금도 나를 위해 이사 온 건데……. 고맙고 미안해요."

우리 주변에서 흔히 볼 수 있는 이야기요 풍경이다. 강임순의 말마따나, "지금은 부동산 광기의 시대다. 가진 자는 자신의 자산을 부동산에 쏟아붓고 값이 오르기만을 기다린다. 못 가진 자는 집세가 오를까봐 불안에 떨며 산다".[325]

자식에게 결혼하라고 말할 수 없는 부모가 점점 늘고 있다. 내 주변에서도 피부로 실감하고 있다. 그런 상황에서 66조 원, 아니 100조 원의 돈을 퍼붓는다 한들,[326] 무엇이 달라질 수 있을까? 저출산 대책 예산의 80퍼센트가량이 보육과 양육에 편중되어 있다는데,[327] 결혼을 해야 보육과 양육도 할 게 아닌가 말이다. 부동산 가격 폭등을 방치하거나 부추기면서 아이를 낳으라고 호소하거나 외쳐대니, 미쳐도 단단히 미친 게 아니고 무엇이랴.

언론이 저출산 관련 기사를 올리면 댓글이 적게는 수백 건, 많게는 수천 건씩 달리는데, "헬조선에서 아이 낳아봐야 금수저 노예 공급하는 것밖에······" 같은 살벌한 댓글이 적지 않았다.[328]

작가 한동일은 로마법으로 한국 사회의 문제들을 짚어낸 『로마법 수업』(2019)에서 "노예의 소유주들은 은근히 노예가 가정을 갖기를 바랐다. 그건 노예에게서 출생한 자녀가 그대로 주인의 재산이 되기 때문이었다"며 로마 사회의 교묘한 출산 장려책과 한국의 저출산 위기론을 비교했다. 그는 "젊은이들은 이미 깨닫고 있는 것"이라며 "아직 태어나지도 않은 내 아이가 사회 지배층을 먹여 살리는 하층 계급의 삶에서 벗어날 수 없으리라는 것을 그들은 뼈아프게 간파해버렸는지도 모른다"고 했다.[329] 부동산 약탈 국가의 무서운 진실이라고나 해야 할까?

76.

누구를
위한
그린벨트인가?

"개발제한구역은 미래 세대를 위해 계속 보존해야 한다."
● 대통령 문재인

　　정부가 서울의 부동산 가격 폭등을 잠재우기 위한
방안 중의 하나로 강남의 개발제한구역(그린벨트) 해제를 띄운 건
7월 중순경이었다. 그린벨트가 서초·강남구에 많다는 보도도 나
오고 해서 그렇게 가려나 보다 했다. 하지만 여권 내부에서 반대의
목소리가 나오고, 언론도 반대로 기울자, 문재인 대통령은 7월 20일
정세균 국무총리와의 청와대 주례 회동에서 이와 같이 밝히기에

이르렀다.

　그런데 이상한 일이 벌어졌다. 문재인은 국가 소유 태릉 골프장 부지 활용을 대안의 하나로 제시했는데, 태릉 골프장 역시 그린벨트였기 때문이다. 왜 강남이 아닌 태릉으로 바뀌었을까? "강북 주택 공급이란 점에서 서울시가 추구했던 강남·북 균형발전 기조에도 들어맞는다"는 해석이 나오기도 했지만,[330] 이게 왜 균형발전이란 건지 이해하긴 어려웠다.

　그린벨트는 반드시 지켜야 한다는 건 국민 다수의 믿음이다. 그린벨트 논란이 일던 시점에서 이루어진 리얼미터 조사에서 그린벨트 해제 반대(60.4퍼센트)가 찬성(26.5퍼센트)의 2배가 넘었다. 그렇다. 그린벨트는 지켜야 한다. 그런데 이상한 건 그린벨트의 '선택적 수호론'이다. 회원 수 115만 명을 보유한 네이버 부동산 카페에 "서울 그린벨트 사수는 서울의 지역 이기주의 아니냐"는 비난이 속속 올라온 것도 바로 그 점을 지적한 것으로 볼 수 있겠다. 한 회원은 '녹색 허파 보호'라는 정부의 명분에 대해 "그럼 경기도 그린벨트는 허파가 아니라서 파헤쳤나"고 비판했다.[331]

　그러니까 그린벨트의 '선택적 수호론'엔 위계가 있다는 이야기다. 강남의 그린벨트는 결사적으로 지켜야 할 것인 반면, 같은 서울에서도 강북의 그린벨트는 좀 훼손해도 괜찮고, 서울 외의 수도권 그린벨트는 마구 훼손해도 괜찮고, 비수도권은 아예 고려할 가치조차 없다는 게 이 희한한 위계의 핵심이다. 이런 위계가 한국에만 있는 건 아니라는 점에서 위안을 찾아야 할까?

전체 면적의 4분의 3에 달하는 지역을 그린벨트로 꽁꽁 묶은 미국 캘리포니아주 몬터레이 카운티의 사례를 보자. 몬터레이는 강력한 그린벨트 정책 덕분에 야생 칠면조, 산돼지, 사슴들이 뛰어노는 아름다운 자연환경을 자랑한다. 한 주민은 "아무도 이런 생활을 포기하고 싶어 하지 않는다"고 말한다. 이런 지역들이 미국엔 많다. 부자들은 환호하지만, 가난한 사람들은 높은 집세 때문에 죽어난다. 어쩌겠는가. 떠날 수밖에. 그래서 가난한 흑인 인구가 급감한다. 의도했건 의도하지 않았건, 미국의 여러 지역에서 강력한 그린벨트 정책은 '흑인 퇴치용'으로 기가 막힌 위력을 발휘하고 있다.[332]

미국에 비해선 덜할지 몰라도, 한국에서도 그린벨트는 가난한 사람들에게 불리하게 작용해왔다. 1960년 244만 명(전체 인구의 10퍼센트)이던 서울 인구는 1970년 543만 명(전체 인구의 18퍼센트)으로 급증했으며, 증가 추세는 가파른 상승세를 보이고 있었다. 1971년 7월 30일 건설부 고시 제447호로 태어난 그린벨트의 목적은 서울 변두리에 즐비했던 판자촌을 없애는 동시에 판자촌이 서울 인근 도시들로 뻗어나가는 것을 막음으로써 수도권 인구 유입을 차단하겠다는 것이었다. 이는 한동안 성공을 거둬 그린벨트는 '박정희의 최대 걸작'이라는 평가에 적잖은 영향을 미쳤지만, 그 이면엔 잔인한 점도 있었다.

당시 서울로 밀려들던 지방 사람들은 서울이 좋아서 그런 게 아니었다. 고향에선 먹고살 길이 없었기 때문이다. 이들이 살던 판자촌은 강제 철거 대상이었다. 철거민들을 쓰레기 내버리듯 서울 밖의 지역으로 내팽개치는 일은 이후 오랫동안 지속되었고, 그 덕분에 서울은 '천박'할망정 겉보기엔 점점 아름다운 도시가 되어갔다. 어디 그뿐인가. 앞서 지적했듯이, 역대 정권들은 주거 빈민들을 뿔뿔이 흩어지게 만드는 분산 정책을 통해 이들이 집단행동을 일으킬 수 있는 길을 원천적으로 차단하는 데에 성공했다. 물론 그 덕분에 부동산 가격 폭등을 통해 무주택자들의 지갑을 터는 '부동산 약탈 체제'도 평화롭게 지속될 수 있었다.

민주화가 된 세상에서도 일자리의 서울 집중은 달라진 게 전혀 없다. 화를 내는 지방민들이 별로 없다는 게 이상하지만, 서울 시민들도 정말 이해하기 어렵다. 경제·사회·문화·교육적 자원과 특혜가 강남에 집중되는데도 강남에 진입하기 위한 투쟁만 벌일 뿐 "그래도 되느냐"고 화를 내질 않으니 말이다. 부동산 가격 폭등의 진앙지가 강남이라면, 강남을 덜 '살기 좋은 천국'으로 만드는 게 하나의 해법일 수 있다는 발상의 전환을 해볼 때도 되지 않았나?

강남이 누리는 경제·사회·문화·교육적 자원과 특혜는 어느 정도인가? 강남엔 대형 공원이 많다. 방이동 올림픽공원(144만여 제곱미터), 양재시민의숲(25만 제곱미터) 등이 대표적이다. 문화 인프라 시설도 강남 3구와 나머지 자치구 간 격차가 크다. 강남 3구에는 공공도서관이 평균 8개 있는 반면, 나머지 22개 자치구는 평균 5.59개에 그친다. 국립·공공·전문도서관을 모두 합해 도서관당 인구수를 단순 계산하면 강남 3구는 도서관 1곳당 2만 350명

이었다. 22개 자치구는 도서관 1개당 3만 9,837명으로 강남 3구보다 2배가량 많다.[333]

교육 인프라는 말할 것도 없거니와 의료기관도 강남 인근에 몰려 있다. 건강보험 통계에 따르면 2016년 기준 서울 시내 25개 자치구에는 총 2만 1,786개의 의료기관이 있다. 이 중 강남(2,898곳)·서초(1,456곳)·송파(1,369곳) 등에 25퍼센트의 의료기관이 몰려 있다. 자치구 중 1,000개가 넘는 의료기관이 있는 곳은 이들 강남 3구뿐이다. 특히 서울아산(송파)·삼성서울(강남)·서울성모(서초)·강남세브란스(강남) 등 국내 최대 규모를 자랑하는 상급 종합병원이 즐비하다.[334]

교통은 어떤가. 도봉·서대문·양천·관악·금천·강북구의 지하철역을 다 합하면 28개인데, 강남구만 27개다. 인구수가 거의 엇비슷한 강남구(인구 56만 5,000여 명)는 노원구(56만 2,000여 명)에 비해 지하철역이 2배 이상 많다(27대 13). 하다못해 지하철역의 에스컬레이터마저 노인 인구가 많은 강북은 강남의 절반 수준에 지나지 않는다. 수서고속철SRT은 강남의 잘 갖춰진 교통 인프라를 보여주는 대표적인 사례다. 서울 아파트값을 잡을 카드라며 착공에 들어간 수도권 광역급행철도GTX의 중심도 강남구 삼성동이다.[335]

이렇게 살기 좋고 아름다운 강남의 그린벨트를 지키는 건 정권의 사명이요 전 국민의 희망이다. "나도 언젠간, 정 안 되면 내 자식이라도, 강남에 사는 그날을 위해서" 말이다. 무주택자와 '집 아닌 집'에 사는 주거 빈곤층에게 그린벨트는 과연 무엇을 의미하는지 묻는 법은 없다. '아름다운 강남'과 부모를 잘 둔 미래 세대를 위해 잘하는 일이라고 박수를 쳐야 하나?

77.
'행정수도 이전'은
'국면 전환용 꼼수'인가?

"국회가 통째로 세종시로 내려가야 한다. 아울러 청와대와 정부 부처도 모두 이전해야 한다."
• 더불어민주당 원내대표 김태년

2020년 7월 20일 국회 교섭단체 대표 연설에서 "국가균형발전을 위해 행정수도를 완성해야 한다"며 한 말이다. 김태년은 "그렇게 했을 때 서울·수도권 과밀과 부동산 문제를 완화할 수 있다"고 주장했다. 그러자 문재인 대통령이 "국가 발전의 축을 수도권서 지역으로 이동시키겠다"고 했고, 여권 대선 주자들도 "여야가 충분히 논의해볼 수 있는 것"이라고 했다. 이에 『조선일보』는 "대통령·원내대표·대선 주자까지 군사작전하듯 '수도 이전'을 띄우고 있다"고 했지만,[336] 꼭 필요하고 옳은 일이라면 군사작전식으로 밀어붙인들 어떠랴.

그러나 미래통합당의 주장대로 그게 "국면 전환용 꼼수"라면 이야기는 달라진다. 정치와 행정에서 '군사작전식'은 부정적인 의미로 쓰이긴 하지만, 그게 곧 '국면 전환용 꼼수'라는 걸 의미하진 않는다. 아무리 옳고 필요한 일이라도 '국면 전환용 꼼수'로 추진하는 일이 성공적으로 잘 이루어질 것이라고 보긴 어렵잖은가.

물론 '국면 전환용 꼼수'라고 하더라도 지지하는 사람도 많을 게다. 특히 지방에서 말이다. 예컨대, 영남대학교 정치외교학과 교수 김태일은 「서울 공화국 해체하라」라는 칼럼에서 문재인 정부가 국가균형발전에 아무런 신경을 써오지 않은 과거를 거론하면서 이렇게 말했다.

"그랬던 국가균형발전 의제가 길을 잃은 부동산 문제 해결 방안으로 갑자기 불려나온 것이다. 반갑기도 하면서 씁쓸할 수밖에 없는 까닭이다. 그러나 무슨 상관인가. 얘기가 나온 맥락이 뭐든 균형발전을 하겠다면 좋다.……국가균형발전을 허겁지겁 들고 나온 배경이 마뜩지는 않지만 그의 주장은 환영할 일이고 또 옳다."[337]

나 역시 지방민으로서 김태일의 이런 생각에 꽤 공감하면서도 문재인 정부를 도무지 신뢰할 수 없다는 점이 마음에 걸린다. 물론 이런 불신은 막연한 게 아니라 충분한 근거가 있는 것이다. 우선, 진중권의 페이스북 반론에 동의하지 않을 수 없다. 그는 "대통령 지지율 관리를 위해 수도 이전을 하는 나라, 한 번도 경험해보지 못한 나라"라며 "대통령 집무실을 광화문으로 옮기지도 못한 주제에"라고 했다. 그의 말을 더 들어보자.

"그냥 주식시장의 서킷 브레이크 같은 것이다. 급락하는 지지율을 떠받치기 위한 응급조치일 뿐이다. 수도권 집값 잡는 데 수도 이전이 필수적이라고 생각했다면, 집권 초부터 수미일관하게 추진했어야 한다. 그런데 불과 얼마 전까지만 해도 이 정부에서 자신 있는 것은 집값 안정이라고 자랑하지 않았던가? 그동안 뭐 하고 있다가 이제 와서 당·정·청이 짜기라도 한 듯 일제히 수도 이전을 떠든다.……민주당 사람들이 새로 프레임을 까는 중이다. 오징어 먹물이다. 넘어가지 말라."[338]

이런 불신과 더불어 문재인의 7·16 국회 개원 연설에 대한 불신도 있다. 그는 "부동산 투기를 통해서는 더는 돈을 벌 수 없다는 점을 분명히 하겠다"고 했는데, 나는 그의 이런 어법과 자세에 심각한 문제가 있다고 본다. "부동산 문제는 자신 있다고 장담하고 싶다"(2019.11.19.), "부동산 투기와의 전쟁에서 결코 지지 않을 것이다"(2020.1.7.), "집값이 급등한 일부 지역은 집값이 원상 복귀돼야 한다"(2020.1.14.) 등의 결연한 의지를 공언했음에도 전혀 다른 결과가 나타났으면 그 이유를 설명하면서 국민을 이해시켜야 할 텐데, 오직 의지의 표현만 있을 뿐이다. 그러니 "국가 발전의 축을 수도권서 지역으로 이동시키겠다"(2020.7.21.)는 말도 믿을 수가 없는 것이다.

문재인의 '협치 의지'도 믿을 수 없다. 여권 대선 주자들이 행정수도 이전을 "여야가 충분히 논의해볼 수 있는 것"이라고 했듯이, 행정수도 이전은 '여야 협치' 없인 이룰 수 없는 일이다. 문재인이 국회 개원 연설에서 21대 국회의 화두를 협치로 주문한 것은 잘한 일이었지만, 문제는 '협치 실패'의 원인 진단이다. 그는 "'협치'도 손바닥이 서로 마주쳐야 가능합니다. 누구를 탓할 것도 없이 저를 포함한 우리 모두의 공동 책임이라고 고백하지 않을 수 없습니다"라고 했는데, 과연 그런가?

『한겨레』는 「'협치 실패' 자성한 문 대통령, 21대 국회는 달라지길」이라는 사설에서 "국정의 최고 책임자로서 그동안 여야 협치를 이끌어내지 못한 데 대해 성찰하고 더 노력하겠다는 의지를 밝힌 것이다"고 해석했지만,[339] 나는 "손바닥이 서로 마주쳐야 가능하다"는 공동 책임론에 방점을 두는 게 옳은 해석이라고 본다. 「상임위원장 독식 완료한 날…문 "협치하자"」는 『조선일보』 기사 제목이 시사하듯이,[340] 야권이 문재인의 말을 믿을 리 만무하다.

여야 공동 책임론이 옳지 않다는 뜻이 아니다. 행정수도 이전 문제에서도 똑같은 일이 벌어질 텐데, 그때에도 '국회 상임위원장 독식'처럼 야당을 협치 실패의 주범으로 비난하면서 힘으로 밀어붙이겠다는 거 아니냐고 묻는 것이다. 미래통합당에서 이미 짐작하고 있듯이, 협치가 어려워지면 미래통합당을 '반反균형발전 세력'으로 비난하면서 선거에서 큰 재미를 보겠다는 계산을 하고 있는 게 아니냐는 것이다.[341]

우리는 역사에서 무엇을 배우는가? 2004년 노무현 정권의 행정수도 이전 실패에서 무엇을 배웠는가? 잘 알다시피, 10월 21일 헌법재판소는 '신행정수도의 건설을 위한 특별조치법'의 위헌 여부를 묻는 헌법소원 사건 심판에서 재판관 8대 1의 의견으로 이 법은 "헌법에 위반된다"고 결정했다. 이날 실시한 『중앙일보』의 여론조사 결과에 따르면, "헌재의 결정에 따라 수도 이전 계획을 전면 중단해야 한다"는 66퍼센트인 데 반해, "개헌을 해서라도 수도를 이전해야 한다"는 30퍼센트인 것으로 나타났다. KBS 여론조사에선 63.3퍼센트, MBC 여론조사에선 62.8퍼센트가 헌재 결정은 '잘했다'고 응답했다. 과연 무엇이 문제였던가? 당시 『한국일보』 정치부장 윤승용이 옳은 지적을 했다. 그는 수도 이전 문제가 헌재 소송으로 번진 과정은 '참여정부' 정치력의 한계를 적나라하게 드러내 보여주었다며, 다음과 같이 말했다.

"여당은 이 공약을 내걸고 선거에서 이겼다는 승리감에 도취돼 야당 등의 반발을 무시한 채 행정수도 이전을 일사천리로 밀어붙였다. 여당은 심지어 야당마저 충청 표를 의식해 울며 겨자 먹기로 특별법에 찬성한 약점을 적절히 활용하기까지 했다. 대선·총선의 승리와 지난 국회에서의 여야 합의로 이미 국민의 동의를 받았다는 오만에 함몰된 여당은 정부가 밀고 나가면 국민들은 따라올 것으로 오판했다. 야당의 반발과 일부 보수 언론의 공세를 참여정부를 흠집 내기 위한 정략적 발상이라고 치부해 아예 무시했다. 이미 수차례의 여론조사에서 드러났듯 국민의 과반수는 수도 이

전에 반대하고 있었는데도 말이다."[342]

혹 문재인과 정부 여당은 당시의 실패가 수구 기득권 세력의 반대 때문에 실패했다고 믿고 싶은 건가? 문재인과 정부 여당이 그런 믿음을 여전히 갖고 있다면, 그건 정말 큰일이다. 그렇다면 문재인 정권의 '행정수도 이전'은 실패할 가능성이 매우 높은 '국면 전환용 꼼수'로서 온 나라를 '정파 투쟁의 소용돌이'로 몰아가는 결과만 초래할 것이다. 제발 역사의 교훈을 배우라는 뜻에서, 내가 『한국현대사 산책 2000년대 편: 노무현 시대의 명암』(2011)에 쓴 「과연 누가 행정수도 이전을 망쳤는가?」라는 글을 아래에 그대로 싣는다.

과연 무엇이 문제였을까? 행정수도 이전은 이전 그 자체만 중요한 게 아니라 '어떻게' 하느냐도 대단히 중요했다. 행정수도 이전은 한나라당을 '포용'하는 방식으로 추진해야 했다. 노 정권은 한나라당을 포용할 수 없는 이유를 말하고 싶었겠지만, 노 정권이 행정수도 이전 문제에 대해 한나라당이 오락가락하고 있다는 걸 비판의 대상으로 삼는 것이 과연 온당한 일이었을까? 한나라당이 오락가락했기 때문에 '포용'이 얼마든지 가능하다고 생각하는 게 옳은 태도 아니었을까?

노 정권은 행정수도 이전 건으로 몇 차례 선거에서 많은 충청도 표를 얻었다. 문제의 핵심은 바로 여기에 있었다. 충청권은 열린우리당에게 쏠려도 너무 쏠렸다. 한나라당이 무슨 생각을 했을까?

한나라당이 처음에 행정수도 이전에 대해 찬성을 했던 건 충청권 유권자들을 의식한 것이었는데, 그 유권자들이 모두 열렬한 열린 우리당 지지자로 변해버리면 한나라당은 어떻게 하느냐는 말이다. 한나라당은 차마 그 말을 할 수 없었다. 게다가 충청권을 완전히 포기할 수는 없었기 때문에 한나라당은 계속 확실한 당론을 미룬 채 엉거주춤한 자세를 보이면서 방식만 문제 삼는 반대 투쟁에 임하고 있었다.

노 정권은 그런 반대 투쟁을 탄핵 사태에 비유하면서 양분법 공세를 폈다. 이게 정치인가? 아니었다. 그건 비생산적인 파괴였다. 행정수도 이전 문제는 열린우리당의 성공보다 중요한 문제일 수 있었다. 그렇기 때문에 한나라당의 합의는 물론 한나라당의 적극적인 참여 속에 이루어져야 했다. 그렇게 하기 위해서 노 정권은 행정수도 이전 건으로 충청권에서 계속 재미를 보려는 선거 전략을 포기해야 했다. 충청도민들이 각자 색깔에 따라 표를 던지게끔 해주어야 했다. 여러 방안이 있었을 것이나, 우선 행정수도 이전을 추진하는 팀에 한나라당 인사들을 참여시켜야 했다. '거국 팀'을 구성했어야 했다는 것이다. 그래서 다음 대선에서 한나라당이 승리하더라도 행정수도 이전은 계속 진행될 것이라는 확신을 충청권 유권자들에게 심어주어야 했다.

그렇게 하면 열린우리당이 선거에선 큰 재미를 보기 어려울진 몰라도 국가와 국민이 큰 재미를 볼 수 있었다. 이런 재미를 축적시켜 나가면서 열린우리당은 표를 얻어야 했다. 이런 '포용' 방식에 무슨 문제가 있단 말인가? 우리는 북한도 포용하자고 외치고 있었다. 북한을 포용하는 것이 북한의 잘못되고 왜곡된 것을 그대로 받아들이자는 요구는 아니었을 것이다. 현상을 타파하겠다는 강한 열망은 국가와 민중을 위해 필요한 경우에 무릎도 꿇을 수 있는 겸허와 헌신도 포함하는 것이어야 했다. 아무리 옳고 정당하더라도 높은 곳에서 손가락질하며 꾸짖는 것만이 능사일 수는 없었다.

그러나 문재인 정권은 역사의 그런 교훈을 무시한 채 "행정수도로 재미 좀 봤다"는 노무현의 정략을 재탕하려는 데에 혈안이 되어 있다. 행정수도 이전에 대한 여론도 우호적인데다,[343] 미래통합당 내에서도 충청권 의원 중심으로 찬성의 목소리가 나오고 있었으니, 16년 전처럼 야당을 '울며 겨자 먹기'의 함정에 빠트릴 수 있다는 자신감이 충만한 가운데 어찌 신바람이 나지 않을 수 있으랴.

설사 뜻대로 성사되지 않는다 한들 어떠리. 부동산 가격 폭등에 대한 민심의 분노는 그 동력의 상당 부분을 행정수도 이전에 대한 기대에 빼앗겼으니, 문재인 정권은 기가 막힌 '의제 바꿔치기'로 이미 절반의 성공을 거둔 셈이 아니고 무엇이랴. 반독재 투쟁을 하던 시절의 습속이 여전히 그들의 몸과 마음을 지배하고 있기 때문인가? 문재인 정권은 '민생엔 둔재, 정략엔 천재'라고 해야 할 것인가?

7월 30일 주택임대차보호법 개정안의 국회 본회의 통과는 더불어민주당이 절차를 무시하고 힘으로 밀어붙인 '군사작전'식으로 이루어졌다. 미래통합당은 '의회독재'라며 펄펄 뛰었고, 더불어민주당 의원 노웅래마저 "176석은 힘으로 밀어붙이라는 뜻이 아니라 야당의 협력을 이끌어 일하라는 뜻"이며 "지금의 상황은 결코 바람직한 것이 아니다"고 했다. 좋다. 지금 그걸 문제삼으려는 건 아니다. 내가 도저히 이해할 수 없는 것은 문재인의 사고방식이다. 이렇게 할 걸 무엇 때문에 불과 보름 전인 7월 16일 국회 개원 연설에선 협치를 강조했던 걸까? 문재인의 독특한 사고방식과 화법은 심층적인 연구 대상이겠지만, 이게 지속된다면 행정수도 이전은 2004년의 정략과 실패가 재현될 가능성이 높아졌다고 할 수 있겠다.

'부동산 약탈'이
'코리안 드림'이 된
나라

―――――――――――――――――― ●

부자들의 '부모 역할'을 하는 정부의 교육 정책

"우리 현 사회체제 속에 내재한 낭비 중에서도 가장 엄청난 낭비는 바로 정신적 능력의 낭비다." 미국 경제학자 헨리 조지Henry George, 1839~1897가 『진보와 빈곤Progress and Poverty』(1879)에서 한 말이다. 불평등의 고착과 확대로 인해 진보에 쓰여야 할 인간의 정신력이 인간 타락으로 인한 사치와 허영에 온통 소모되어버리며, 오직 사치와 허영을 위한 기술 진보와 변화만을 받아들이는 사회 풍조가 조성된다는 것이다.[344] 이런 문제는 부동산 약탈에도 그대로 적용될 수 있다.

2020년 5월 8일 청주 오창의 방사광 가속기 유치 소식이 전해지기 이전부터 이 지역엔 뜨거운 투기 바람이 불었다. 오창읍의 한 부동산 대표에 따르면, "총선 끝나자마자 투자자들이 들어오더라고. 급매물은 광가속기 발표 나기 전에 소진됐어. 오창 사람들은 나주가 가져갈 거라고 생각했는데, 외지인들은 여기 될 거를 알았나 봐."[345]

부동산 투기는 정보 전쟁이다. 정보가 완전하지 않으면 그간 갈고 닦은 온갖 정신적 능력을 동원해야 한다. 성공 확률이 높은 정신적 능력을 갖추기 위해선 평소 모든 촉각을 부동산 문제에 집중해야 한다. 부동산 투기꾼들만 그럴까? 부동산으로 재미를 본 모든 선량한 시민도 그런 자세로 세상을 살아가야만 약탈의 피해자가 아니라 승리자가 될 수 있다. 이게 바로 '부동산 약탈'이 '코리안 드림'이 된 나라의 민낯이다.

교육도 바로 그런 문법을 따른다. 큰 사회적 반향을 불러일으켰던 JTBC 드라마 〈SKY 캐슬〉에 나오는 이 대사의 문법을 거부할 학부모가 얼마나 될까? "대한민국에서 교육이 뭔 줄 알아? 시험 잘 치르게 하는 거야. 일단 한 번 성적 잘 나오면 더 열심히 하게 돼 있어. 성공의 기억, 그게 바로 동기부여가 되니까. 그걸 만들어주는 게 부모의 롤이라고."[346]

그렇다면 정부의 역할은 뭘까? '가진 사람들의 부모 역할'이다. 세명대학교 저널리즘스쿨대학원 소속 언론사인『단비뉴스』는 2020년 5월 보도한 '승자독식' 교육 재정의 문제는 교육 문제는 물론 대한민국이 작동하는 기본 방식의 위선과 기만을 우회적으로 폭로했다.

이 기사에 따르면, 지난 12년간 정부와 지자체가 전국 대학에 지원한 재정 지원 사업비 총 49조 6,749억 원 가운데 서울대학교에 지원된 금액은 4조 6,175억 원으로 전체의 9.3퍼센트를 차지했다. 또 연세대학교에 지원된 금액은 2조 4,479억 원으로 전체의 4.9퍼센트, 고려대학교는 1조 8,258억 원으로 전체의 3.7퍼센트를 차지했다. 3개 대학의 재정 지원 사업비 총합은 8조 8,912억 원으로 전체의 17.9퍼센트에 달했다. 매년도 대학별 평균 재정 지원비 기준으로 살펴보면, 서울대학교는 매년 평균 3,848억 원, 연세대학교는 2,040억 원, 고려대학교는 1,522억 원의 사업비를 각각 지원 받았다. 서울대학교는 전국 대학 평균의 20배 가까이, 연세대학교·고려대학교는 7~10배를 지원받은 셈이다.[347]

부동산 약탈의 근본 원인은 '서울 집중'이다

여기까지 읽은 독자들 중엔 "그게 뭐가 문제야?"라고 생각할 분이 많을 것이다. 교육만큼은 평등주의보다는 탁월성 기준으로 '선택과 집중'을 하는 지원 방식이 국익에 도움이 된다는 반론을 제기할 것이다. 일리가 있는 주장이지만, 그렇다면 부동산 약탈 체제에 대해서도 입 다물어야 한다. 부동산 약탈 체제의 근본 원인은 '서울 집중'이며, '서울 집중'의 근본 원인 중 하나는 '명문대의 서울 집중'이기 때문이다.

한국 사회에서 부동산과 교육은 동전의 양면처럼 분리할 수 없다. 역사적으로 이를 잘 보여준 대표적 사례가 바로 서울 강남이다. 강남이 무슨 역사적 필연이라도 되는 것처럼 생각하는 사람이 많지만, 강남이 처음부터 인기를 끌었던 건 아니다. 1968년경의 강남은 어떠했던가? 1968년 8월 현재 서울 시내 465개 동洞 중 공중전화나 전신전화 취급소가 없는 곳이 48개 동이나 되었으며 주로 압구정, 반포, 서초, 잠원, 신사, 논현, 역삼, 개포, 삼성 등 강남에 몰려 있는 것으로 나타났다. 이에 『조선일보』는 "이 전화 없는 동의 주민 약 20만 명은 인명 피해 등 급한 일이 생겨도 병원, 경찰에 연락할 길이 없어 전화가 있는 동을 찾아 달음박질해야 하며 통금 이후엔 그나마 발이 묶인다"고 우려했다.[348]

그렇게 천대받던 강남의 인기를 끌어올린 여러 요인 중 1등 공신은 단연 '교육'이었다. 내 생각일 뿐만 아니라 수많은 전문가의 의견이기도 하다. 발레리 줄레조Valérie Gelézeau는 『아파트 공화국: 프랑스 지리학자가 본 한국의 아파트』(2007)에서 "강남으로의 분산 정책에서 핵심은 학교 이전이었다"고 했고,[349] 최민섭은 『주거 신분사회』(2010)에서 "많은 사람이 오늘날의 '강남'을 탄생시킨 주요 원인의 하나로 교육열을 꼽는다"고 했고,[350] 『강남의 탄생』

(2016)의 저자들도 명문고의 강남 이전이 "현재의 강남을 탄생시킨 결정적 요인"이었다고 말한다.[351]

1976년 3월 경기고의 강남 삼성동 이전을 시작으로 1978년 휘문고, 1980년 숙명여중고와 서울고가 강남으로 이전했다. 이후 배재고, 창덕여고, 정신여고, 경기여고 등 여러 강북 명문고가 정부의 강권에 따라 또는 자발적으로 강남으로 이전하면서 교육행정 관할구역상 8학군인 강남은 한국의 가장 치열한 계급투쟁이라할 '대학 입시 전쟁'의 선봉으로 떠오르게 된다.[352]

강남 안에서도 비슷한 조건이라면 아파트 서열과 가격은 주변에 좋은 학교와 학원이 있느냐에 따라 결정된다. 지금은 어떤지 모르겠지만, 2000년대 초반엔 심지어 타워펠리스에서도 당시 강남 최고의 명문 초등학교로 떠오른 대치초등학교에 자녀를 보내기 위해 길 건너 우성아파트나 선경아파트로 주소지를 옮겨놓는 사람들이 있다는 소문이 나돌 정도였다.[353] 이른바 '위장 전입'이 한국 엘리트의 필수 덕목이 된 것도 바로 이런 '내 자식 제일주의 교육열'의 산물일 게다.[354]

아파트와 교육은 동전의 양면처럼 분리할 수 없다

김상헌은 『대한민국 강남특별시: 부와 교육 1번지 강남의 모든 것』(2004)에서 강남에서조차 "아파트의 서열이 뒤바뀌고 가격차가 많이 나는 것은 바로 학교와 학원 때문이다"고 했고,[355] 홍영애·조은주·유수정은 『강남 아줌마가 말하는 강남의 부자들』(2004)에서 '강남 집값을 올리는 힘'의 첫째와 둘째를 '좋은 학군'과 '학원'으로 꼽았다.[356]

강남 밖의 학원들 중에는 "본원이 대치동에 있다"는 사실만으로도 학부모들의 신뢰를 얻는 이유가 무엇이겠는가. 베스트셀러가 된 김은실의 『사교육 1번지 대치동 엄마들의 입시 전략』(2004)이 지적했듯이, "대치동에서 유명한 학원과 강사는 전국 최고라는 평가를 받는다. 그만큼 '난다 긴다' 하는 명강사들이 총집결해 있고, 그들은 최고의 학습 프로그램을 만들어낸다". 명문대 진학은 학교 공부가 아니라 학원 공부가 결정한다는 게 상식이 된 세상에서 어찌 대치동을 비롯한 강남의 아파트값이 오르지 않으랴.[357]

"명문 학군만 따라가면 반드시 돈 번다"는 건 2006년에 출간된 책의 제목이자 부동산에 웬만큼 눈이 밝은 사람들의 신념이 되었다.[358] 전상인의 『아파트에 미치다』(2009)에 따르면, "강남 지역의 최대 매력 가운데 하나는 이른바 '8학군 효과'다. 곧, 강남 지역은 고등학생 자녀를 명문 대학에 입학시키기에 훨씬 유리하다는 것이다".[359]

2007년 주요 건설업체들이 "요람에서 수능까지 자녀 교육을 책임진다"는 슬로건을 내걸고 이른바 '에듀edu 프리미엄'을 강조한 아파트를 선보였던 것도 아파트와 교육은 불가분의 관계임을 말해주는 게 아니고 무엇이랴.[360] 공교육·사교육 인프라가 약한 지방에선 감히 서울을 넘볼 순 없지만, 그렇다고 앉아서 당할 수는 없다고 생각했던 걸까?

2008년 충남 아산시의 한 건설사는 "이 아파트에 입주하면 아이들이 명문 대학에 입학할 수 있습니다"는 슬로건을 들고나왔다. 도대체 무슨 근거로? 이 건설사가 재력가들의 집을 골라준다는 유명 풍수지리 전문가에게 수천만 원의 돈을 주고 찍은 동영상은 풍수지리상 그렇다는 설명을 제시했다.[361]

2016년 말 수서고속철SRT이 개통된 이후 서울 강남구 수서역에서는 주말이면 인근의 대치동 학원가를 찾는 지방 학생을 많이 볼 수 있다. 경기 화성(동탄)·평택은 물론 충남 천안·아산, 대전·대구에서까지 이곳으로 온다. "SRT가 생기면서 집이 있는 아산에서 서울 강남 학원까지 1시간이면 올 수 있어서 주말 반에 다니고 있다"는 학생이 적지 않다니,[362] '살기 좋아진 대한민국'이라고 찬양해야 할까? 이 모든 게 흔히 하는 말로 '웃픈' 이야기지만, 이 또한 아파트와 교육은 동전의 양면처럼 불가분의 관계임을 처절하게 웅변해주고 있다 하겠다.

문재인 정부의 학벌 엘리트가 외치는 '서울의 찬가'

사정이 이와 같은데도, 균형발전을 외치는 정부가 한사코 '인 서울 대학'은 키우면서 지방대 정원만 집중적으로 줄이는 걸 어떻게 이해해야 할까? 서울에서 강남을 키우는 데엔 학교를 이용할 수 있어도, 서울 초집중화 문제를 다루는 데엔 학교는 성역이란 말인가? 아니면 정책 결정자들과 정치인들이 자기 자식들을 위해서 대학만큼은 더더욱 서울로 집중시켜야 한다고 암묵적 단결을 한 건가? 2016년 중앙부처 실·국장급 이상 고위 공무원 10명 중 5명은 소위 'SKY 대학' 출신이며, 10명 중 8명은 '인 서울 대학' 출신이었다는 통계와 관련이 있는 걸까?[363] 아니면 박노자의 다음과 같은 진단에서 그렇게 된 이유를 찾아야 하는 걸까?

"극우 진영을 보든 자유주의 진영을 보든 학벌주의 지속 현상은 그다지 큰 차이가 없다. 2016년 총선 결과를 보면 253개의 지역구 당선자들 중 서울대 출신이 67명이나 됐다. 새누리당이든 더불어민주당이든 서울대 출신 당선자 비율은 크게 다르지 않았다. 이건 초당파적인 현상이라고 볼 수 있다. 강남우파가 해먹든 강남좌파가 해먹든 학벌 엘리트들이 여전히 한국 사회를 요리하고 있는 것이다."[364]

2017년 8월 『경향신문』이 문재인 정부의 장관과 청와대 수석 등 정부 요직의 파워 엘리트 213명의 출신 대학을 분석한 결과 서울대학교 90명, 고려대학교 24명, 연세대학교 16명 등 전체의 61.0퍼센트가 SKY 출신인 것으로 나타났다. 출범 초 SKY 출신이 220명 중 111명으로 전체 50.5퍼센트였던 박근혜 정부에 비해 크게 늘어난 것이다.[365]

좋은 대학을 나온 건 칭찬할 일이지 흉볼 일이 아니다. 다만 문제는 '인 서울' 학벌 엘리트들의 입장에서 보자면 '서울의 찬가'를 부르고 싶지 않겠느냐는 거다. 그런데 누가 '인 서울 대학'의 지방

이전을 요구라도 했나? 어느 네티즌은 "지방을 활성화시키려면 서울 소재 상위 10위권 대학 10곳을 각 지방으로 내려 보내면 된다. 정부는 적극 검토하라"고 주장했지만,[366] 그게 가능할 것이라고 생각하는 사람은 없다.

정원만이라도 단계적 축소로 나아가게 만들고 그게 싫은 대학들은 자발적으로 지방으로 이전하라는 건데, 이마저 못하겠다고 버티면서 정반대로 나아가고 있으니 도대체 어쩌자는 건가? 대부분의 국민은 자기 자식 서울로 보낼 욕심에 그런 정책에 암묵적 동의를 해주고 있으며, 진보적 지식인들까지 거들고 나서니, 이 어찌 엽기적이라 아니 할 수 있겠는가 말이다. '국가균형발전'은 과연 우리의 주요한 국가적 목표인가, 아니면 적당히 국민을 속이려는 사기극인가?

지방도 '공범'으로 적극 가담한 사기극

전국 방방곡곡에 산재해 있는 혁신도시의 공공기관 임직원들 중엔 이산가족의 불편과 고통을 겪는 이가 많다. 이들이 혁신도시로 이사를 할 수 없는 가장 큰 이유는 자녀 교육 문제다. 『입시 가족: 중산층 가족의 입시 사용법』이란 책이 잘 지적했듯이, "중산층 가족 사이에서 자녀 교육의 동의어는 '인 서울 대학' 진학이라고 해도 과언이 아니다".[367] 앞장서서 '인 서울 대학'에 재정 지원을 집중하고 있는 정부가 감히 그들에게 가족 동반 이주를 권할 수 있겠는가?

'인 서울 대학' 진학을 원한다는 어느 고1 여고생은 "사람들이 딱 들으면 '아, 그 대학교' 이렇게 생각하는데 가고 싶어요(두 손을 모으고, 애원하는 목소리). 근데 그냥 가고 싶다가 아니라 미치게 가고 싶어요"라고 말한다.[368] 반세기 전 김승옥의 단편소설 「무진기행」(1964)에서 지방의 음악 선생이 "미칠 것 같아요. 금방 미칠 것 같아요.⋯⋯아이 서울로 가고 싶어 죽겠어요"라고 말한 것과 너무도 흡사하지 않은가?

입으로는 국가균형발전을 외치면서 인구 집중의 강력한 유인 誘因인 교육 정책은 균형발전에 역행하는 쪽으로 나아가는 것, 이건 사기극이다. 그런데 이 사기극의 구조가 간단치 않다. 지방도 '공범'으로 적극 가담하고 있기 때문이다. 지방은 서울로 학생을 많이 보내는 걸 '인재 육성'이라는 미명하에 지역발전 전략으로 삼고 있다. 공적인 장학재단을 통해 서울대학교 진학자는 1,500만 원, 고려대학교·연세대학교 진학자는 1,000만 원을 주는 곳까지 있다.[369]

급기야 국가인권위원회가 나서서 이런 장학 사업이 '학벌에 따라 평등권을 침해하는 차별'이라며 개선을 권고하고 나섰지만, 지방에선 이런 일들이 민관 합동으로 광범위하게 추진되고 있는 게 현실이다. "나는 지방에 살망정 내 자식은 인 서울 대학에 보내야겠다"는 학부모들의 열망은 가족 차원에선 당연한 일이지만, 문제는 이런 열망이 지방정부와 지방민의 공적 태도마저 결정하고 있다는 사실이다.

　본문에서 지적했듯이, 정부는 2019년 '3기 수도권 신도시' 건설에 이어 '수도권 광역교통비전 2030'을 발표했다. 일산과 남양주에서 서울역, 송도에서 여의도, 동탄에서 강남역까지 모두 30분대에 도달할 수 있는 꿈같은 비전이다. 지방 소멸이 임박했음에도 눈 하나 깜짝하지 않고 서울의 부동산 문제를 수도권 비대화 전략으로 풀겠다는 정부의 근시안적 정략에 대해 지방은 아무런 말이 없었다. 교육 재정의 서울 집중에 대해서도 마찬가지다. 오히려 내심 환영하는 사람도 많다. 자식을 서울로 보냈으니 서울의 주거 여건이 개선되고, 서울에 부와 권력이 더 집중되는 게 좋다는 논리다.

잘 가라 기회주의자여!

　본문에서 소개한 정태춘의 〈우리들의 죽음〉에서 내가 가장 애절하게 여겼던 대목은 "시골 고향에서 살아갈 수만 있었다면"이었다. 그 가족은 고향이 싫어 서울로 간 게 아니었다. 고향에서 먹고살 길이 없어 쫓겨나듯이 서울로 '강제 이주'를 당한 것이나 다를 바 없었다. 서울에 사는 빈민들의 대부분이 다 그런 식으로 서울에 살게 되었다고 해도 과언이 아니다.

　내가 자주 놀라고 통탄하는 건 지방의 엘리트와 언론이 그렇게 살아가는 자기 고향 사람들의 비참한 처지에 대해 분노하기는커녕 아예 아무런 관심도 없다는 점이다. 이들은 자기 지역 출신들

가운데 서울에 가서 성공한 사람들, 즉 '개천에서 난 용'들에만 주목하면서 이들을 미화·찬양하고, 이들의 힘을 빌려 서울 권력에 줄을 대 지역 발전을 꾀해보자는 생각에만 미쳐 있다. 가난한 사람들은 서울에서건 고향에서건 박대받는 이런 현실에 대해 "여기가 우리처럼 가난한 사람들에게도 축복을 내리는 그런 나라였다면" 이라고 울부짖는 것 외에 어떤 말을 할 수 있겠는가.

서양의 좌파 이론가들은 '약탈적이고 야만적인 자본주의'에서 비롯되는 '약탈의 일상화'를 거세게 비판하지만,[370] 싸움의 대상을 자본주의로 넓혀 잡아 괜한 힘 뺄 필요는 없다. 한국에서 자행되는 '부동산 약탈'의 일상화만이라도 근절한다면 우리, 아니 피해자들의 삶은 한결 나아질 것이다. 말은 똑바로 하는 것이 중요하다. 부동산 가격 폭등이 아니다. 부동산 약탈이다. 약탈에 대한 분노를 키워 이를 정치 의제로 삼는 것이 중요하다.

문재인 정권이 정권의 생명을 걸다시피하면서 외쳐대는 '검찰 개혁'은 중요한 것일망정 대부분 부동산 약탈 체제의 수혜자들인 그들에게만 중요할 뿐 '부동산 약탈 근절'에 비하면 하찮은 것에 지나지 않는다. 게다가 잦은 '내로남불' 행태로 진정성마저 의심받는 정파적 '검찰 개혁'으로 기존 약탈 체제의 피해자들이 얻을 것은 없다. 의제의 재설정이 필요하다.

지방도 달라져야 한다. 예정되어 있던 공공기관들의 지방 이전만 요구할 게 아니라 공공기관 임직원들이 지방으로 이사를 할 수 없게 만드는 정부의 교육 정책도 동시에 문제 삼아야 한다. 공공기관 임직원 된 게 무슨 죄는 아니잖은가. 지금 당장 바꾸라는 것도 아니고 국민들에게 신뢰할 수 있는 신호라도 주라는 건데, 오히려 정반대로만 움직이는 정부에 대해 왜 그리 굴종하면서 알랑거리기만 하는가.

소를 길들이기 위해 소의 코청을 꿰뚫어 끼우는 나무 고리를 코뚜레라고 한다. '인 서울 대학'은 그런 코뚜레 역할을 기가 막히게 잘 해내고 있다. 지방 스스로 지방을 죽이게끔 만드는 괴력을 발휘하고 있다. 이 코뚜레는 국민의 평등권을 유린하는 지리적 약탈 체제의 수호신이다. 사기극으로 전락한 국가균형발전, 차라리 이걸 쓰레기통에 내던지는 게 집단적 위선과 기만을 넘어설 수 있다는 점에선 국민의 정신 건강에 훨씬 더 좋은 게 아닐까?

차라리 그렇게 하자. 진보의 사기극에 이젠 질릴 대로 질렸으니 말이다. 진보의 사기극이 중단되어야 '부동산 약탈 근절'을 실천할 수 있는 새로운 정치 세력이 등장할 수 있다. 그러나 우리는 앞뒤 안 가리고 무조건 저지르고 보자는 과격파를 원치 않는다. 총체적이고 정교한 비전·전략·전술을 갖춘, 실력 있는 세력을 원한다. 맹목적이고 무지막지한 '진영 논리'를 앞세워 권력에 맹종하면서 권력의 단물에 기생하려는 기회주의자들과 결별해야만 한다. 안치환이 외쳤듯이, 잘 가라 기회주의자여!

1   헨리 조지(Henry George), 김윤상 옮김, 『진보와 빈곤』(비봉출판사, 1879
    /1997), 273쪽.

2   미국 작가 앰브로즈 비어스(Ambrose Bierce, 1842~1914)는 "정치는 원
    칙의 경쟁으로 위장하는 밥그릇 싸움이다. 사익(私益)을 위한 공공적 활
    동이다"고 했다. Ambrose Bierce, 『The Devil's Dictionary』(New York:
    Bloomsbury, 1906/2008), p.115.

3   주디스 슈클라(Judith N. Shklar), 사공일 옮김, 『일상의 악덕』(나남, 1984
    /2011), 351쪽.

4   헨리 조지(Henry George), 김윤상 옮김, 『진보와 빈곤』(비봉출판사,
    1879/1997), vi쪽; 헨리 조지(Henry George), 전강수 옮김, 『사회문
    제의 경제학』(돌베개, 1883/2013), 257~275쪽; 크리스티아 프릴랜드
    (Chrystia Freeland), 박세연 옮김, 『플루토크라트: 모든 것을 가진 사람과
    그 나머지』(열린책들, 2012/2013), 78쪽.

5   강준만, 『미국사 산책 3: 남북전쟁과 제국의 탄생』(인물과사상사, 2010),
    254~256쪽.

6   헨리 조지(Henry George), 전강수 옮김, 『사회문제의 경제학』(돌베개,
    1883/2013), 264~265쪽.

7   헨리 조지(Henry George), 김윤상 옮김, 『진보와 빈곤』(비봉출판사,
    1879/1997), 275쪽.

8   헨리 조지(Henry George), 김윤상 옮김, 『진보와 빈곤』(비봉출판사,
    1879/1997), 315, 334, 339쪽.

9   헨리 조지(Henry George), 김윤상 옮김, 『진보와 빈곤』(비봉출판사,
    1879/1997), 391쪽.

10　이정전, 『경제학을 리콜하라: 왜 경제학자는 위기를 예측하지 못하는가』 (김영사, 2011), 210쪽. 한국에선 부동산 문제에 진보적인 학자들이 1994년 헨지조지연구회를 출범시켜 오늘에 이르기까지 활발한 학술적 활동을 벌이고 있다. 전강수, 『부동산 공화국 경제사』(여문책, 2019), 265~272쪽.

11　남기업, 「시장 친화적 토지 공개념의 이론과 쟁점」, 이정전·김윤상·이정우 외, 『위기의 부동산: 시장 만능주의를 넘어서』(후마니타스, 2009), 252~253쪽.

12　오미환, 「이농민들 '내 집 내 땅 꿈' 짓밟히자 71년 광주대단지 폭동」, 『한국일보』, 1999년 8월 3일, 14면.

13　박세길, 『다시 쓰는 한국현대사 2: 휴전에서 10·26까지』(돌베개, 1989), 225~226쪽.

14　한국기독교교회협의회 인권위원회, 『1970년대 민주화운동 (I)』(한국기독교교회협의회, 1987), 192쪽에서 재인용.

15　양길승, 「1970년대-김지하: '오적' 그리고 '타는 목마름으로'」, 『역사비평』, 제31호(1995년 겨울), 208쪽.

16　「집중 연재 박정희 육성 증언: 선우연 공보비서관, 8년간의 육성 비망록 여섯 권, 역사적인 대공개!」, 『월간조선』, 1993년 3월, 147쪽.

17　박진도, 「현대사 다시 쓴다/이농과 도시화: 급격한 산업화…남부여대(男負女戴) 무작정 서울로」, 『한국일보』, 1999년 8월 3일, 14면; 강준만, 『한국현대사 산책: 1970년대편(전3권)』(인물과사상사, 2002) 참고.

18　하성규 외, 『집』(비봉출판사, 1993), 23쪽; 전남일·손세관·양세화·홍형옥, 『한국 주거의 사회사』(돌베개, 2008), 285~286쪽에서 재인용.

19　제정구를 생각하는 모임, 『가짐없는 큰 자유: 빈민의 벗, 제정구의 삶』(학고재, 2000), 191쪽.

20　양연수, 「도시 빈민 운동의 태동과 그 발전 과정」, 조희연 엮음, 『한국사회운동사: 한국변혁운동의 역사와 80년대의 전개과정』(한울, 1990, 재판 3쇄, 2001), 229쪽.

21　제정구를 생각하는 모임, 『가짐없는 큰 자유: 빈민의 벗, 제정구의 삶』(학고재, 2000), 191쪽.

22　이승희, 「인간해방·여성해방을 향한 80년대 여성운동」, 조희연 엮음, 『한국사회운동사』(한울, 1990), 293~294쪽.

23　제정구를 생각하는 모임, 『가짐없는 큰 자유: 빈민의 벗, 제정구의 삶』(학

고재, 2000), 179쪽.

24 김형국, 「불량촌 형성의 한국적 특수 사정과 공간 이론의 적실성」, 『사회비평』, 제2권(1989년 여름), 81쪽.

25 「"몇 푼 주고 생활터전 떠나라니…": 울산·온산 주민, 외로운 공해 보상 요구 투쟁 벌여」, 『말』, 1986년 12월 31일, 67쪽; 강준만, 『한국현대사 산책: 1980년대편(전4권)』(인물과사상사, 2003) 참고.

26 권순진, 「지상의 방 한 칸」, 『대구일보』, 2019년 11월 7일.

27 Hannah Arendt, 『Eichmann in Jerusalem: A Report on the Banality of Evil』(New York: Penguin Books, 1963/1985). 아이히만은 독일 나치스 친위대 중령으로 제2차 세계대전 중 유대인을 학살한 혐의를 받은 전범이었다. 그는 독일이 패망할 때 독일을 떠나 도망쳐 아르헨티나에 정착했다. 그곳에서 약 15년간 숨어 지내다가 1960년 5월 11일 이스라엘 비밀 조직에 체포되어 9일 후 이스라엘로 압송되었다. 그는 1961년 4월 11일부터 예루살렘 법정에서 재판을 받았으며, 그해 12월 사형 판결을 받고 1962년 5월 교수형에 처해졌다.

28 강준만, 「왜 모범적 시민이 희대의 살인마가 될 수 있는가?: 악(惡)의 평범성」, 『우리는 왜 이렇게 사는 걸까?: 세상을 꿰뚫는 50가지 이론 2』(인물과사상사, 2014), 254~258쪽 참고.

29 지그문트 바우만(Zyugmunt Bauman)·레오니다스 돈스키스(Leonidas Donskis), 최호영 옮김, 『도덕적 불감증』(책읽는수요일, 2013/2015), 23, 25쪽.

30 돈스키스의 다음 말을 참고한 것이다. "우리에게는 악이 어느 다른 곳에서 살고 있는 것처럼 보인다. 우리는 악이 우리 안에 있는 것이 아니라 특정 장소에, 우리에게 적대적이거나 인류 전체를 위협하는 일들이 벌어지고 있는 세계의 고정된 특정 영토 안에 숨어 있다고 생각한다." 지그문트 바우만(Zyugmunt Bauman)·레오니다스 돈스키스(Leonidas Donskis), 최호영 옮김, 『도덕적 불감증』(책읽는수요일, 2013/2015), 23, 25쪽.

31 서복현, 「[세로보다] 아파트 경비원, 고·다·자」, 『JTBC』, 2020년 5월 12일.

32 박세길, 『한국경제의 뿌리와 열매』(돌베개, 1993), 199~200쪽.

33 「땅값 25년 새 196배 올랐다」, 『서울신문』, 1990년 7월 15일, 7면.

34 「작년 서울 전입자 88%가 셋방살이」, 『세계일보』, 1990년 3월 2일, 14면.

35 「토지 소유 편중 현상 갈수록 심화」, 『세계일보』, 1993년 4월 17일, 7면.

36 전진우, 『60점 공화국: '작가-기자' 전진우의 6공 비망록』(미문, 1992),

227~232쪽.

37 박세길,『한국경제의 뿌리와 열매』(돌베개, 1993), 199~200쪽.

38 「땅 5백만 평 이상 소유한 개인 3명 서울 시민 71.9%가 토지 한 평 없다」, 『조선일보』, 1989년 2월 15일.

39 전진우,『60점 공화국: '작가-기자' 전진우의 6공 비망록』(미문, 1992), 293쪽.

40 박세길,『한국경제의 뿌리와 열매』(돌베개, 1993), 195쪽.

41 박세길,『한국경제의 뿌리와 열매』(돌베개, 1993), 197~198쪽.

42 「두 집 이상 가진 사람 8만 명」,『중앙일보』, 1990년 3월 22일, 7면; 강준만,『한국현대사 산책: 1980년대편(전4권)』(인물과사상사, 2003) 참고.

43 안혜성,「중산층의 자존심」,『국민일보』, 1989년 5월 11일.

44 박완서,「소심한 사람의 한 마디」,『한겨레신문』, 1989년 5월 11일; 강준만,『한국현대사 산책: 1980년대편(전4권)』(인물과사상사, 2003) 참고.

45 마르쿠스 슈뢰르(Markus Schroer), 정인모·배정희 옮김,『공간, 장소, 경계: 공간의 사회학 이론 정립을 위하여』(에코리브르, 2006/2010), 279쪽.

46 이동연,『우리는 왜 재벌을 위해 희생을 감수하는가』(북오션, 2014), 68~69쪽.

47 장세정,「"김현미 말 안 들으면 몇 억 번다, 급매 김의겸·김상곤만 억울"」, 『중앙일보』, 2020년 7월 6일, 20면.

48 이동연,『우리는 왜 재벌을 위해 희생을 감수하는가』(북오션, 2014), 70쪽.

49 이동연,『우리는 왜 재벌을 위해 희생을 감수하는가』(북오션, 2014), 70쪽.

50 안석,「토지공개념의 추억」,『서울신문』, 2013년 5월 17일.

51 손낙구,『부동산 계급사회』(후마니타스, 2008), 8~10, 20~21쪽.

52 손낙구,『부동산 계급사회』(후마니타스, 2008), 47쪽.

53 손낙구,『부동산 계급사회』(후마니타스, 2008), 25쪽.

54 최종헌,「도시화와 종주성 문제」, 임희섭·박길성 공편,『오늘의 한국사회』(나남, 1993), 289쪽.

55 「집 전세값 너무 오른다/이사철 앞서 5천만 원까지 뛰어」,『동아일보』, 1990년 2월 14일, 7면; 최영범,「부당 임대료 신고 창구 '집 없는 설움' 하소연 홍수」,『동아일보』, 1990년 2월 22일, 15면.

56 『경향신문』, 1990년 4월 11일; 남기업,『공정국가: 대한민국의 새로운 국가모델』(개마고원, 2010), 83~84쪽에서 재인용.

57 이장규 외,『실록 6공 경제: 흑자 경제의 침몰』(중앙일보사, 1995), 215~

216쪽.

58 이장규 외, 『실록 6공 경제: 흑자 경제의 침몰』(중앙일보사, 1995), 217~
218쪽.

59 전진우, 『60점 공화국: '작가-기자' 전진우의 6공 비망록』(미문, 1992),
202쪽.

60 「이 감사관 석방 촉구 시민대회/경실련, 재벌 땅 공개 요구」, 『한겨레신문』,
1990년 5월 20일, 10면; 강준만, 『한국현대사 산책: 1990년대편(전3
권)』(인물과사상사, 2006) 참고.

61 박수진, 「[광복 60주년 특별기획-한국을 바꾼 제품들] 주공아파트」, 『한경
비즈니스』, 2005년 9월 12일.

62 손정목, 『한국 도시 60년의 이야기 2』(한울, 2005), 323~324쪽.

63 이장규 외, 『실록 6공 경제: 흑자 경제의 침몰』(중앙일보사, 1995), 180쪽.

64 양현석, 「'중산층 소설' 쏟아지고 있다」, 『세계일보』, 1990년 12월 11일, 8면.

65 강철규, 「중산층 어디로 가고 있나 3: 집값 뛰자 '부자'로 착각」, 『동아일
보』, 1991년 7월 6일, 3면.

66 양연수, 「도시 빈민 운동의 태동과 그 발전 과정」, 조희연 엮음, 『한국사회
운동사: 한국변혁운동의 역사와 80년대의 전개과정』(한울, 1990, 재판 3
쇄, 2001), 223~242쪽.

67 김정호, 「땅 부자의 흥망」, 김형국 편, 『땅과 한국인의 삶』(나남, 1999),
296쪽.

68 최준식은 1998년 "현금의 우리나라 교육 환경에서 가장 문제되는 것을 한
마디로 표현한다면 내 새끼 위주의 무한 경쟁 체제이다"라며 "다른 집 아
이가 성적을 비관해 숱하게 떨어져 죽어도 교육 현실을 바꾸려는 생각보
다는 내 새끼만 죽지 않으면 된다고 생각하는 게 한국인이다"라고 개탄했
다. "한국의 어머니들의 지상 목표, 아니 자신의 인생을 실현하는 고유의
수단은 새끼가 공부 잘해 좋은 대학에 들어가는 것밖에 없는 것처럼 보인
다. 고3 학생들을 자식으로 둔 어머니들을 대상으로 한 조사에서 85% 이
상이 어떤 수단을 쓰든 내 자식만 좋은 대학에 들어가면 된다고 하는 결과
가 나온 것이 그것을 말해준다." 최준식, 「한국 사회의 종교: 현 상황과 그
들이 해야 할 일을 중심으로」, 국제한국학회, 『한국문화와 한국인』(사계절,
1998), 121~122쪽; 강준만, 『한국현대사 산책: 1990년대편(전3권)』(인
물과사상사, 2006) 참고.

69 김민섭, 『훈의 시대: 일, 사람, 언어의 기록』(와이즈베리, 2018), 169~172쪽.

70 홍영애·조은주·유수정, 『강남의 부자들』(북라인, 2004), 46쪽.

71 이덕규, 「아줌마 일기/강남이 뭐길래…」, 『한국일보』, 2002년 9월 13일, 48면.

72 조은, 「"너희가 대학을 아느냐?"」, 『한겨레』, 2002년 11월 25일.

73 너무 우리만 자책하는 건 공정하지 않을 것 같아 미국 사례를 덧붙이련다. 미국 정치철학자 매슈 스튜어트(Matthew Stewart)는 시사월간지 『애틀랜틱』(2018년 6월호)에 기고한 「미국의 새로운 귀족 계층, 9.9퍼센트(The 9.9 Percent Is the New American Aristocracy)」라는 글에서 "우편번호로 드러나는 주거지는 우리의 정체를 대변한다"고 말한다. 이어 그는 이렇게 말했다. "우리의 스타일을 정의하고, 우리의 가치를 알리고, 우리의 지위를 공고히 하고, 우리의 재산을 지키고, 우리가 그 재산을 자녀들에게 물려줄 수 있게 한다. 우리는 그러면서 서서히 경제의 목을 조르며, 민주주의를 말살한다." 그는 "새로운 귀족 계층인 능력자 계층(meritocratic class)은 다른 사람들의 자녀를 희생양으로 삼아 부를 축적하고 특권을 대물림하는 오래된 술책을 터득했다"며 다음과 같이 말한다. "우리는 이 시대에 점점 심각해지고 있는 부의 편중과 관련해 아무 잘못도 없는 방관자가 아니다. 서서히 미국 경제의 목을 죄고, 정치적 안정을 위협하고, 민주주의를 갉아먹는 과정의 주요 공범이다. 우리는 능력에 대해 크게 오해하는 바람에, 우리가 하나의 계층으로 부상할 데 따르는 문제의 본질을 인식하지 못하고 있다. 우리는 우리의 성공으로 인한 희생자들을 단순히 능력이 모자란 탓에 우리 계층에 진입하지 못한 사람들로 생각하는 경향이 있다. 하지만 우리가 벌이고 있는 이런 종류의 게임에서는, 결국 모두가 처참하게 패배한다는 것이 역사적으로 명백한 사실이다." 매슈 스튜어트(Matthew Stewart), 이승연 옮김, 『부당 세습: 불평등에 공모한 나를 고발한다』(이음, 2018/2019), 12~13, 82쪽.

74 김윤영, 「철가방 추적작전」, 『루이뷔똥』(창작과비평사, 2002), 121~122쪽; 박철수, 『아파트의 문화사』(살림, 2006), 49쪽에서 재인용.

75 김헌주·고혜지, 「"임대주택 사는 걔, '캐슬' 사는 우리 애랑 같은 길로 못 다녀"」, 『서울신문』, 2018년 11월 26일.

76 허의도, 『낭만 아파트: 바보, 문제는 아파트야! 우리 시대 위험한 문화 코드 읽기』(플래닛미디어, 2008), 266~267쪽.

77 김헌주·고혜지, 「"임대주택 사는 걔, '캐슬' 사는 우리 애랑 같은 길로 못 다녀"」, 『서울신문』, 2018년 11월 26일.

78 박권일, 「휴거, 빌거, 이백충」, 『한겨레』, 2019년 11월 15일, 21면.

79 이라영, 「거지와 벌레」, 『한겨레』, 2019년 11월 21일, 26면.

80 이라영, 「거지와 벌레」, 『한겨레』, 2019년 11월 21일, 26면.

81 김은식, 「명 재촉하는 사회」, 『논(論): 위험사회』(숨비소리, 2003), 52~54쪽.

82 한장희·허윤, 「'무서운 반상회': 집단 민원…집값 담합…위장 전입 색출」, 『국민일보』, 2005년 6월 29일, 1면; 윤혜숙, 「독자기자석: 반상회 집값 담합 한심」, 『한겨레』, 2005년 7월 1일, 30면.

83 권수현, 「'집값'이라는 부끄러운 명분」, 『한겨레』, 2007년 6월 19일.

84 장은교·강병한·유희진, 「아파트 가격 부풀리기 부녀회 또 '치맛바람'」, 『경향신문』, 2008년 3월 18일.

85 서영지, 「아파트 부녀회의 두 얼굴」, 『한겨레』, 2015년 1월 15일. 2018년 11월 『중앙일보』 논설위원 이상언은 이렇게 개탄했다. "주민들이 합심해 아파트값을 올리고선 그보다 싼값에 집을 내놓은 이웃에게 욕한다. 매물을 거둬들이라고 집단 압력을 가하기도 한다. 아파트 옆에 장애인 학교가, 젊은이들이 조금 싼 월세로 살 수 있는 '청년 주택'이 들어서려 하면 어김없이 '결사반대' 플래카드가 붙는다.……체면·양심·도덕에 질끈 눈감는 필사적 투쟁의 서글픈 현실은 달라질 기미조차 보이지 않고, 결국 모두가 무한 루프 위를 걷는 것처럼 다시 각자도생의 길로 들어선다." 이상언, 「필사적 각자도생의 끝은 어디인가」, 『중앙일보』, 2018년 11월 29일.

86 김지현, 「처벌하기 곤란한 집값 담합 행위들」, 『헤럴드경제』, 2020년 7월 8일.

87 김상헌, 『대한민국 강남특별시: 부와 교육 1번지 강남의 모든 것』(위즈덤하우스, 2004), 253쪽.

88 박용석, 『한국의 젊은 부자들』(토네이도, 2006), 73, 115쪽. 정책의 이면에 숨은 뜻까지 간파해 적극 이용하는 건 어떻게 가능한가? 한 부동산 고수의 말을 들어보자. "1998년에 정부가 분양권 전매를 사실상 허용했는데요. 그 뜻이 뭐겠어요. IMF 때문에 경기가 어려우니까 돈 가진 사람들이 풀라는 것 아닙니까. 떳떳하게 분양권을 사고팔 수 있게 정부가 눈감아준다는 것이지요. 그전까지만 해도 부동산 투기 억제한다고 분양권 전매에는 서슬이 퍼랬는데 말이에요. 그럴 때는 돈 가지고 들어가면 틀림없어요. 편법이 좀 있어도 단속을 안 합니다." 한상복, 『한국의 부자들: 자수성가한 알부자 100인의 돈 버는 노하우』(위즈덤하우스, 2003), 108쪽.

89 손낙구, 『부동산 계급사회』(후마니타스, 2008), 60쪽.

90   전병역, 「[지주의 나라] ① 우리들의 일그러진 꿈 '건물주'」, 『경향신문』, 2017년 3월 6일.

91   나심 니컬러스 탈레브(Nassim Nicholas Taleb), 김원호 옮김, 『스킨 인 더 게임: 선택과 책임의 불균형이 가져올 위험한 미래에 대한 경고』(비즈니스북스, 2018/2019), 150쪽.

92   이주연·이정환, 「"부동산, 이명박은 속지 않았다": [20-20/부동산 ②] 김헌동 경실련 부동산건설개혁본부장 "부동산 부자한테 왜 권력까지 주나"」, 『오마이뉴스』, 2020년 6월 29일.

93   박태견, 『참여정권, 건설족 덫에 걸리다』(뷰스, 2005), 134~136쪽.

94   박태견, 『참여정권, 건설족 덫에 걸리다』(뷰스, 2005), 137~139쪽.

95   박태견, 『참여정권, 건설족 덫에 걸리다』(뷰스, 2005), 141쪽.

96   「'1억 이상 증가자' 우리당이 더 많아」, 『한국일보』, 2005년 3월 1일.

97   경제정의실천시민연합 부동산건설개혁운동본부 본부장 김헌동도 "집값 문제가 심각해진 건, 공기업도 장사라는 노무현 대통령의 말 이후"라고 했다. 그는 "2002년 6월 4억 원이던 은마아파트가 노무현 정부 말기인 2007년 10억 5,000만 원까지 치솟았다"고 했다. 이명박 정부 당시 은마아파트 값은 매해 하락, 2013년 6월에는 8억 원 대로 떨어졌다. 그 은마아파트가 문재인 정부 들어 또 올랐다. 김헌동은 "2016년 말 11억 원이었던 은마아파트가 이 정권 들어 또 올라 20억 원(부동산 뱅크 기준)이 됐다"며 이렇게 말했다. "노무현·문재인 두 정부는 자신들에게 표를 안 준 강남 사람들만 부자를 만들고 있어요. 그러면 도대체 진보 정부라는 이 정부 내에 왜 이렇게 집값이 올랐죠? 누군가 분석하고 잘못을 되풀이하지 말아야 하잖아요. 병명을 제대로 진단해야 치료를 할 거 아닙니까? 그런데 이 정부는 병에 들지 않았대요. 얼마나 답답해요. 얼마나 화가 납니까." 이주연·이정환, 「"부동산, 이명박은 속지 않았다": [20-20/부동산 ②] 김헌동 경실련 부동산건설개혁본부장 "부동산 부자한테 왜 권력까지 주나"」, 『오마이뉴스』, 2020년 6월 29일. 이후 분양 원가 공개를 받아들인 노무현의 불성실한 태도에 대해선 김태동·김헌동, 『문제는 부동산이야, 이 바보들아: 한국 경제의 미래를 위한 긴급 형제 대화』(궁리, 2007), 178~182, 253~254쪽 참고.

98   이성용, 『한국을 버려라: 한국, 한국인이 살아남을 수 있는 길!』(청림출판, 2004), 180쪽.

99   강준만, 「왜 혁신은 대도시에서 일어나는가?: 네트워크 효과」, 『생각의 문법:

세상을 꿰뚫는 50가지 이론 3』(인물과사상사, 2015), 279~283쪽 참고.

100 김창우, 「지방으로 보내면 해결되나」, 『중앙선데이』, 2020년 7월 11일, 31면.

101 김효정, 「'지방충'이라니…서울-지방 출신 삶의 격차 갈수록 커져」, 『주간조선』, 제2305호(2014년 5월 5일).

102 김하영, 「"투기 방조당, 투기 조장당, 투기 무관심당"」, 『프레시안』, 2006년 11월 27일.

103 김하영, 「"투기 방조당, 투기 조장당, 투기 무관심당"」, 『프레시안』, 2006년 11월 27일.

104 하승수, 『지역, 지방자치, 그리고 민주주의: 한국 풀뿌리민주주의의 현실과 전망』(후마니타스, 2007), 184~192쪽.

105 우석훈, 「부동산 파동과 '노무현 레짐', 어떻게 청산할 것인가」, 『녹색평론』, 제92호(2007년 1~2월), 65쪽; 하승수, 『지역, 지방자치, 그리고 민주주의: 한국 풀뿌리민주주의의 현실과 전망』(후마니타스, 2007), 41쪽에서 재인용.

106 송오미, 「경실련 "투기 조장당 민주당 의원 42명, 다주택자…집 팔아라"」, 『데일리안』, 2020년 7월 7일.

107 경향신문 특별취재팀, 『민주화 20년의 열망과 절망: 진보·개혁의 위기를 말하다』(후마니타스, 2007), 237~239쪽.

108 김태동·김헌동, 『문제는 부동산이야, 이 바보들아: 한국 경제의 미래를 위한 긴급 형제 대화』(궁리, 2007), 100~101쪽.

109 「거대담론」, 『위키백과』.

110 김욱동, 『포스트모더니즘의 이론: 문학/예술/문화』(민음사, 1992), 153~160쪽.

111 서중석, 「민주노동당은 역사에서 배워야 한다」, 『역사비평』, 제68호(2004년 가을), 39쪽.

112 권재원, 『학교라는 괴물: 다시, 무엇을 가르칠 것인가』(북멘토, 2014), 311쪽.

113 김종휘, 「그들의 고품격 아파트」, 『한겨레』, 2005년 10월 17일, 23면.

114 김태동·김헌동, 『문제는 부동산이야, 이 바보들아: 한국 경제의 미래를 위한 긴급 형제 대화』(궁리, 2007), 91쪽. 2007년 6월 경실련 아파트값 거품 빼기 운동본부는 아파트 광고에 출연하고 있는 모델들에게 "무분별한 아파트 광고 출연을 자제해달라"는 편지를 보내고 '선(先)분양 아파트 광

고와의 전쟁'을 공식적으로 선포했다. 경실련 시민감시국장 윤순철은 "연예인이 출연하는 아파트 광고는 허허벌판에 합판으로 모델하우스만 하나 지어놓고, 유명 연예인의 이미지와 맞바꾸자는 비상식적인 상술"이라고 비판했다. "지금 시민들은 아파트의 품질은 좋은지, 가격은 적당한지, 이사 안 가고 평생 안락하게 살 만한 환경인지 등은 꼼꼼히 따져볼 수도 없이 연예인들이 홍보하는 이미지만 보고 아파트를 선택할 수밖에 없습니다." 배현정, 「"귀족주의 표방 아파트 광고는 마약보다 나빠"」, 『주간한국』, 2007년 6월 26일.

115 이훈범, 「연예인과 마약 광고」, 『중앙일보』, 2007년 6월 12일.

116 경향신문 특별취재팀, 『어디 사세요?: 부동산에 저당잡힌 우리 시대 집 이야기』(사계절, 2010), 168~170쪽.

117 조인직, 「'브랜드'가 주상복합 값 좌우: 같은 지역-같은 평형에도 매매가 2배 차이…왜?」, 『동아일보』, 2004년 12월 23일, B5면.

118 서찬동, 「아파트 '짝퉁' 이름 골치」, 『매일경제』, 2005년 1월 27일, A29면.

119 김은남, 「"이름 바꿔 떼돈 벌어보자"」, 『시사저널』, 2005년 8월 2일, 36~37면; 김수경, 「'잠실' 붙이면 집값 수천만 원 왔다갔다?」, 『조선일보』, 2017년 2월 11일.

120 발레리 줄레조(Valérie Gelézeau), 길혜연 옮김, 『한국의 아파트 연구: 서울 지역 7개 아파트 단지의 경관 분석을 중심으로』(아연출판부, 2003/2004), 128쪽.

121 김용창, 「부동산 봄날과 실용주의 한국」, 『한겨레』, 2007년 12월 26일.

122 손낙구, 『부동산 계급사회』(후마니타스, 2008), 48, 241, 288~292쪽; 정인환, 「뿌리 깊어라, 부동산 6계급」, 『한겨레21』, 제723호(2008년 8월 11일).

123 정태석, 『행복의 사회학』(책읽는수요일, 2014), 109쪽.

124 손낙구, 『부동산 계급사회』(후마니타스, 2008), 348쪽.

125 손낙구, 『부동산 계급사회』(후마니타스, 2008), 342, 351~352쪽.

126 이정환, 「가난한 사람들이 투표 안 하는 진짜 이유: '대한민국 정치사회 지도' 펴낸 손낙구 전 민주노총 대변인」, 『미디어오늘』, 2010년 2월 10일.

127 손낙구, 『부동산 계급사회』(후마니타스, 2008), 162~163쪽.

128 오창익, 『십중팔구 한국에만 있는!: 인권운동가 오창익의 거침없는 한국 사회 리포트』(삼인, 2008), 99쪽.

129 「[사설] 나라의 미래 좀먹는 입시 불평등」, 『한겨레』, 2016년 3월 18일.

130 최주용, 「올해 서울대 합격생 386명 '입학 포기'…동시 합격한 다른 대학 의대·치대·한의대로」, 『조선일보』, 2017년 10월 10일.

131 박창희·이승렬, 『부산 독립선언: 지방은 식민지인가? 지방분권과 도시국 가를 향하여』(페이퍼로드, 2009), 119쪽.

132 조명래, 「만들어진 불평등, 지역격차」, 이정우·이창곤 외, 『불평등 한국, 복지국가를 꿈꾸다』(후마니타스, 2015), 247쪽.

133 박창희·이승렬, 『부산 독립선언: 지방은 식민지인가? 지방분권과 도시국 가를 향하여』(페이퍼로드, 2009), 119쪽.

134 정대하, 「서울 유학생 위한 '효자 기숙사' 인기」, 『한겨레』, 2015년 1월 23일.

135 구성의 오류는 부분에 대해 말할 수 있는 것을 전체에 부당하게 적용하거 나 또는 개별적인 요소에 해당되는 것을 집합 전체에 부당하게 적용하는 것인데, 개인적으로는 타당한 행동을 모두 다 같이 할 경우 전체적으로는 부정적인 결과가 초래될 때 쓰이는 말이다. 경제학자 존 메이너드 케인스 (John Maynard Keynes, 1883~1946)가 말한 '절약의 역설(Paradox of Thrift)'이 좋은 예다. 불황에 저축을 늘리면 개인은 안전감을 느끼겠지만 모두가 다 그렇게 하면 소비가 줄어 경기를 더 악화시키는 결과를 초래한 다는 것이다. 마찬가지로 농사를 잘 지어 생산량을 늘리는 것은 농민의 보 람이지만, 모든 농민이 다 농사를 잘 짓는다면, 농산물 가격이 폭락해 모든 농민에게 재앙이 될 수 있다. 강준만, 「왜 풍년이 들면 농민들의 가슴은 타 들어가는가?: 구성의 오류」, 『생각의 문법: 세상을 꿰뚫는 50가지 이론 3』 (인물과사상사, 2015), 271~276쪽 참고.

136 경향신문 특별취재팀, 『어디 사세요?: 부동산에 저당잡힌 우리 시대 집 이 야기』(사계절, 2010), 106~107쪽.

137 박해현, 「[만물상] 아파트 공화국의 미래」, 『조선일보』, 2010년 9월 24일.

138 윤창희, 「[노트북을 열며] 관료 공화국」, 『중앙일보』, 2013년 6월 5일.

139 임주환·전종휘, 「용산의 사각동맹」, 『한겨레21』, 제748호(2009년 2월 20일).

140 김종훈, 「[아침을 열며] 재개발 사업 방식 바꿔야 한다」, 『경향신문』, 2009년 3월 2일.

141 한대광, 「재개발·재건축 비리 23% '공무원 연루': 경실련 언론 보도 분 석…조합 주도 50% 최다」, 『경향신문』, 2009년 2월 13일.

142 정석의 말을 더 들어보자. "우리는 재개발 구역으로 지정하면, 그곳의 토지 주가 아니라 시행사가 건축에 대한 권한을 갖는다. 큰 문제다. 재개발 구역

지정 자체를 해제해야 지금의 재개발을 포함한 다양한 대안이 가능해진다. 건물을 자신이 고치기도 하고, 옆집과 두 채를 합쳐서 넓게 만들 수도 있고, 동시에 지금처럼 큰 재개발도 누군가 하겠다면 열어줄 수 있다. 그러면 끊임없이 도시가 변화한다.……도시를 생명으로 본다면 재개발은 대수술, 고려장이다. 내가 침만 맞고도 나을 수 있는데 대수술을 하면 안 되지 않나. 재개발 구역 지정이 있는 한 도시 재생은 사실상 불가능하다." 양성희, 「[양성희의 직격 인터뷰] "돈과 정치가 도시 재생을 오염시킨다"」, 『중앙일보』, 2019년 2월 22일.

143 최훈길, 「"용산 진실 묻히는 게 제일 무서워요": 철거민 생애사 담은 구술집 '여기 사람이 있다' 출간」, 『미디어오늘』, 2009년 4월 2일.

144 정희상, 「불타 죽고 감옥 가고 참담한 피해자들」, 『시사IN』, 제92호(2009년 6월 15일).

145 박상주, 「"차라리 물러나라!"」, 『미디어오늘』, 2009년 6월 16일.

146 최민섭, 「집은 당신에게 무엇인가?」, 최민섭 외, 『주거 신분사회: 타워팰리스에서 공공임대주택까지』(창비, 2010), 27~28쪽.

147 최민섭, 「집은 당신에게 무엇인가?」, 최민섭 외, 『주거 신분사회: 타워팰리스에서 공공임대주택까지』(창비, 2010), 60쪽.

148 최민섭, 「집은 당신에게 무엇인가?」, 최민섭 외, 『주거 신분사회: 타워팰리스에서 공공임대주택까지』(창비, 2010), 31~32쪽.

149 인용부호 속의 말은 정치인 김부겸의 말이다. 성한용, 「김부겸 "부동산은 욕망의 문제…극약 처방할 때 왔다"」, 『한겨레』, 2020년 7월 15일.

150 토머스 차모로-프레무지크(Tomas Chamorro-Premuzic), 이현정 옮김, 『위험한 자신감: 현실을 왜곡하는 아찔한 습관』(더퀘스트, 2013/2014), 106쪽.

151 경향신문 특별취재팀, 『어디 사세요?: 부동산에 저당잡힌 우리 시대 집 이야기』(사계절, 2010), 28쪽.

152 손낙구, 『부동산 계급사회』(후마니타스, 2008), 97쪽; 박철수, 『아파트: 공적 냉소와 사적 정열이 지배하는 사회』(마티, 2013), 312쪽.

153 최민섭 외, 『주거 신분사회: 타워팰리스에서 공공임대주택까지』(창비, 2010), 224쪽.

154 정원오, 『도시의 역설, 젠트리피케이션』(후마니타스, 2016), 63쪽.

155 통계청의 분석에 따르면, 지난 20년간 매매 가격이 높은 지역일수록 집은 살기 위한 목적보다 사고파는 상품으로서 그 특성이 강해지는 것으로 나타

났다. 이율,「서울 1인 청년 가구 37% '지옥고'서 산다…"주거 빈곤 역주행"」,『연합뉴스』, 2018년 6월 28일.

156 함인선,「정부 스스로 만든 '헤테로토피아 강남'」,『중앙일보』, 2018년 3월 22일.

157 김태훈,「[특집] 당신의 지역구는 어디입니까」,『주간경향』, 제1146호 (2015년 10월 13일).

158 「강남은 '황족' 강북은 '노비'…부동산 계급표 화제」,『경향신문』, 2011년 2월 13일; 장인철,「수도권 계급표」,『한국일보』, 2011년 2월 18일.

159 장인철,「수도권 계급표」,『한국일보』, 2011년 2월 18일.

160 「[보도자료] 재미로 보는 부동산 계급표, 내용은 장난이 아니네!」,『동아닷컴』, 2011년 8월 12일.

161 정유경,「"살기 어려워지면 인천 가…" 막말 정태옥 한국당 대변인 사퇴」,『한겨레』, 2018년 6월 9일.

162 김의겸,「왜 아직도 박정희인가?」,『한겨레』, 2011년 3월 16일.

163 김정훈·심나리·김항기,『386 세대유감: 386세대에게 헬조선의 미필적 고의를 묻다』(웅진지식하우스, 2019), 217~218쪽.

164 김덕영,『논쟁의 역사를 통해 본 사회학: 자연과학·정신과학 논쟁에서 하버마스·루만 논쟁까지』(한울아카데미, 2003), 125쪽.

165 마루야마 겐지(丸山健二), 김난주 옮김,『인생 따위 엿이나 먹어라: 인생이란 멋대로 살아도 좋은 것이다』(바다출판사, 2012/2013), 178쪽.

166 유하룡,「서울시 강남구 땅값, 부산시 전체와 비슷」,『조선일보』, 2011년 9월 19일.

167 리처드 코니프(Richard Conniff), 이상근 옮김,『부자』(까치, 2002/2003), 172쪽.

168 리처드 코니프(Richard Conniff), 이상근 옮김,『부자』(까치, 2002/2003), 172~173쪽.

169 리처드 코니프(Richard Conniff), 이상근 옮김,『부자』(까치, 2002/2003), 173쪽.

170 크리스티아 프릴랜드(Chrystia Freeland), 박세연 옮김,『플루토크라트: 모든 것을 가진 사람과 그 나머지』(열린책들, 2012/2013), 294쪽.

171 이주연·이정환,「"부동산, 이명박은 속지 않았다": [20-20/부동산 ②] 김헌동 경실련 부동산건설개혁본부장 "부동산 부자한테 왜 권력까지 주나"」,『오마이뉴스』, 2020년 6월 29일.

172 장하준·정승일·이종태,『쾌도난마 한국경제: 장하준·정승일의 격정대화』(부키, 2005), 206쪽.

173 노명우,『세상물정의 사회학: 세속을 산다는 것에 대하여』(사계절, 2013), 236쪽.

174 신기주,「정당으로 쳐들어간 청년: 정의당 미래센터 소장 조성주」,『월간 인물과사상』, 제211호(2015년 11월), 27쪽.

175 이혁,「"중장년 고시 아냐" 공인중개사 시험에 몰리는 청춘들」,『파이낸셜 뉴스』, 2017년 5월 3일.

176 김성권,「중장년 일자리 위협하는 공인중개사 시험」,『뉴스투데이』, 2018년 11월 20일.

177 김미향,「커리어에서 자산 굴리기까지…공인중개사 시험 보는 2030」,『한겨레』, 2019년 11월 9일, 10면.

178 김영호,「변두리로, 더 변두리로, 전세 난민의 행렬」,『미디어오늘』, 2015년 2월 11일.

179 정민우,『자기만의 방: 고시원으로 보는 청년 세대와 주거의 사회학』(이매진, 2011), 32쪽.

180 이율,「서울 1인 청년 가구 37% '지옥고'서 산다…"주거 빈곤 역주행"」,『연합뉴스』, 2018년 6월 28일.

181 정민우,『자기만의 방: 고시원으로 보는 청년 세대와 주거의 사회학』(이매진, 2011), 198쪽.

182 임동근·김종배,『메트로폴리스 서울의 탄생』(반비, 2015), 300쪽.

183 이상대,「도심 공동화 문제와 도심 주거 기능의 확충 전략」,『국토』, 275권(2004년 9월), 36~45쪽.

184 마강래,『지방도시 살생부: '압축도시'만이 살길이다』(개마고원, 2017), 151~154쪽.

185 마강래,『지방도시 살생부: '압축도시'만이 살길이다』(개마고원, 2017), 162쪽.

186 김태형,『불안증폭사회: 벼랑 끝에 선 한국인의 새로운 희망 찾기』(위즈덤 하우스, 2010), 69쪽.

187 「[사설] 정부는 언제까지 '전·월세 지옥'에 눈감고 있을 텐가」,『경향신문』, 2015년 9월 30일.

188 정대영,「'미친 집세', 대안은 임대소득 과세」,『경향신문』, 2015년 10월 1일.

189 엄기호,『단속사회: 쉴 새 없이 접속하고 끊임없이 차단한다』(창비, 2014),

41쪽.

190 백철·김서영,「[新허기진 군상] (4) 대한민국에서 집이란–집을 좇지만 집에 쫓기는 서민」,『경향신문』, 2015년 10월 21일.

191 김병화,「해제–공간, 정치, 주체에 관한 두 개의 사유 노선, 그 사이에서」, 앤디 메리필드(Andy Merrifield), 김병화 옮김,『마주침의 정치』(이후, 2013/2015), 322~323쪽.

192 유석기,「"부자 대부분 졸부" 89%」,『한국일보』, 1989년 11월 8일, 7면.

193 소종섭,「봉준호의 젊은 날」,『시사저널』, 2020년 2월 17일.

194 정대연·김원진,「[부들부들 청년] 건물주의 물주가 되다」,『경향신문』, 2016년 2월 1일.

195 이원재,『아버지의 나라 아들의 나라: 오늘의 불안을 이기는 내일의 경제학』(어크로스, 2016), 59쪽.

196 이원재,『아버지의 나라 아들의 나라: 오늘의 불안을 이기는 내일의 경제학』(어크로스, 2016), 60~61쪽.

197 정원오,『도시의 역설, 젠트리피케이션』(후마니타스, 2016), 9~10쪽.

198 「Janes Jacobs」,『Wikiipedia』.

199 Jerilou Hammett & Kingsley Hammett, eds.,『The Suburbanization of New York: Is the World's Greatest City Becoming Just Another Town?』(New York: Princeton Architectural Press, 2007); Mark S. Foster,『A Nation on Wheels: The Automobile Culture in America Since 1945』(Belmont, CA: Thompson/Wadsworth, 2003), pp.167~168; Jane Holtz Kay,『Asphalt Nation: How the Automobile Took Over America, and How We Can Take It Back』(New York: Crown Oublishers, 1997), p.253;「Gentrification」,『Wikipedia』.

200 정원오,『도시의 역설, 젠트리피케이션』(후마니타스, 2016), 87쪽.

201 김아리,「누구도 강제로 쫓겨나선 안 된다」,『한겨레』, 2017년 11월 17일.

202 정원오,『도시의 역설, 젠트리피케이션』(후마니타스, 2016), 9~10쪽.

203 양정호,『하청사회: 지속가능한 갑질의 조건』(생각비행, 2017), 74~75쪽. '지대추구(地代追求: rent-seeking)'는 사적 영역의 집단들이 생산적 활동을 통해 수익을 얻기보다 국가 부문의 자원과 영향력에 접근해 수익을 얻고자 하는 비생산적인 행위를 의미한다. 원래 렌트(rent)란 지대(地代), 즉 토지나 기타 시설물을 이용하고 점유한 대가로 지불하는 돈을 의미하는 영어지만 오늘날의 경제학이나 정치학에서 그것을 은유로서 발전시킨 것이

다. 강준만, 「왜 우리는 '합법적 도둑질'을 방치하는가?: 지대추구」, 『생각과 착각: 세상을 꿰뚫는 50가지 이론 5』(인물과사상사, 2016), 347~354쪽 참고.

204 김원진·정대연, 「[부들부들 청년] "내가 봐도 월세·임대료 비싸지만 그래도 더 올리려는 게 인간 욕심"」, 『경향신문』, 2016년 2월 1일.

205 정종훈·염태정, 「전셋값 10% 떨어지면 20대 대졸 남성 혼인율 9% 오른다」, 『중앙일보』, 2016년 12월 29일.

206 손장훈, 「高임금 남성, 低임금보다 결혼율 12배 높다」, 『조선일보』, 2016년 11월 14일.

207 최지영, 「유전결혼, 무전비혼」, 『중앙일보』, 2017년 1월 18일.

208 「[사설] '초저출산' 늪에 깊이 빠진 한국, 미래가 두렵다」, 『한겨레』, 2018년 3월 1일; 「[사설] 결국 사망자가 출생아 추월, 또 하나의 핵폭탄 터지기 시작」, 『조선일보』, 2018년 3월 1일; 김동섭, 「이대로면…5~7년 내 신생아 20만 명대 추락 '국가적 재앙'」, 『조선일보』, 2018년 3월 1일.

209 윤단우·위선호, 『결혼 파업, 30대 여자들이 결혼하지 않는 이유』(모요사, 2010), 24쪽.

210 윤단우·위선호, 『결혼 파업, 30대 여자들이 결혼하지 않는 이유』(모요사, 2010), 88쪽.

211 윤단우·위선호, 『결혼 파업, 30대 여자들이 결혼하지 않는 이유』(모요사, 2010), 102쪽.

212 김현진, 『그래도 언니는 간다: 앵그리 영 걸의 이명박 시대 살아내기』(개마고원, 2009), 46~47쪽.

213 박수진, 「라가르드 IMF 총재의 경고…"한국은 집단적 자살 사회 같다"」, 『한국경제』, 2017년 10월 24일.

214 2017년 1월 『동아일보』가 여론조사 기관인 엠브레인과 함께 20대 이상 남녀 1,000명에게 모바일 설문조사를 벌인 결과, 무려 91퍼센트가 한국은 '유전무죄(有錢無罪)·무전유죄(無錢有罪)'가 통하는 사회라고 응답했다. 심지어 71.4퍼센트는 "매우 그렇다"라고 답했다. 정양환·유원모, 「유전무죄-무전유죄…"여전히 돈 없고 빽 없으면 서럽다"」, 『동아일보』, 2017년 1월 25일.

215 전병역, 「집 한 채도 사기 힘든 '30년 땀의 가치'」, 『경향신문』, 2017년 3월 6일.

216 전병역, 「[지주의 나라] ③ 상위 1%가 땅값 '50년 상승분'의 38% 챙겼

다」, 『경향신문』, 2017년 3월 30일.

217 전병역, 「[지주의 나라] ① 우리들의 일그러진 꿈 '건물주'」, 『경향신문』, 2017년 3월 6일.

218 신현방, 「안티 젠트리피케이션, 무엇을 할 것인가?」, 신현방 엮음, 『안티 젠트리피케이션: 무엇을 할 것인가?』(동녘, 2017), 17쪽.

219 미류, 「문제는 강제 퇴거: 인간의 존엄을 박탈하는 폭력」, 신현방 엮음, 『안티 젠트리피케이션: 무엇을 할 것인가?』(동녘, 2017), 44, 47쪽.

220 조효제, 『인권의 지평: 새로운 인권 이론을 위한 밑그림』(후마니타스, 2016), 83~85쪽; 문성훈, 「폭력 개념의 인정이론적 재구성」, 『사회와철학』, 20권(2010년 10월), 69쪽; 강준만, 「왜 초등학교 4학년 학생은 '잔혹 동시'를 썼을까?: 구조적 폭력」, 『사회 지식 프라임』(인물과사상사, 2018), 127~133쪽 참고.

221 김찬호, 「"서울 도시 재생, 재개발과 다른 게 뭐죠?"」, 『경향신문』, 2019년 1월 2일.

222 조효제, 『인권의 지평: 새로운 인권 이론을 위한 밑그림』(후마니타스, 2016), 85쪽.

223 함인선, 「왜 고시원은 타워팰리스보다 비싼가?」, 『중앙일보』, 2017년 12월 21일. 대학생 주거권 네트워크의 2012년 조사에 따르면, 자취·하숙·고시원의 평당 월세 가격은 10만 9,419원이었으며, 서울시 8구 아파트 평균 평당 월세는 4만 6,437원이었다. 고시원만 따지면 평당 월세는 15만 2,685원이었다. 평당 월세가 자취·하숙·고시원은 아파트의 2.35배, 고시원만 따지면 아파트의 3.28배에 이른다. 이진희, 「서울 평당 월세, 아파트 5만 원 VS 고시원 15만 원」, 『한국일보』, 2019년 11월 1일.

224 최장집, 「지역정치와 분권화의 문제」, 『지역사회연구』, 제9권 1호(2001), 1~8쪽.

225 정민우·이나영, 「청년 세대, '집'의 의미를 묻다: 고시원 주거 경험을 중심으로」, 『한국사회학』, 45권 2호(2011년 4월), 135쪽.

226 박진석, 「억대 연봉자 70%는 수도권 거주…비수도권은 울산 1위」, 『중앙일보』, 2014년 8월 21일.

227 이세나, 「전국 일자리 4개 중 3개 서울-경기-인천 등 수도권에 집중」, 『통신일보』, 2016년 3월 24일; 이성희, 「일자리 73% 수도권 편중…제주·전남·강원은 1%도 안 돼」, 『경향신문』, 2016년 3월 25일.

228 박상훈, 『청와대 정부: '민주 정부란 무엇인가'를 생각하다』(후마니타스,

2018), 43쪽.

229 박상훈, 『청와대 정부: '민주 정부란 무엇인가'를 생각하다』(후마니타스, 2018), 45, 189쪽.

230 김상진·엄경영, 『왜 낡은 보수가 승리하는가』(라의눈, 2015), 50쪽.

231 김상진·엄경영, 『왜 낡은 보수가 승리하는가』(라의눈, 2015), 4쪽.

232 박송이, 「19대 국회 초선 의원 42% "나는 중도다"」, 『주간경향』, 제981호 (2012년 6월 26일).

233 강태화, 「"강경파는 기득권…여당과 협상하면 2중대라고 공격"」, 『중앙일보』, 2014년 8월 2일.

234 이재덕, 「서촌 족발집 사장은 어쩌다 망치를 휘둘러 '살인미수범'이 됐나… 영업권보다 재산권, 법이 빚은 '비극'」, 『경향신문』, 2018년 6월 11일.

235 이정재, 「열심히 일한 당신, 떠나라?」, 『중앙일보』, 2018년 6월 15일.

236 「[사설] 서촌 '젠트리피케이션'의 비극, 상가임대차법 바꿔야」, 『한겨레』, 2018년 6월 9일; 장상진, 「'망치 테러', 뉴욕엔 왜 없나」, 『조선일보』, 2018년 6월 15일; 신지민, 「궁중족발 사건 한 편에는 구멍 뚫린 집행관 제도」, 『한겨레』, 2018년 6월 16일; 박구재, 「[여적] 본가궁중족발과 '갓물주'」, 『경향신문』, 2018년 6월 18일.

237 이재덕, 「서촌 족발집 사장은 어쩌다 망치를 휘둘러 '살인미수범'이 됐나… 영업권보다 재산권, 법이 빚은 '비극'」, 『경향신문』, 2018년 6월 11일; 김아리, 「누구도 강제로 쫓겨나선 안 된다」, 『한겨레』, 2017년 11월 17일.

238 정원오, 『도시의 역설, 젠트리피케이션』(후마니타스, 2016), 81쪽.

239 김아리, 「누구도 강제로 쫓겨나선 안 된다」, 『한겨레』, 2017년 11월 17일.

240 이진석, 「[만물상] 건물주 vs 세입자」, 『조선일보』, 2018년 6월 9일; 강준만, 『바벨탑 공화국: 욕망이 들끓는 한국 사회의 민낯』(인물과사상사, 2019) 참고.

241 하지현, 『예능력: 예능에서 발견한 오늘을 즐기는 마음의 힘』(민음사, 2013), 180쪽.

242 정대연, 「복부인 닮은 연예인 '부동산 열망'」, 『경향신문』, 2015년 4월 25일.

243 박가영, 「'착한' 연예인 건물주는 없다」, 『머니투데이』, 2020년 5월 1일.

244 석진환, 「'수도권 기득권' 깰 생각은 있나?」, 『한겨레』, 2018년 10월 1일.

245 존 톰린슨(John Tomlinson), 김승현·정영희 옮김, 『세계화와 문화』(나남, 1999/2004), 154쪽. 지그문트 바우만은 '엘리트들의 탈영토성과 나머지 사람들의 강제된 영토 구속성'을 지적한다. "엘리트들의 탈영토성이 자유

에 취해 있는 것처럼 느껴진다면, 나머지 사람들의 영토 구속성은 연고지라는 느낌보다는 오히려 죄수와 같은 느낌을 갖게 될 것이다." 지그문트 바우만(Zygmunt Bauman), 김동택 옮김, 『지구화, 야누스의 두 얼굴』(한길사, 1998/2003), 69쪽.

246 강준만, 「왜 우리는 정당을 증오하면서도 사랑하는 걸까?: 스톡홀름 신드롬」, 『우리는 왜 이렇게 사는 걸까?: 세상을 꿰뚫는 50가지 이론 2』(인물과사상사, 2014), 86~91쪽 참고.

247 황효원, 「'PD수첩' 미친 아파트값의 비밀은 종합부동산세?…시청률 5.5%」, 『아시아경제』, 2018년 10월 31일. 이 기사에 달린 댓글이다.

248 Tal Ben-Shahar, 『Even Happier: A Gratitude Journal for Daily Joy and Lasting Fulfullment』(New York: McGraw-Hill, 2010), p.152.

249 「[사설] 고위공직 절반이 다주택자, 정책 불신 높인다」, 『한겨레』, 2018년 10월 3일.

250 김은중, 「합판 벽으로 구분된 '닭장 방' 소음 무방비…곰팡이 서린 습기에 온몸이 금세 끈적끈적」, 『조선일보』, 2018년 12월 1일.

251 임재우·황금비, 「"등 배기는 만화방 의자에 자보면 2.5평 쪽방은 천국"」, 『한겨레』, 2018년 11월 23일.

252 이은정·이현옥·조승화, 「쪽방, 주거 공간에 대한 탐색적 의미」, 『월간 복지동향』, 173호(2013년 3월), 31쪽.

253 김찬호, 「투신 철거민 유서 "추운 겨울 3일간 길에서…내일이 두렵다"」, 『경향신문』, 2018년 12월 6일.

254 강준만, 「왜 한국은 '불감사회(不感社會)'가 되었는가?: 의도적 눈감기」, 『생각과 착각: 세상을 꿰뚫는 50가지 이론 5』(인물과사상사, 2016), 187~192쪽 참고.

255 오찬호, 「인생을 건 부동산 투기」, 『경향신문』, 2019년 4월 1일.

256 황상철, 「문재인 정부는 '부동산 공화국' 해체 의지 있나」, 『한겨레』, 2019년 1월 18일.

257 전강수, 『부동산 공화국 경제사』(여문책, 2019), 11~12쪽.

258 라인홀드 니부어(Reinhold Niebuhr), 이한우 옮김, 『도덕적 인간과 비도덕적 사회』(문예출판사, 1932/1992), 8, 17쪽; 강준만, 「왜 정의로운 내부고발자를 '배신자'로 탄압하는가?: 도덕적 인간과 비도덕적 사회」, 『습관의 문법: 세상을 꿰뚫는 이론 7』(인물과사상사, 2019), 133~140쪽 참고.

259 이혜운, 「"부동산 투자가 무슨 죄? 대변인도 못 믿는 정책이 문제지"」, 『조

선일보』, 2019년 4월 20일.

260 김용환·토머스 홉스(Thomas Hobbes), 『리바이어던: 국가라는 이름의 괴물』(살림, 2005); 한스-게오르크 호이젤(Hans-Georg Häusel), 배진아 옮김, 『이모션: 우리의 지갑을 여는 보이지 않는 손』(흐름출판, 2009/2012), 126쪽.

261 지유석, 「'로또 분양' 공공임대 아파트, 누굴 위한 '로또'인가?」, 『굿모닝충청』, 2019년 6월 7일.

262 김태규, 「"분양가 심사 회의록 공개" 밝혔지만 공개 피할 길 열어놨다」, 『한겨레』, 2019년 7월 16일, 16면.

263 「[사설] '분양가 심의' 공개, 눈 가리고 아웅 하겠다는 건가」, 『한겨레』, 2019년 7월 16일, 27면.

264 장은미, 「구직 청년에겐 서울 사는 것도 '스펙'」, 『단비뉴스』, 2019년 6월 27일.

265 전병역, 「[기자칼럼] 이러려고 촛불을 들었나」, 『경향신문』, 2018년 9월 13일.

266 박경준·서혜림, 「文 대통령 "부동산 문제, 자신 있다…경기 부양 수단 사용 않을 것"」, 『연합뉴스』, 2019년 11월 19일.

267 양권모, 「누구를 위한 부동산 정책인가」, 『경향신문』, 2019년 12월 17일, 30면.

268 진명선, 「"영끌해서 살 걸, 땅 치고 후회"…'부동산 불패' 학습 효과만 키웠다」, 『한겨레』, 2020년 7월 6일, 1, 3면.

269 이주연·이정환, 「"부동산, 이명박은 속지 않았다": [20-20/부동산 ②] 김헌동 경실련 부동산건설개혁본부장 "부동산 부자한테 왜 권력까지 주나"」, 『오마이뉴스』, 2020년 6월 29일.

270 박상훈은 "대통령이 청와대에 집착하는 것은 일을 빨리 해야 한다는 조급증과 깊은 관련이 있다. 크고 빠른 성과에 연연하는 조급함은 한국의 역대 대통령들 모두를 망가뜨린, 일종의 '정치적 질병'이었다"며 이런 대안을 제시한다. "왜 국무총리와 장관, 집권당이 자율적인 역할을 하도록 권한이 위임되지 않는지 알 수 없다. 청와대 정부는 결코 최선이 될 수 없다. 우리는 빠른 변화를 기대하는 것이 아니라 제대로 된 변화를 바란다. 이 모든 것이 입법부와의 좋은 관계 속에서만 가능하다." 박상훈, 『청와대 정부: '민주 정부란 무엇인가'를 생각하다』(후마니타스, 2018), 61, 80, 232~233쪽.

271 이하경, 「부동산 폭등은 문재인 정부의 서민 착취 아닌가」, 『중앙일보』,

2019년 12월 16일, 35면.

272 신승근, 「미친 집값, '불로소득 청와대'」, 『한겨레』, 2019년 12월 13일, 23면.

273 양권모, 「누구를 위한 부동산 정책인가」, 『경향신문』, 2019년 12월 17일, 30면.

274 김경욱, 「안치환 "'아이러니'는 진보 내 기회주의자 비판곡…보수 언론에 헛웃음"」, 『한겨레』, 2020년 7월 8일, 19면.

275 성연철, 「"부동산 투기와 전쟁 결코 안 질 것"」, 『한겨레』, 2020년 1월 8일, 3면.

276 정순우, 「대통령 믿고 집 안 사고 기다려도 되나 묻자…文 "답변 불가능"」, 『조선일보』, 2020년 1월 15일, A30면.

277 마강래, 『베이비부머가 떠나야 산다: 청년과 지방을 살리는 귀향 프로젝트』(개마고원, 2020), 25~27쪽.

278 마강래, 『베이비부머가 떠나야 산다: 청년과 지방을 살리는 귀향 프로젝트』(개마고원, 2020), 9쪽.

279 마강래, 『베이비부머가 떠나야 산다: 청년과 지방을 살리는 귀향 프로젝트』(개마고원, 2020), 159~171, 204~223, 236~241쪽.

280 마강래, 『베이비부머가 떠나야 산다: 청년과 지방을 살리는 귀향 프로젝트』(개마고원, 2020), 51~58쪽.

281 김용희, 「명함은 '지역' 의원님인데…보유 아파트는 죄다 '서울', '강남'」, 『한겨레』, 2020년 4월 2일, 12면.

282 김경필, 「"배은망덕"…고향집 버리고 강남 간 노영민·이시종에 청주 분노」, 『조선일보』, 2020년 7월 3일.

283 김창영, 「6·4 지방선거 신규 당선자 재산 공개…신임 시·도지사 전원 수도권에 부동산 소유」, 『경향신문』, 2014년 10월 1일; 백성일, 「전주의 불편한 진실」, 『전북일보』, 2015년 4월 13일; 김영석, 「"국회의원들의 여전한 강남 사랑?" 3명 중 1명, 강남 3구에 부동산 보유」, 『국민일보』, 2015년 3월 27일; 한윤지, 「지역구엔 전세 살면서…강남 3구 집 산 국회의원 31명」, 『JTBC』, 2015년 3월 27일; 『JTV』, 2006년 6월 30일.

284 정환봉·서영지, 「다주택 의원 40명이나 되는데…여당 "투기 근절" 말발 먹힐까」, 『한겨레』, 2020년 7월 7일, 3면.

285 강찬호, 「폭탄이 된 민주당의 '다주택 매각 서약서'」, 『중앙일보』, 2020년 7월 9일, 28면.

286 정환봉·서영지, 「다주택 의원 40명이나 되는데…여당 "투기 근절" 말발 먹

힐까」,『한겨레』, 2020년 7월 7일, 3면.

287 「[사설] '금수저' 뺨치는 '통수저'까지, 이런 사람들이 "집값 잡겠다"니」, 『조선일보』, 2020년 7월 8일, A31면.

288 원선우, 「조기숙 "文 대통령, 日처럼 폭락하니 집 사지 말라 했다"」,『조선일보』, 2020년 6월 29일, A4면.

289 노석조, 「친문, 이번 좌표는 조기숙…文 비판했다고 "반역자" 맹폭」,『조선일보』, 2020년 6월 29일.

290 진중권은 "조기숙 교수가 돌아섰으면 상황이 심각한 것"이라며 "이분, 옆에서 지켜봐주기 민망할 정도로 강성 골수 친노"라고 했다. 정우상, 「진중권 "문빠들은 비판을 들으면, 파블로프의 개처럼…"」,『조선일보』, 2020년 6월 29일.

291 고현곤, 「문 대통령에게 부족한 것」,『중앙일보』, 2020년 7월 21일, 31면.

292 이주연·이정환, 「"부동산, 이명박은 속지 않았다": [20-20/부동산 ②] 김헌동 경실련 부동산건설개혁본부장 "부동산 부자한테 왜 권력까지 주나"」, 『오마이뉴스』, 2020년 6월 29일. 김헌동은 이런 말도 했다. "보수 정부가 부동산은 더 실질적이고 친서민적이었다. 박정희·전두환·노태우 정부는 취약한 정통성을 메꾸려고 토지공개념 등 개혁적 정책을 폈다. 이명박 정부가 집권할 수 있었던 것도 분양가 상한제를 밀고 나가고, '반값 아파트' 법을 당론화했기 때문이다. 그러다 보니 아파트가 안 팔려 미분양이 백만 채에 달했다. 박근혜 정부 때는 아파트가 너무 안 팔려 '어음 줄 테니 아파트 좀 사라'고 했는데도 안 살 정도가 됐다. 집값이 내려가는데 누가 사겠나? 오히려 이 기조를 무너뜨린 게 당시 민주당 박기춘 의원이 위원장이던 국회 국토위원회였다. 여기서 분양가 상한제를 없애면서 집값이 다시 뛰기 시작했다." 강찬호, 「폭탄이 된 민주당의 '다주택 매각 서약서'」,『중앙일보』, 2020년 7월 9일, 28면.

293 이태경, 「좌절된 보유세 혁명, 종부세」, 이정전·김윤상·이정우 외,『위기의 부동산: 시장 만능주의를 넘어서』(후마니타스, 2009), 193쪽; 경향신문 특별취재팀,『어디 사세요?: 부동산에 저당잡힌 우리 시대 집 이야기』(사계절, 2010), 106~107쪽.

294 이주연·이정환, 「"부동산, 이명박은 속지 않았다": [20-20/부동산 ②] 김헌동 경실련 부동산건설개혁본부장 "부동산 부자한테 왜 권력까지 주나"」, 『오마이뉴스』, 2020년 6월 29일.

295 이주연·이정환, 「"부동산, 이명박은 속지 않았다": [20-20/부동산 ②] 김

헌동 경실련 부동산건설개혁본부장 "부동산 부자한테 왜 권력까지 주나"」, 『오마이뉴스』, 2020년 6월 29일.

296 안준용, 「원희룡 "운동권 출신 586, 강남 아파트에 집착"」, 『조선일보』, 2020년 7월 6일, A6면.

297 김재영, 『하우스 푸어: 비싼 집에 사는 가난한 사람들』(더펙트, 2010), 58~59쪽.

298 김정훈·심나리·김항기, 『386 세대유감: 386세대에게 헬조선의 미필적 고의를 묻다』(웅진지식하우스, 2019), 151쪽.

299 이한수, 「386 세대유감」, 『조선일보』, 2019년 7월 20일, A19면.

300 한윤형, 『청춘을 위한 나라는 없다: 청년 논객 한윤형의 잉여탐구생활』(어크로스, 2013), 201쪽.

301 이종태, 「1980년대 이후 한국의 진보 운동 담론 비판」, 사민+복지기획위원회 엮음, 『한국 사회와 좌파의 재정립: 보편주의적 복지국가를 향한 새로운 좌파 선언과 전략』(산책자, 2008), 87쪽.

302 이종태, 「1980년대 이후 한국의 진보 운동 담론 비판」, 사민+복지기획위원회 엮음, 『한국 사회와 좌파의 재정립: 보편주의적 복지국가를 향한 새로운 좌파 선언과 전략』(산책자, 2008), 87~88쪽.

303 이종태는 이렇게 말한다. "오히려 필자는 마르크스주의 르네상스의 원인을 폭압적인 독재정권에 대항해서 거의 목숨을 내놓고 싸워야 했던 학생 운동가들의 처지에서 찾고 싶다. 즉, 당시 전두환 정권에 저항한다는 것은 엄청난 '리스크'를 수반하는 행위였고, 이는 사회 일반에서 자신을 아웃사이더로 '격리'하는 심리적 기제를 필요로 했다. 필자는 그 기제가 좌파 사상이었다고 생각한다. 그래서 좌파 사상의 내용보다는 '좌파 사상을 학습하는 행위' 자체가 더 중요했을지도 모른다. 전두환 치하에서 좌파 사상 학습은 '범죄'였기 때문이다. '적'이 광포한 만큼 386의 사상은 '과격'해야 했다." 이종태, 「1980년대 이후 한국의 진보 운동 담론 비판」, 사민+복지기획위원회 엮음, 『한국 사회와 좌파의 재정립: 보편주의적 복지국가를 향한 새로운 좌파 선언과 전략』(산책자, 2008), 87~88쪽.

304 김지혜, 「조기숙 "文 정부 부동산 실패, 운동권 출신 정치인·교수 탓"」, 『중앙일보』, 2020년 7월 8일.

305 장세정, 「"김현미 말 안 들으면 몇 억 번다, 급매 김의겸·김상곤만 억울"」, 『중앙일보』, 2020년 7월 6일, 20면.

306 양권모, 「이러면 부동산이 정권을 잡는다」, 『경향신문』, 2020년 7월 8일,

26면.

307 고현곤, 「문 대통령에게 부족한 것」, 『중앙일보』, 2020년 7월 21일, 31면.

308 정석, 「집값이 안 잡히는 이유」, 『경향신문』, 2020년 7월 6일, 26면.

309 장나래, 「정부 부동산 정책 '잘못' 64%…현 정부 들어 최고치」, 『한겨레』, 2020년 7월 11일, 9면.

310 김경욱, 「안치환 "'아이러니'는 진보 내 기회주의자 비판곡…보수 언론에 헛웃음"」, 『한겨레』, 2020년 7월 8일, 19면.

311 김지혜, 「자작곡 '아이러니' 발표한 민중가수 안치환…진보 참칭하는 기회주의자에 "왜 이러니" 경고」, 『경향신문』, 2020년 7월 8일, 22면.

312 제임스 콜린스(James C. Collins) · 제리 포라스(Jerry I. Porras), 워튼포럼 옮김, 『성공하는 기업들의 8가지 습관』(김영사, 1994/1996), 198쪽.

313 워런 베니스와 노엘 티시는 "리더의 유능함을 가늠하는 특징 중 하나가 바로 '계획적 기회주의'의 포용 여부다"고 말한다. 워런 베니스(Warren Bennis) · 노엘 티시(Noel Tichy), 김광수 옮김, 『판단력: 위기에 빛을 발하는 리더의 첫 번째 조건』(21세기북스, 2007/2009), 104쪽.

314 서울과학기술대학교 교수 고원의 말이다. 김만흠 · 김태일 · 황주홍, 『새 정치 난상토론: 국민은 비록 틀렸을지라도 옳다』(이지북, 2013), 57쪽.

315 김도년 · 임성빈 · 김민욱, 「집 파느니 승진 포기하는 공무원들…부동산 광기의 시대」, 『중앙일보』, 2020년 7월 9일, 1면.

316 박일근, 「로또 공화국의 바보」, 『한국일보』, 2020년 7월 11일.

317 진중언, 「'로또 아파트' 청약 광풍」, 『조선일보』, 2018년 6월 4일.

318 이 기사는 "2019년 2월엔 SK하이닉스의 반도체 클러스터 사업 용지를 충남 천안, 충북 청주, 경북 구미 등 지방 도시를 제쳐두고 수도권 공장 총량제까지 풀어서 경기도 용인에 허용한 것도 마찬가지다"고 했다.

319 김규원, 「수도권 집중 개발하며 수도권 집값 잡는다고?」, 『한겨레21』, 제1321호(2020년 7월 10일), 24~26쪽.

320 진명선, 「"아파트 투자는 끝났다" "역대급 세제 대책 충격": 7 · 10 부동산 대책 온라인 평가 보니」, 『한겨레』, 2020년 7월 13일, 6면. 『한국일보』 논설위원 장인철은 7 · 10 대책을 이렇게 평가한다. "'밀리면 죽는다'는 비상한 각오가 반영된 게 7 · 10 대책이다. 다주택 개인 종부세를 두 배 가까이 올리고, 법인은 중과 최고세율인 6%를 단일세율로 적용한다. 2년 미만 보유 양도세도 30%포인트 내외 대폭 올리고, 규제 지역 다주택 양도세 중과세율도 10%포인트 추가 인상했다. 매물 유도를 위해 시행을 1년 유예했

지만 충격적 증세다. 여기에 8~12% 인상키로 한 다주택 취득세까지 포함하면 '앓느니 죽는 게' 나은 초강력 세제가 구축된 셈이다. 극단적 대책에 비판과 불만이 들끓는 건 당연하다. 임대사업자들은 '임대사업을 장려할 땐 언제고, 이제와 뒤통수를 치냐'며 분통을 터뜨린다. 양도세를 크게 올리는 바람에 다주택 처분 대신 증여로 돌아서 오히려 '매물 잠김' 현상이 빚어질 것이라는 비판도 나온다. 전월세난이 빚어질 것이라는 우려와, 2030 특별 공급책으로 4050은 내 집 마련 기회를 빼앗겼다는 불만도 크다. 흘려 넘길 수 없는 얘기들이다. 그럼에도 시중의 비판과 불만에 편승해 정책 전반을 야유하고 반대하는 데에만 힘을 쏟는 듯한 미래통합당의 최근 행보는 공감하기 어렵다." 장인철, 「통합당 '부동산 규제' 반대 옳지 않다」, 『한국일보』, 2020년 7월 14일.

321 권일, 「수도권 집값을 못 잡는 두 가지 이유」, 『한겨레』, 2020년 7월 13일, 27면.

322 조철환, 「집값 확실히 잡는 법」, 『한국일보』, 2020년 7월 15일.

323 손호철은 더불어민주당이 군대가 된 현실에 대해 이렇게 말했다. "금태섭 전 의원은 정부 여당이 추진한 공수처법에 당론을 따르지 않고 기권했다는 이유로 사실상 표적 공천 심사 끝에 낙선했다. 한데 더불어민주당은 그를 다시 당론을 어겼다는 이유로 징계했다. 비례정당인 열린민주당 강민정 의원 역시 3차 추가경정예산안에 유일하게 반대표를 던졌다. 이 예산이 학교 방역 예산과 취약 계층 학생 지원 예산을 감액하는 등 코로나 사태에 대비한 교육 예산이 턱없이 부족하다는 이유였다. 이 소식이 전해지자 문재인 정부에 대한 강성 지지자들이 다수인 당원들이 격렬하게 반발했고 강 의원이 공식적으로 사과를 해야 했다.……양심에 따라 투표한 금태섭과 강 의원을 징계하고 비판하는 것은, 헌법과 국회법을 어긴 위헌적인 범법 행위이다. 일반 당원들은 그렇다고 치자. 공당, 그것도 민주화 운동의 전통을 자랑하는 더불어민주당이 이 같은 위헌적 범법 행위를 하다니 한심한 일이다." 손호철, 「국회의 '군대화'」, 『한국일보』, 2020년 7월 12일.

324 신용호, 「위기의 여당…"일 더 생길까 걱정"」, 『중앙일보』, 2020년 7월 17일, 28면.

325 강임순, 「[왜냐면] "딸아, 네게 결혼하라 말도 못하겠다"」, 『한겨레』, 2020년 7월 16일, 21면.

326 「[사설] 66조 쏟아붓고도 '실패' 판정받은 低出産 대책 9년」, 『조선일보』, 2015년 2월 7일.

327 「[사설] 돈 퍼주기 식으론 인구 절벽 못 막는다」,『중앙일보』, 2018년 3월 2일.

328 김민철, 「"'출산=축복' 생각 없으면 어떤 대책도 無用"」,『조선일보』, 2018년 5월 14일.

329 장은교, 「"능동태 아니면 수동태, 이쪽 아니면 저쪽…한국엔 '중간태'가 필요해"」,『경향신문』, 2019년 11월 9일, 1, 4~5면.

330 허남설, 「그린벨트지만, 강남·북 균형발전에 부합…서울시 '태릉 골프장 딜레마'」,『경향신문』, 2020년 7월 22일, 2면.

331 문재인 정부가 야심차게 추진하고 있는 3기 신도시 입지도 거의 그린벨트 안이다. "특히 보존 가치가 높은 1~2급지 비중은 남양주 왕숙1지구 52.9퍼센트, 왕숙2지구 44.0퍼센트, 인천 계양지구 92.8퍼센트, 과천지구 64.5퍼센트 등에 달한다. 등급을 막론하고 한 뼘의 그린벨트도 훼손 않겠다는 서울시와는 너무 차이가 난다. 환경단체들은 경기도 고양시 창릉 등 5곳의 3기 신도시 조성으로 32.7제곱킬로미터 그린벨트가 해제될 것으로 추산했다. 서울시 그린벨트의 5분의 1이 넘는 면적이다." 이현상, 「공급 늘려 집값 잡겠다는 '상징적 의지'마저 좌절」,『중앙일보』, 2020년 7월 22일, 24면.

332 토머스 소웰(Thomas Sowell), 박슬라 옮김,『경제학의 검은 베일』(살림비즈, 2008/2009), 58~61쪽.

333 김원진, 「당신이 '강남 3구'에 끌리는 이유」,『경향신문』, 2018년 10월 23일.

334 오원석·조한대, 「"눈곱만 떼고 나가면 코엑스"…서울 병원도 25%가 강남」,『중앙일보』, 2018년 1월 25일.

335 전병역, 「[기자칼럼] 이러려고 촛불을 들었나」,『경향신문』, 2018년 9월 13일; 조한대·오원석, 「강남·노원구, 인구는 똑같은데 지하철역은 27 vs 13」,『중앙일보』, 2018년 1월 25일; 윤승민, 「노인 많은 강북, 에스컬레이터는 강남의 절반」,『경향신문』, 2015년 8월 20일; 황정일, 「서울 집값 잡을 카드 GTX, 역세권 들썩들썩…'강남 불패' 굳어질 수도」,『중앙선데이』, 2019년 1월 5일.

336 최연진·주희연, 「대통령·원내대표·대선 주자까지…군사작전하듯 '수도 이전' 띄워」,『조선일보』, 2020년 7월 22일, A3면.

337 김태일, 「서울 공화국 해체하라」,『경향신문』, 2020년 7월 22일, 27면.

338 원선우, 「진중권 "수도 이전? 대통령 집무실도 광화문 못 옮긴 주제에"」,『조선일보』, 2020년 7월 22일, A3면.

339 「[사설] '협치 실패' 자성한 문 대통령, 21대 국회는 달라지길」,『한겨레』,

2020년 7월 17일, 23면.

340 안준용, 「상임위원장 독식 완료한 날⋯文 "협치하자"」, 『조선일보』, 2020년 7월 17일, A4면.

341 최연진 · 주희연, 「대통령 · 원내대표 · 대선 주자까지⋯군사작전하듯 '수도 이전' 띄워」, 『조선일보』, 2020년 7월 22일, A3면.

342 윤승용, 「헌재 결정이 여(與)에 주는 교훈」, 『한국일보』, 2004년 10월 28일.

343 『오마이뉴스』가 여론조사 기관인 리얼미터에 의뢰해 21일 하루 동안 전국 만 18세 이상 성인 남녀 500명(총통화 1만 788명, 응답률 4.7퍼센트)을 대상으로 청와대·국회 등의 세종시 이전 찬반 의견을 물은 여론조사에선 찬성이 53.9퍼센트, 반대는 34.3퍼센트로 나타났다. 이경태, 「[여론조사] 청와대·국회 세종시 이전 "찬성" 53.9%-"반대" 34.3%」, 『오마이뉴스』, 2020년 7월 22일.

344 이정전, 『경제학을 리콜하라: 왜 경제학자는 위기를 예측하지 못하는가』 (김영사, 2011), 201쪽.

345 진명선, 「외지인들 1억 올려놓고 발 뺀 오창⋯정부 규제 한 발 늦어」, 『한 겨레』, 2020년 7월 7일, 1면.

346 김정훈 · 심나리 · 김항기, 『386 세대유감: 386세대에게 헬조선의 미필적 고의를 묻다』(웅진지식하우스, 2019), 121쪽.

347 임지윤, 「서울대 한 곳에 132개 대학 몫 지원금: [지방대 위기와 혁신] ⑮ 불평등 심화하는 '승자독식' 교육 재정」, 『단비뉴스』, 2020년 5월 26일.

348 「'큰일' 나면 달음박질: 공중전화 없는 서울 속의 벽지 거의 강남 변두리⋯ 48개 동」, 『조선일보』, 1968년 8월 15일, 조간 7면.

349 발레리 줄레조(Valérie Gelézeau), 길혜연 옮김, 『아파트 공화국: 프랑스 지리학자가 본 한국의 아파트』(후마니타스, 2007), 131쪽.

350 최민섭, 「집은 당신에게 무엇인가?」, 최민섭 외, 『주거 신분사회: 타워팰리스에서 공공임대주택까지』(창비, 2010), 37쪽.

351 한종수 · 강희용, 『강남의 탄생: 대한민국의 심장 도시는 어떻게 태어났는가?』(미지북스, 2016), 92쪽.

352 조명래, 「신상류층의 방주(方舟)로서의 강남」, 『황해문화』, 제42호(2004년 봄), 30쪽.

353 김상헌, 『대한민국 강남특별시: 부와 교육 1번지 강남의 모든 것』(위즈덤 하우스, 2004), 69, 111~112쪽.

354 「[사설] 위장 전입이 장관 후보의 '필수'가 된 정권」, 『한겨레』, 2015년 3월

6일; 천인성·김기환·한영익, 「주소 거짓 이전해도 단속 느슨…아무도 죄의식 없는 '관행'」, 『중앙일보』, 2017년 5월 24일; 최원규, 「8번 위장 전입하고도 헌법재판관 되는 나라」, 『조선일보』, 2018년 10월 29일; 조백건·신수지, 「최고 법관들의 불법…文 정부가 임명한 5인, 위장 전입 22차례」, 『조선일보』, 2018년 12월 5일.

355 김상헌, 『대한민국 강남특별시: 부와 교육 1번지 강남의 모든 것』(위즈덤하우스, 2004), 111쪽.

356 홍영애·조은주·유수정, 『강남 아줌마가 말하는 강남의 부자들』(북라인, 2004), 52~54쪽.

357 김은실, 『사교육 1번지 대치동 엄마들의 입시전략』(이지북, 2004), 32~33, 59~61; 이범, 『이범, 공부에 반(反)하다: 연봉 18억을 포기한 괴짜강사 이야기』(한스미디어, 2006), 42~44쪽.

358 임달호·조재길, 『강남 아파트: 명문 학군만 따라가면 반드시 돈 번다』(이지북, 2006).

359 전상인, 『아파트에 미치다: 현대 한국의 주거사회학』(이숲, 2009), 112~113쪽.

360 정유미, 「'에듀 프리미엄' 아파트가 뜬다」, 『경향신문』, 2007년 10월 1일.

361 정세진, 「미분양 마케팅의 '오버'」, 『동아일보』, 2008년 6월 2일.

362 전민희, 「사교육도 SRT를 타고…주말 대치동 몰리는 지방 학생들」, 『중앙일보』, 2017년 5월 24일; 전익진 외, 「천안 학원 강남에 학생 뺏기고…속초 땅값은 2년 새 두 배로」, 『중앙일보』, 2017년 9월 13일.

363 2016년 10월 기준 '고위공무원단' 1,411명 중 이른바 'SKY' 출신은 780명으로 전체의 55.2퍼센트(서울대학교 33.7퍼센트)나 된다. 2013년 48.0퍼센트에서 오히려 늘었다. 대법원이 올해 신규 임용한 경력 법관 가운데 84퍼센트, 20대 지역구 국회의원 253명 가운데 48.2퍼센트(122명)가 이 3개 대학 학부 출신자들이다. 또 500대 기업 최고경영자의 절반이 이 3개 대학을 나왔고(2015년), 4년제 이상 대학 총장의 30퍼센트 이상이 서울대학교 졸업자다(2009년 기준). 박영민, 「고위 공무원 55% 'SKY 출신' 지방대는 10명 중 2명에 그쳐」, 『전북일보』, 2016년 9월 19일; 강희철, 「'학벌 타파'에 헛심 쓰다 '금수저 세습' 불렀다」, 『한겨레』, 2016년 11월 4일.

364 박노자, 『전환의 시대』(한겨레출판, 2018), 175쪽.

365 김한솔, 「[문재인 정부 100일-파워 엘리트 분석] 61%가 'SKY'…전 정부보다 편중 심화」, 『경향신문』, 2017년 8월 17일.

366 서현, 「공공기관 지방 이전과 혁신도시라는 유령」, 『중앙일보』, 2018년 11월 1일. 이 기사에 달린 댓글이다.

367 김현주, 『입시 가족: 중산층 가족의 입시 사용법』(새물결, 2013), 111쪽.

368 한승동, 「부모의 문화자본이 자녀의 학벌을 좌우」, 『한겨레』, 2013년 12월 30일; 김현주, 『입시 가족: 중산층 가족의 입시 사용법』(새물결, 2013), 112쪽.

369 임지윤, 「서울대 한 곳에 132개 대학 몫 지원금: [지방대 위기와 혁신] ⑮ 불평등 심화하는 '승자독식' 교육 재정」, 『단비뉴스』, 2020년 5월 26일.

370 예컨대, 미국 뉴욕시립대학 교수 데이비드 하비(David Harvey)는 "대량 약탈의 정치경제, 백주의 강도짓을 방불케 하는 약탈적 수법의 정치경제는 이제 일상사가 되고 있다"며 이렇게 말한다. "이것은 가난한 사람, 약한 사람, 순진한 사람, 법적으로 보호받지 못하는 사람에 대한 약탈이다. 성실한 자본가, 성실한 은행가, 성실한 정치가, 성실한 소매점주, 성실한 경찰서장이 있다고 하면 과연 누가 믿을까? 물론 있기는 하다. 그러나 극소수고 바보 취급을 당한다. 똑똑해져라. 영악하게 잇속을 챙겨라. 사기치고 훔쳐라! 들통 나 잡힐 확률은 낮다. 불법을 저질러라. 걸려도 빠져나올 구멍은 많고 호주머니 챙길 방법은 무궁무진하다." 데이비드 하비(David Harvey), 한상연 옮김, 『반란의 도시: 도시에 대한 권리에서 점령 운동까지』(에이도스, 2012/2014), 263쪽.

부동산 약탈 국가

ⓒ 강준만, 2020

초판 1쇄 2020년 8월 20일 찍음
초판 1쇄 2020년 8월 25일 펴냄

지은이 | 강준만
펴낸이 | 강준우
기획·편집 | 박상문, 박효주, 김환표
디자인 | 최진영, 홍성권
마케팅 | 이태준
관리 | 최수향
인쇄·제본 | ㈜삼신문화

펴낸곳 | 인물과사상사
출판등록 | 제17-204호 1998년 3월 11일

주소 | (04037) 서울시 마포구 양화로7길 6-16 서교제일빌딩 3층
전화 | 02-325-6364
팩스 | 02-474-1413

www.inmul.co.kr | insa@inmul.co.kr

ISBN 978-89-5906-581-3 03300

값 16,000원

이 도서의 국립중앙도서관 출판예정도서목록(CIP)은 서지정보유통지원시스템 홈페이지
(http://seoji.nl.go.kr)와 국가자료공동목록시스템(http://www.nl.go.kr/kolisnet)에서
이용하실 수 있습니다. (CIP제어번호: CIP2020033930)